世界歴史叢書

カナダ人権史

多文化共生社会はこうして築かれた

Human Rights in Canada: A History

ドミニク・クレマン＝著
Dominique Clément
細川道久＝訳

明石書店

HUMAN RIGHTS IN CANADA: A HISTORY by Dominique Clément

Waterloo, Ontario, Canada
www.wlupress.wlu.ca

Japanese translation rights arranged with
Wilfrid Laurier University Press through Tuttle-Mori Agency Inc., Tokyo

謝辞

本書は、ほぼ二〇年に及ぶ研究の成果である。はじまりは、グーゼンコ事件を扱った一九九七年の卒業論文だった。それ以来、私は、カナダの人権史研究に情熱をそそいできた。最終的に本書執筆へと私をかりたてたのは、二〇一二年の二つの幸運な機会のおかげである。その年、カナダ人権委員会の顧問として雇われたのだ。同委員会は、カナダにおける人権の「進展」——委員会の言葉を使わせてもらうが——の簡単な歴史を必要としていた。これまで人権に関する種々の委員会は、長年にわたって、その使命を果たそうと努力してきた。申し立て件数が増えているのに大幅な予算削減に直面したばかりか、法律ができた当初に想定していた以上の多様で多数の申し立てに対処しているのである。私が依頼されたのは、より実現可能な未来を描くため、人権法の起源と進展に関する議論をまとめることだった。これは、学界の外の専門家とかかわれる願ってもない機会だった。この経験が、本書執筆のきっかけとなったのである。コメントや考えをきかせてくれたカナダ人権委員会とそのスタッフに対して、感謝を申し上げたい。その一部は、本書の重要部分になっている。

同じ年、私は、カナダ人権博物館の全国諮問評議会のメンバーとなるよう依頼された。ここ三〇年で初めての、しかも、オタワ以外につくられる最初の国立博物館が、人権に関するものだというのは画期的なことである。二〇一四年の開館に先立つ二年間、定期的に会合に出席し、博物館の内容について討議する栄誉に浴した。これらの出会いは、私の経歴のなかで最も刺激的なものだった。カナダを代表する大勢の人権専門家と交われる機会であり、国立機関の創設に寄与できる素晴らしい機会だった。私が本書の中心をなす議論を進められたのは、これらの会合のおかげでもあった。

本書は、広範で大量の一次、二次資料に依拠している。だが、次の三冊については特に強調しておきたい――ミシェル・デュシャルムの『大西洋革命期のカナダにおける自由概念』、ロス・ランバートソンの『弾圧と抵抗』、オズグッド協会による国家裁判に関するカナダ法制史叢書。人権は、歴史家にとって、依然として新しい研究テーマである。これらの研究は、私の考えを鮮明にするのに有益だった。また、コメントをいただいた査読者の方がたにも感謝を申し上げたい。特にマイケル・キャロル（マキューーワン大学）とルシ・ラマルシュ（ケベック大学モントリオール校）には、深甚な感謝をしたい。両氏は、時間をかけて草稿に目を通してくれた。本書をかなり改善できたのは、二人の批評のおかげである。

緒　言

カナダ的な権利文化《ライツ・カルチャー》のようなものは、存在するのだろうか。近年、カナダにおいて、権利の語り《ライツ・トーク》は劇的に変化してきた。昔であれば、カナダ人は、市民的自由《シヴィル・リバティーズ》として権利を定義することがほとんどだった――つまり、言論、結社、集会、宗教、出版、法の適正手続《デュー・プロセス》、投票の自由を意味していた。一九五〇年代になっても、差別に関する言葉は、人種、宗教、エスニシティにおおむね限定されていた。今日、権利の言語は、非常に広範な諸問題にあてはまるように用いられている。人権法で禁止されている差別は、次のようなものである――人種、肌の色、宗教、エスニシティ、出身国、出身地、性（妊娠を含む）、セクシャル・ハラスメント、年齢、身体的・精神的障害、婚姻関係の状態、有罪の赦免、性的指向、家族の地位、アルコールやドラッグへの依存、言語、社会状況、収入源、給与差し押さえ。政治信条、そして性自認と性別表現《ジェンダー・アイデンティティ・アンド・イクスプレション》。先住民や、エスニック的あるいは言語的なマイノリティの人びとの権利は、憲法で守られている。歴史家からすれば、以上のことは注目に値する変化である。そう遠くない昔だったら、ヘイト・スピーチの処罰や職場でのセクシャル・ハラスメント禁止という考えに対して、ほとんどのカナダ人は反発していたことだろう。

本書は、カナダにおける人権の歴史であると同時に、私たちの権利文化をよりよく理解するための試みである。私は、先住民の人びととの体験を組み入れることに努めた。とはいっても、研究が少ないのに加えて、過去において先住民と人権の関係が曖昧であったことから、これは無謀な挑戦である。さらに私は、フランス語の資料に依拠した。これは、ある意味で、私が懸念すべきだと思っているカナダの歴史研究にはびこる傾向――フランス系カナダとイギリス系カナダの歴史が別々の分野として研究されている傾向――への一つの応答である。カナダの歴史家の大半は、両方の言語で研究していないか、あるいは、双方の社会の経験はあまりにも違いすぎていてそれぞれ別個の研究が必要なのだという態度をとってきた。このようにして歴史家たちは、歴史を役に立たなくしている。たしかに、カナダの人権の歴史では、フランス系カナダ人とイギリス系カナダ人は対立する関係をつくっており、それが独特なカナダの権利文化を生み出してきた。お互いの集団の歴史を双方が別個に研究しなければならないという前提を私たちが受け入れるとしても――私は受け入れないが――、フランス系とイギリス系が互いの社会に与える影響はあまりにも大きいため、私たちは両者を別々に研究することなぞ、できないのである。

カナダは、カナダの権利文化について議論する絶好のタイミングにある。二〇一四年、人権に特化した新しい国立博物館がウィニペグに開館した。カナダ人権博物館は、自分たちの権利文化の特質を具体的に考えるよう、私たちに求めているのだ。カナダは、世界じゅうの国家の権利法制を支援しているのに加えて、国内や国家横断的な人権促進組織に莫大な財源を拠出している。実際、私たちは、長年の間、自分たちの権利文化を輸出してきた。だが、私たちの権利文化を構成しているのは何かということには曖昧さがあるように思われる。カナダ人の権利に対する考え方が非常に急速に――しかも、かなりの短期間で――拡大したため、人権に関する諸機関ですら、数多くの新たな申し立てに対応しようと苦労している。私たちが、海外で人権を促進するとともに、国内での新しい権利要求に十分に対処するためには、自分たちの権利文化をよりよく理解することが最も大切なのである。その試みへの糸口として欠かせないのは、私たち自身の人権の歴史を理解することなのだ。

ジルに捧げる

カナダ人権史◉目　次

＊本文中の〔　〕は訳者による註を表す。

本書には、今日的観点からみて不適切な表現がある。同時代的考察を目的とした本書の趣旨から、ご承知おき願いたい。また、明らかに誤記と思われる箇所については、訳者が修正を施した。

序論

人権の認識や行使をめぐる論争ほど、この一世代以上にわたって、激しかったものはない。私たちは、人権を守るために戦争を正当化したこともあったし、残虐行為をやめさせるためや、学校に通う権利が否定された女性を解放するために、諸外国の都市を爆撃してもきた。ヘイト・スピーチが言論の自由なのか、処罰すべき差別なのか、カナダ人の意見は割れている。死刑は、身の安全に対する権利を侵害している。宗教的な理由から、医師たちは妊娠中絶手術を拒む権利を主張し、薬剤師たちは避妊薬の処方を拒む権利を主張している。同じ理由で、結婚の儀式を執り行なう祭司たちは、同性愛カップルの結婚を拒否する権利を訴えている。環境学者たちは、政府が環境を汚染している企業の操業を停止できなければ、それがもとで亡くなる人もいるという理由から、生命権の侵害にあたると主張している。毒性廃棄物や水質汚染が原因で財産の価値が下がるのは、私たちの財産権の侵害にあたるのだ、などなど。

人権とは、私たちが最も大きい——しかも最もありふれた——苦痛を表現するときに用いる言語である。ブリティッシュ・コロンビア州の女性で変性疾患〔脊椎管狭窄症〕に冒されていたグロリア・テイラーは、安楽死〔尊厳死〕をめぐる全国的な議論を引き起こし、結局、二〇一五年になってカナダ最高裁判所は、自殺幇助を禁じた刑法を無効にしたのだった[1]〔二〇一六年六月、刑法が改正され、医師の幇助による安楽死を認める連邦法（「死ぬことに対する医学的補助を認める法律」）が制定された〕。同性愛を嫌う煽動家たちは、言論の自由にまつわる全国的な論争を巻き起こし、性的マイノリティを攻撃するチラシを各家庭に配れるようになった。一九九九年のコソボでの戦争と二〇〇一年のアフガニスタン侵攻は、人権擁護のための人道的介入としてたやすく正当化されている。九・一一後の「対テロ戦争」で、数多くの権利侵害――グアンタナモ湾、アフガン捕虜の拷問、任意の捜索と拘束権限を含む反テロ法――が行なわれた。ケベック州では、二〇一二年の夏の間、モントリオールだけでも毎日数十万人が街頭にくりだした、数週間に及ぶ大規模デモのあとに、自由党州政府は七八号法案を可決した。提案から可決まで迅速に進められたこの法律は、公共の場での抗議と集会を基本的に禁止しており、カナダ史上最も厳罰な法律の一つである。プライバシーに対する権利は、新しい技術によって脅かされている――たとえば、二〇一三年に、イギリス、カナダ、アメリカ合衆国の政府が大がかりな電話盗聴活動を行なっていたことが、文書流出によって明るみに出た〔元NSAおよびCIA職員エドワード・スノーデンによる告発事件〕。気候変動――その影響について私たちはようやく理解しはじめたばかりなのだが――は、国家による大量殺戮以上に人類を殺すようになるかもしれない。私たちは、権利の時代に生きているが、それは権利侵害の時代でもあるのだ。

本書の目的は、いかにして、いつから、人権が社会変革のためのカナダの主要言語になったのかということを理解することにある。私が主張するのは、カナダには独特の権利文化があり、私たちの権利文化の一部である（か、そうではない）権利を判別できるということなのだ。この目的のために、カナダの人権の歴史を考察してみよう。私たちの権利文化は、法律に体系化されている権利のなかで最もたやすく判別できるのだ。とりわけ、人権に関する法律と権利と自由の憲章（Charter of Rights and Freedoms）が最上位に置かれ、ほかの法律の土台となっているために、これらは特別な位置を占めている。けれども、人権は単なる法律ではない。それは、対話である。本書は、人権とは、法律という実態であると同時に、社会学的で歴史的な事象でもあるという立場をとっている。私たちの権利文化は、実際の社会や政治に深く埋めこまれた権利の一部なのである。私たちの権利文化の一部をなすこの権利を見きわめるために、政治討論、メディア、社会運動、法律、外交政策のなかで権利がどのように定義されてきたのかを明らかにしよう。後にみるように、たとえば、宗教的マイノリティへの寛容、集団的権利の尊重、平等への責務というのは、カナダの権利文化の特徴なのである。私たちの権利文化はまた、歴史によって左右されるものでもある。歴史家リン・ハントが述べているように、「権利をきっぱりと定義することはできない。というのは、その感情的基盤が部分的にはさまざまな権利の宣言におうじて変化しつづけるからである。誰が権利を享受し、何がその権利なのか、についての私たちの感覚がたえず変化するために、権利は異議申し立てに対して開かれつづけるのだ。人権の革命には、当然のことながら、終わりはないのである」(2)。私は、権利が政治よりもどこか上位にあるとか、私たちの社会の外の抽象的な位置にあるという見方には否定的である。権利文化があるということは、権利はつねに変化しつづけており、権利が私たちの社会の産物であるという点で「社会的な生命」をもっていると主張するのに等しいのだ。

これまで長い間、法学者や政治学者は、世界じゅうでの人権研究を主導してきた。だが、ここ一〇年、様相は変化しはじめている。権利をめぐる言説の性格やその影響についての研究が、多くの学問分野で台頭してきたのである。人権に対する歴史社会学のアプローチは、過去一世紀に起きたおそらく最も重大な社会・政治・法律上の現象に対するユニークな洞察を提供できる。法学者は、権利が裁定可能かどうかに焦点をあてがちである。社会学者のほうは、権利に対する法学的アプローチには懐疑的になりがちである。これは、権利が法律とは密接に結びついていないといっているのではない。もちろん、結びついているのだ。むしろ、社会学の立場からみると、人権とは、抽象化された前社会的個人というよりは、社会に起源があるのである。法律が重要なのは、実際に権利を実現することを制したり促進したりするかぎりにおいてなのだ。人権を社会学的に適切に分析すれば、抽象的な普遍主義的解釈を越えて、社会的に構築された独特の権利がそれぞれの社会に備わっていることを理解することになる。私たちは、社会・政治・法律の関係者や制度を通して、カナダで権利の要求が出され進展していく様子を歴史的に跡づけていくことで、この権利文化を見きわめることができるのである。

　人権は、不変ではない。時間の経過とともに、たえず適応していくものなのだ。カナダにおける人権の歴史の大半は、新たに認められた部類の人びとへと認識を広げていく歴史である。さまざまな社会が抽象的な原理の普遍的な型にたしかに合致しているのだ。けれども、実際の権利の性格や履行を決めるのは、それぞれの社会なのである。しかし、そのやり方に対しては激しい反論がなされている。人権の歴史は、新しい権利要求の直線的なプロセスではなく、むしろ、現状の権利を擁護する歴史なのである。私の主たる主張とは、人権はつねに反論を受けるが、それが人権の特質であるからこそ、現在認められた権利のうえにまた新たな権利要求がなされるように、たえず人権は導かれているということなのだ。

カナダの権利文化を理解する手はじめは、その歴史を知ることである。数年前、二人の歴史家が、ユダヤ人労働委員会の創設者の一人であるカルメン・カプランスキーにインタビューをした。ポーランド生まれの復員軍人でイディッシュ語と英語を流暢に話すカプランスキーは、一九四六年、同委員会の全国議長に任命された。その組織は、カナダで初めての差別禁止法を導くことになるキャンペーンを率先していた。興味深いことに、インタビューでカプランスキーは、差別禁止法に人種、エスニシティ、宗教とともに性も含めようとキャンペーンを行なわなかった理由を必死に説明しようとしていた。ユダヤ人労働委員会の彼やそのほかのメンバーが女性の平等に反対したわけではない。彼らは、しかるべきジェンダー的な役割は常識だと当然視していた。いいかえれば、当時、そんなことを、彼らは思い浮かばなかったのである。[3] これは異例なことではなかった。一九五九年、ヴァンクーヴァー女性評議会――ブリティッシュ・コロンビア州における女性権利運動の指導的組織で、同種の組織としては当時カナダ最大の機関の一つ――は、人種、肌の色、宗教、出自を正当に認める差別禁止法を求める決議を採択した。その決議には、性による差別は含まれていなかった。[4] だが、一九七〇年代になると、ユダヤ人労働委員会は、ヴァンクーヴァー女性評議会とともに、人権法制に性差別を含めるようキャンペーンを行なったのだった。

このように、人権には歴史があるのだ。人権とは時間を超越した普遍的で不可譲なものだという考えをおそらく前提としているためか、人権には歴史がないとたやすく思ってしまう。だが、権利革命が到来する以前から、人びとは社会主義やキリスト教の言葉を用いて不満をはっきり示そうとしてきたのだ。[5] たとえば一九二二年、ヴィクトリア教育委員会の会合で、評議員のバーサ・P・アンドリューズが、学校におけるアジア系に対する組織的隔離を「イギリス的公正という根本的な原理の侵害であり、われわれのキリスト教の基本的原理をも大きく侵害するものだ」として糾弾した。[6] 共有された宗教的価値に対してこのように訴えることは、かつては珍しいことではなかった。ほかにも、仕事や政府の政策において差別されていた黒人のように、政府に是正を求めるさいに、尊厳や市民権という言葉を使って自分たちの不満を言い表していた。[7] 労働者も、人権として不満を発することはほとんどなかった。[8] むしろ彼らは、経済的な不公平を指摘し、あるときには、産業民主主義の原理に訴える〔民主的な制度を進める同じ基準にしたがって職場を管理するように変える〕ことで社会変革の構想を提案していたのだ。このように労働者たちは、雇用条件を押しつける雇用主の権力に挑戦していたのである。[9] しかも、権利という言葉で不満を発することを拒否してきた活動家たちの例は数多くある。たとえば、マハトマ・ガンディーやマーティン・ルーサー・キングは、権利を語ることをためらっていた。カナダでは、たくさんのフェミニスト〔女権運動家〕やゲイ解放運動家たちが、自分たちの社会変革構想とは相いれないとして、権利を語ることを拒んできた。[10] それでもなお、権利を語ることは広がっている。国家や社会に対して要求するのに用いる主要な言語として、台頭してきているのだ。

一九七〇年代以降、権利を明言することが目立ってきた。当時のカナダの人びとが権利革命を経験していたというのは、権利を語ることが、不満を発するときの一般的なやり方になったといっているのと同じなのだ。いかに人権がカナダに大きな影響を及ぼしてきたのかを示す数多くの例がある。私たちカナダ人は、世界で最も洗練された人権の法体制を備えた社会の一つを築いてきたのである。議会の優越という原理をほとんど捨て去ったのだ。独特の人権運動を生み出してきたのだ。そして、国際政治の基礎としての人権を唱道してきたのだ。五〇年前に最も熱烈に権利を唱えていた人びとを驚かせてしまうほどに、人権は、広範な問題を包括するまでに拡大してきたのである。

人権とは、人間が単に人間であるという理由でもっている権利である。人権は、すべての人間の道徳的価値を支持し、ほかのどんな主張よりも優先されている。[11] 権利というのは、それが存在するのをほかの人びとに認められるべきものであり、人間の行動によって強固にされるべきものである。権利とは、それが付与されるのが当然だと広く信じられていることを前提として与えられる資格なのだ。権利が法律のなかで認められない場合であっても、道徳やイデオロギーの信念から立ち現れるものなのである。[12] どのような人権も、ほかの人びとに権利を尊重してもらいそれが実現するのを助けてもらうという、相互義務をともなっているのだ。人権は、多数派による弾圧からマイノリティを守る民主主義の根本的要素の一つである。権利とは人間の行動を守るものであり、個人が市民社会や国家と対立した場合に、それを裁くのに私たちが用いる言語なのである。権利は、市民を、国民国家を越えた広範な人間社会に結びつけるものなのだ。人権は、すべての人間が価値や尊厳を等しくもっていることを前提としている。身体の安全や尊厳に対する権利——拷問や剥奪をまぬかれるという権利が含まれる——に加えて、平等に扱われることや自身の運命を自由に決めることができることは、人権の原理の基本なのだ。こうした原理は絶対的なものではないが、普遍的で譲渡されないものであり、法律以前に存在してきた[13]。

法律の観点からみれば、人権は、人間であるという単純な理由から権利をもつ抽象的で前社会的な個人に由来する。理論的には、人権をどのように定義するかは際限がないし、社会の外にも権利はあることから、権利文化といったものは存在しないのだ。だから、人権を議論する法律家や判事たちは、抽象的な原理に訴えるのである。これとは対照的に、社会学の流儀では、「人権に関するいかなる議論も、権利の享受を国家や社会があまねく保証できるかどうかと密接に結びつけてなされるべきもの」である。歴史社会学的アプローチでは、人権は抽象的な原理ではないと仮定する。むしろ、人権とは、特殊なタイプの社会的実践なのである[14]。歴史社会学的アプローチをとることで、ある特定の歴史的瞬間に権利が重要になる社会状況はもちろんのこと、人権がどのように、そして、どうして社会的影響力として立ち現れてきたのかを理解することができる。私が思うに、人権に関する適切な理論は、政治、法律、社会運動の交わりを考察することによってはじめて説明できるのだ。マイケル・マドセンとゲルト・フェルシュラーゲンが説いているように、人権は、権利を支える諸原理が広く合意されたときに現実のものとなるのだ。「人権が社会的意味をもつには、それが社会的に制度化されなければならないし、司法機関、学校制度、医療機関、家庭のような社会組織の日常の活動はもちろんのこと、人びとの意識のなかに埋めこまれなければならないのだ」と。[15] つまり、歴史社会学的アプローチは、人権が立ち現れる社会条件を理解するのに役立つのである。

過去を通じて、権利は、排斥や特権よりも、平等、包摂、多様性にかかわる人びとのスローガンであった。人権の最も中心にあるのは、対立である。人権とは、強者に挑むために弱者が使う言語なのだ。それは私たちの不満を言い表すのに効果的な言語である。というのも、人権は——たとえば、社会主義とは違って——弱者と強者の双方が合意し受容できる社会変革構想を表しているからである。と同時に、人権の実践のされ方は、社会によって異なる。「権利文化」というのは、社会が権利を解釈し実際に適用する仕方のことである。カナダの権利文化は、法律に体系化された諸権利のなかで最もはっきりしている。だが、人権は単なる法律ではない。実際、法律は現行の社会の実践の反映にすぎないのだ。人権が社会的意味をもつには、それが私たちの日々の生活の一部にならなければならないし、法廷から学校、家庭にいたる社会制度にとって不可欠なものにならなければならないのである。[16] 私たちの権利文化は、社会・政治的実践に深く埋めこまれた諸権利から成り立っている。私たちには権利文化があると言明することは、権利が社会の産物であり、それが社会と結びつきあいながら進展していると主張することなのだ。権利は、政治を超越して存在するものでもなければ、社会の外に抽象的に存在するものでもない。それは、宗教的信念のようにはるかに高いモラルの次元に存在するのではない。法律、社会、政治の産物なのである。たしかに、すべての人間に適用する（すべき）普遍的原理もあるが、権利を実践することは、その社会がもつ権利文化しだいなのだ。おそらく唯一純粋に普遍的な人権は、ハナ・アーレントがかつて示唆したように、権利をもつ権利である。つまり、唯一の普遍的人権とは、権利を承認しそれを守る社会に属することなのだ。無国籍の人びとには、人権はないのだ。[17]

ようするに、権利はモラルの主張であるけれども、それが普遍的な真実に基づいているというのは、誤りなのである。実際、人権は、政治的な手段としての役割を備えている。[18] 人びとは、権利という言葉を用いて不満や社会変革構想を表しているのだ。人権は、権利がどうあるべきかについての理解を共有することから生まれるという点で、それ自体、社会に生きているのだ。だから、どの社会にも、それぞれの権利文化があるということになる。人権は、抽象的な諸原理として普遍的な訴えをするが、普遍的な理解の共有を前提としているわけではない。むしろ、制度、社会的実践、歴史的文脈、抵抗が、権利文化を形づくっているのである。

人権という考えを当然視するのは、たやすい。独裁者を除けば、人権はよいことだというのに異を唱える人なぞ、いるだろうか。だが、実際には、人権の正当性に対して、歴史を通して異論が出されてきた。ジェレミー・ベンサムが、道徳や法律の社会的性質を理由に、権利とは「大言壮語の馬鹿げた話」であると言ったのは有名である。彼は、法律の根拠を、抽象的な理念よりも、客観的な喜び／苦痛や幸福の功利主義的な算術に置くことが好ましいとしていた。カール・マルクスは、権利とは、ブルジョワ階級の利益に資するような、財産を守る資本家の生産様式とともに立ち現れてくるとみていた。二人とも、権利を個人的で利己的なものととらえていたのである。[19]権利とは、個々人を集団の利益よりも自分自身の利益に傾注させるものなのだ。つまり、権利は、社会の必要性や価値を個人の必要性や価値に組み入れてしまうのである。人権を普及させた人物として私たちが連想する著名な哲学者たちの多く――フーゴ・グロティウス、トマス・ホッブズ、ジョン・ロック、トマス・ペイン、ジャン＝ジャック・ルソー――にとって、人間の権利は、現代の私たちの人権とは意味が異なっていた。たとえば、このうちの誰一人として、ジェンダー、人種、宗教にかかわりなく、すべての人間に平等に権利を拡大することを真剣に考えた者はいなかった。トマス・ジェファーソンは、みずから奴隷を所有しながら、アメリカ合衆国憲法での人間の権利について書くのをいとわなかった。また、個人の権利と公共善の間の内在的対立に向きあおうとする者も、誰一人いなかった。

権利の妥当性をめぐる議論は、今日も続いている。人権とは西洋の概念であり、文化的には相対的なものだと主張する人もいる。さらには、権利を文化と結びつけたことが、個人の権利と集団の文化的権利の衝突を招いたとする人もいる。たとえば、（シャリーア法廷のように）宗教裁判に対して、離婚手続の法的強制力を与えるべきなのか。ケベック州政府が学校やビジネスにおいてフランス語要件を課すことは、許されるべきなのか、と。他方で、時代区分をめぐって異を唱える人もいる。人権という考え方の起源は、古代文明（たとえば、ハンムラビ法典やアリストテレス哲学）、あるいは宗教的伝統にあるのか。その原理は、ホロコーストによって急速に受け入れられたものなのか。国際連合と世界人権宣言は、権利革命を刺激したのか。それとも、権利革命は、冷戦が衰退しはじめた一九七〇年代に出現したのか。また、対立するイデオロギーについて議論する人もいる。労働史家のなかには、労働運動は、人権の主張を支持し、産業民主主義の原理を断念したと嘆く者がいる。フェミニストたちは、女性だけが受ける権利侵害を法律が扱えなくなったのは、権利の言語がジェンダーに中立的であるからではないかと問うてきた。そのほかにも、経済的、社会的、文化的な権利は、政治的市民的な権利と同じくらい合法なのかという議論もある。もっと根本的には、人権は、モラル規範に由来するものなのか、国家建設や政治の産物なのかである。人権は、刺激的で論争の多い研究分野であることにまちがいない。

本書での私の目的は、ずっと穏当である――私たちの社会がユニークな権利文化をどのようにして生み出してきたのかを示すことで、人権をめぐる言説の順応性を明らかにすることなのだ。歴史家E・J・ホブズボームがいうように「人権には、要求や行動を支えるモラルが内蔵されている」ために、人権の言説は、自然な政治言語なのである。[20] あるいは、哲学者ユルゲン・ハーバマスの言葉を借りれば、人権とは、「残忍な体制や内乱の反対者や犠牲者が、暴力、圧政、迫害、さらには人間の尊厳への侵害に対して声をあげることのできる唯一の言語である」[21]。アメリカ合衆国の法学者マーサ・ミノウは、権利の言説には、権力構造をあばき、それに挑戦することで、権力をもった人びとをおさえる力があると確信している。[22] カナダの政治学者ミリアム・スミスによれば、支配階級以外の人びとは、自分たちの要求に権利の言語を用いることで、不満を政治化させ、社会の主流派から承認を得ることができる。もちろん、権利の言説は、周辺に置かれた人びとだけの領分ではない。すべての市民が、公私の制度に対して要求するさいに権利のレトリックを使っているのである。だが、社会学者エヴェリン・カレンが推測したように、人権は、権力をもっていない人びとにとって最大の力なのである。「マイノリティの人びとは、不利な立場を大きく変える力をそもそも欠いているため、人権に訴えることは、過去の人権侵害への補償を求めたり、法や公共政策での基本的人権の新たな保護を求めたりする現実的な方策になる」と。[23]

本書では、権利が歴史状況によっていかに変化してきたかについても示したい。つまり、私たちは、カナダの歴史のさまざまな時点でのカナダの権利文化の境界や限界を見きわめることができるのである。過去において、人権という言葉は、今日以上に非常に異なった意味をもっていた。二〇世紀中葉まで、カナダの権利文化には、最も基本的な自由――言論、結社、集会、宗教、出版、投票、法の適正手続――しか含まれていなかった。一九世紀における代議制民主主義をめぐる闘いや、イギリスとフランスから受け継いだ伝統は、政治的権利や市民的権利を強調していた。女性やマイノリティに対する公式の法的平等、社会・文化的な権利、人道的な外交政策が、カナダ人が用いる人権の語彙のなかに入ってきた二〇世紀になって、カナダの権利文化は大きく変容した。国家による濫用やあからさまな差別を単に禁止することから、実質的平等の原理を包摂するものへと進化したのだ。多文化主義への関与が私たちの権利文化を形づくるようになった。つまり、イギリス系、フランス系、先住民が、一つの国民国家のなかで結束することが影響力をもつようになったのだ。先住民、フランス系カナダ人、エスニック・マイノリティに対するカナダ政府の政策に欠点があろうとも、彼らの存在は、集団的権利に配慮した権利文化をもたらしたのだ。私たちは、世界で最も洗練された人権の法体制も築いてきた。人権は普遍的な言語であるが、権利文化はさまざまなのだ。

カナダの権利文化の歴史をくわしくみるのに、市民的自由と人権とを区別しておかねばならない。

たとえば、アメリカ合衆国とは異なり、私たちは「市民的権利《シヴィル・ライツ》」という権利を設けてはいない――カナダで「市民的権利」とは、財産権に限定された憲法用語である。[24] 市民的自由と人権の違いは、権利の要求の妥当性にかかわるイデオロギー的な違いを反映している。したがって、一九七二年、権利を擁護するため、社会運動の諸組織の連合体がつくられたとき、メンバーたちは、概念の違いが大きく、連合体の名称として、「カナダ市民的自由・人権協会連合」というやっかいな名前をつけなければならないと思っていた。[25] 長い間カナダ人は、市民的自由という言葉を、市民的政治的権利にかぎられた狭い権利概念に結びつけてきた。つまり、「市民的自由」とは、国家建設の初期の段階にさかのぼる権利で、自由な資本主義的民主主義国家が機能するのに必要な権利――法の適正手続、投票、言論、宗教、結社、集会、出版の自由――である。時代をへるにしたがって、市民的自由は、待遇の平等と反差別という原理とも結びつくようになった。「人権」のほうは、より広範な権利概念である。それは、市民的自由に加え、二〇世紀に普及した一連の経済・社会・文化的な権利を指している。たとえば、世界人権宣言は、教育、社会保障、雇用などの権利を含んでいる。

この違いは、哲学上の違いに基づくものだという人びともいる。市民的自由を支持する者は、生活の向上を求める個人に不必要な制限を課すことを嫌っている。人は自分の望みを実行するのに、抑制から自由でなければならないと、彼らは考えるのだ。平等とは、法的手続に基づくものであって、実質的な状況によるものではない。つまり、自由な民主主義社会は、すべての市民のための一つの法律を約束しているが、その法律が市民どうしの不平等を生まない保証はないというのだ。これに対して、人権を主張する者は、個人が欲求や目的を進められるよう保証することを求めてきた。この場合の権利は、教育、食糧、医療、訓練の欠如が、個人の自由を同じくらい制限していることを考慮して定義しているのだ。この立場からすると、人権とは、人びとが自分の望むことを（単に機会を与えられるのではなく）確保できることを保証する権利なのだ。

人権研究者の多くは、消極的自由および積極的自由と呼ばれることの多いこの大まかな二分法を拒否している。理論的には、後者は政府の行動を必要とするのに対し、前者は政府が行動しないことを望んでいることになる。財源がかぎられているために、住宅供給や教育を人権と定義するのは危険だと考える専門家も多い[26]。この議論は見かけ倒しである。経済的な義務を政府に負わせることは、けっして実行不可能ではない。というのも、法の適正手続の権利を保証するための法制度の維持にかかる膨大な費用を考えてみてほしい。私たちが、すべてのカナダ人に十分な住宅を供給できないと判断するのは、財源が不足しているからではなく、政治・経済的理由からなのだ[27]。著名な自由主義哲学者アイザイア・バーリンは、積極的自由を拒んだのだが、にもかかわらず、「裸同然で、読み書きができず、十分に食糧が与えられていない、病気の人びとに、政治的権利を与えたり、国家の干渉から守る手段を与えたりすることは、彼らの置かれた状況を無視することになるのだ。彼らが自由が増えたことを理解したり、自由を活用できるようになる以前に、彼らには医療援助や教育が必要である」と認めていた[28]。消極的権利と積極的権利の二分法は、説得力ある哲学的根拠を欠いているようにみえるのだが、といっても、それは、多くのカナダ人の権利に対する見方を歴史的に規定してきた。それゆえ、カナダの権利文化の歴史は、抽象的でときには矛盾する主張の歴史なのである。この対立は私たちの権利文化の中心にあるのだ。

権利文化が強い社会では、ときの国家や市民社会が認めていない要求であっても、個人にはそれを権利として要求することが許されている。権利を語ることによって、すでに広く受け入れられている抽象的な原理に基づき、人びとは不満を述べることができるのだ。ゲイやレズビアンたち——昨今ではトランスジェンダーの人びとも——は、性的多数派が「正常」と定義する権力に抗して権利を主張し、成功をおさめた。[29]カナダは、同性婚を認め、ジェンダー・アイデンティティによる差別を禁止した初めての国家の一つであった。このように、社会運動は、権利革命にとって不可欠になっているのだ。[30]しかし、人権が認められているのがはっきりわかるのは、法律によってである。[31]人権は、その性格からして静的なのだ。社会運動は、権利要求を認めてもらうよう国家に掛けあわねばならない。歴史を通して、法律は、人権を行使できる唯一の手段であった。このことは、人権が法的権利に限定されていること、あるいは、人権は国家から引き出すものだということを意味するのだろうか。けっしてそんなことはない。実際、権利の要求を促すのは、モラルのもつ強い力である。歴史のいかなる時代でも人権の意味を決めるのは、政治、法律、社会の関係利害が絡みあう社会の変化なのだ。

そうであっても、日常的に権利が語られるところでは、法制度が中心的な役割を担っており、新しい権利の主張がされやすい状況になっている。法律は、権利という言葉を使って不満を言い表すことを人びとに求め、彼らの不満や要求を形に変えるのだ。それゆえ、法律は、カナダの権利文化の境界を理解する手はじめとして有益な指標になる。結局、権利文化ではないものも見きわめなければ、私たちの権利文化を定義するのは無意味になってしまうのだ。[32]南アフリカの憲法は、健全な環境や労働組合への加入の権利に加え、社会的な権利——住宅、医療、食糧、水、社会保障、教育——を含めている。カナダの場合は、そうではない。カナダの法律では、教育、医療、食糧、住宅は人権に含まれていない。安全で清潔な環境に対する権利も人権ではない。アルバータ州のオイルサンド（油砂。高粘度の石油を含む砂岩で、石油燃料に代わるものとして、近年注目を浴びている）開発を人権侵害だというカナダ人はほとんどいないだろう。カナダの憲法は、武器を携帯する権利を認めていない。二〇一二年まででは、いかなる法律も、トランスジェンダーの人びとへの差別を禁じてこなかった。いかなる法律も、平和や反戦に対する人権を保証していない――せいぜいそれは、願望どまりである。カナダは、国内法には含まれてこなかった市民的、政治的、社会的、経済的、文化的な一連の権利に対する人権に関する諸条約の調印国である。その権利のなかには、休息や休暇の取得や、食糧、衣料、住宅、医療、社会サービスを満たす生活水準に対する権利が含まれている。妊娠中絶は違法ではないが、人権ではない。[33] 一九八八年、カナダ最高裁判所は、妊娠中絶を取り締まる法律は、その履行に瑕疵があるとして、権利と自由の憲章に違反しているとの裁定を下した。アメリカ合衆国とは異なり、カナダの裁判所は、政府が将来、妊娠中絶を制限する法律を導入することには制約を加えなかった（たとえば、二〇一五年まで、ニューブランズウィック州では、公立病院で妊娠中絶を行なう場合、二人の医師の同意を必要としていた）。法による制約が特段ないために権利が認められている場合、それは本当の人権とはいえない。

カナダの権利文化の境界を理解するには、法律に定められた権利の意味も探らなければならない。南アフリカでは、権利章典でプライバシーへの権利を明確に保証しているのに対して、カナダの法律では、プライバシー権は制定法でのみ認めている。カナダには政府情報へのアクセス権があるが、この権利に関する制定法は抜け穴だらけで、近年、パブリック・アクセス規制法ではないかと評判が悪い。[34]カナダでの人権に関する法律はほぼ一律なのだが、特筆すべき違いもある。政治的見解、刑事犯の恩赦、社会的状況、性同一性、麻薬常用をめぐっては、差別を理由に禁止している地域もあれば、そうでない地域もあるのだ。カナダの法律は、女性を平等に扱うべきことを認めているが、女性が平等でなければならないとは認めていない。賃金の低さ、貧困の多さ、ビジネスや政治での割合の少なさなど、カナダには女性に不平等な構造が明らかにある。労働組合の結成や加入を望む権利はあるが、組合を運営するという人権はない。[35]財産に対する権利は、先住民の土地での資源採掘を阻止してはこなかった。宗教的マイノリティは、ケベック州での昨今の論争でみられるように、個人の権利よりも集団的権利の優先を主張することはできなかった。[36]多文化主義は、マイノリティが直面する社会・経済的不平等にほとんど取り組まず、強い反発を引き起こしてきた。

これが、今日のカナダの権利文化の状況なのだ。後にみるように、権利に対する見方は、二〇世紀のほとんどの時期とくらべて劇的に違ってきたのだ。私たちの権利文化の定義は、静的でも包括的でも断じてない――それはつねに進化しているのだ。法律がある人権を承認してこなかったからといって、人びとが権利を要求することを妨げたわけではない。時代をへるにつれて、こうした権利要求は支持を集め、法律になっていくのだ。カナダの権利文化の全貌を理解するには、歴史の理解からはじめなければならない。歴史家は、人権がどのように実践されていったのかを明らかにする理想的な位置にいるのである。

歴史家は、人権の研究に遅れをとっていた。最近まで、人権に関する文献のほとんどは、哲学や法学であり、社会での権利の実践を無視する傾向があった[37]。人権の研究では非歴史的な主張が勢力をふるっていたのである。問題の一つは、人権の歴史を記録しようとした初期の歴史家たちがあまりにも広い定義からはじめたために、権利に言及されたものはすべて人権の歴史の一部とされてしまったことだった。そのため、最も普及している人権史の教科書二冊ともが、世界の主要宗教のはじまりや古代ギリシアから書き起こしているのである[38]。だが、人権の起源を宗教に求めるのは、何かうさんくさいのだ。後で述べるように、宗教的寛容は、カナダの歴史では決まり文句なのだ。たとえば、カトリック教会は、当初、人権の原理には反対であり、一七九一年のフランスの人権宣言を冒瀆的で異端だと公然と非難したのだった。カトリック教会が、人権の原理を当初拒絶したことを放棄したのは、二〇世紀になってからである[39]。世界の主要宗教が、長年の信仰と価値を再構成するなかで、人権を取りこんでいったのは、二〇世紀に入ってからであった。歴史家として、私たちは、特に、歴史上の人物が今日の私たちが人権を理解するようには考えも及ばなかった時代に、どのようにして人権の歴史が組み立てられていったのかを慎重にみなければならない[40]。

私たちの権利文化をよりよく理解するには、歴史を見直すことが不可欠である。マイケル・イグナティエフが示唆しているように、人権の正当化は、根本的な思想に基づいているのではなく、むしろ、「人間の歴史のうえに、もし人間が権利を保護されなければどうなってしまうのかについて知っていることのうえに」基づいているのだ[41]。しかも、人権の歴史に本当の「起源」は存在しない。むしろ、社会に衝撃を与え動揺させる歴史のなかに契機があるのだ。権利の濫用がとてつもなく甚だしいとき――極度の残虐や暴力の時期を含む――、それが劇的な変革にいたることがありうるのだし、そうした濫用が後になって別の形で続くこともありうるのだ。権利についての考えを疑い、新しい解釈を示し、これまで達成したことを崩そうとする挑戦者は、たえず出現する。人権の歴史は、進歩の歴史と同様に、除去しようとする力に抗う物語のようなものだ。歴史家は、人権の歴史を連続的な進展として描くのをやめなければならない。私たちは、国際連盟条約(一九二〇年)であれ、世界人権宣言(一九四八年)であれ、国際的な人権宣言が存在するということだけで、それを人権という価値が普及したことの表れだと判断することにも慎重でなければならない。歴史家は、著名な思想家の論文に焦点を絞ったために、権利のレトリックが普及し当然になったという誤った一般化を行なうこともありうるのだ。カナダの権利文化はヨーロッパの、特にイギリスの知識人たちの産物として描かれやすいのだが、それは私たちの独特な歴史を無視することになるのだ。

私たちの歴史が教えてくれる最も重要な教訓とは、カナダの権利文化が自由主義で個人主義だということである。市民的権利や政治的権利が、経済的、社会的、あるいは文化的な権利よりも上位に位置づけられている。新たな権利の要求は、ある特定の枠組のなかで出され、その枠組は、どの要求が権利になるのかを判断するフィルターのように機能する。権利の主要なイデオロギーは自由主義的な構造から出てくるのだが、その構造はカナダの国家建設の初期の段階からカナダ社会に深く根づいていた。イアン・マッケイは、これを「自由主義的秩序の枠組」と呼んでいる。マッケイによれば、「自由主義的秩序」とは、

「個人」という概念が認識論的にも存在論的にも第一だという確信を時間・空間を越えて広げることを促進・発展させる秩序である。……カナダというプロジェクトは、さほど魅力的でもない土壌に、自由主義的秩序という哲学的仮説とそれにかかわる政治経済的な実践を移植・育成する試みとして定義できる。……認識論的かつ存在論的に第一の地位を「個人」――自分自身の「主人」である人間のことであり、その自由は、他者や神への自発的義務や、ほかの人びとの平等な自由を獲得するのに必要な規則によってのみ制約を受ける――に与えるところから自由主義ははじまる。(42)

このような枠組は、カナダの権利文化の一部になった権利要求の類いのなかに明らかに認められる。この自由主義的枠組が同じような軌跡をたどって変容するのに続いて、私たちの権利文化の境界を拡大させる歴史的事件が起きた。反乱〔一八三七年にロワーカナダ植民地（現ケベック州）とアッパーカナダ植民地（現オンタリオ州）で起きた反乱〕、カナダ連邦結成、戦争危機、憲法返還、そのほかの事件など、カナダ人権史上の出来事によって、自由主義的秩序や特定の権利概念の優位性が高められた。二〇世紀中葉まで支配的だった古典的自由主義モデルでは、自信をもった独立独歩の個人という誇張された概念に基づいていた。後にみるように、権利はこの状況を反映していた。権利は、個人の自律を擁護する基本的な市民的政治的権利にかぎられていたのである。マッケイが述べているように、自由主義的な枠組が優勢な状況は、弾圧や排除によって脅かされた。権利の優越を認めながらも、同時に権利を制限することは、この枠組が矛盾しているようにみえるかもしれない。だが、そうすることは、優勢な自由主義的秩序を打ち砕こうとする人びとの権利を拒否することとまったく同じことなのだ。

カナダの権利文化を理解するために、人権が法律、政治、社会運動、外交政策を変えた歴史的契機に焦点を絞ろう。それは、権利の制度化にかかわる場合もあれば、新しい権利要求を公に主張する場合もある。本書では、五つの時期に区分する。第一章は、反乱から第一次世界大戦までの長い時期を扱う。この数十年は、国家建設の時代である。カナダは、専制君主に対する何世紀もの闘いの後に正義と自由の原理のうえにすでに築かれていた帝国〔イギリス帝国〕から生まれた国家であったといえる。イギリス的正義は、カナダ国家の建設にとって重要であった。けれども、カナダの国家形成の過程は、最も神聖であるはずのイギリス的自由に対する激しい攻撃に満ちていた。反乱であれ、一八六七年の連邦結成〔カナダ自治領《ドミニオン・オブ・カナダ》の成立〕であれ、権利は存在していたものの、容赦のない、ときには専横的な制約にさらされていた。こうした状況は広くみられ、二〇世紀初頭の大半を通して続いていたのである。第二章は、一九六〇年代初頭までを扱う。この時期には、反差別の原理を国家政策として確立しようとする最初の試みが行なわれた。カナダは一九四四年になって初めて差別禁止法を導入したのだが、それとても、最も明らかな差別だけしか禁止できない脆弱でうわべだけの法律だった。ほかにも差別禁止法が、その後二〇年の間に可決したが、同様に効果をもたなかった。第三章は、権利革命の準備段階の時期となった一九六〇年代から一九七〇年代中葉までを扱う。一九六二年、オンタリオ州は初めての人権法を可決したが、それに続いてカナダの他地域で同じような制定法が採択された。その間、一九七〇年の一〇月危機など、国家の緊急措置に市民が無力であることを示すような特筆すべき出来事が起きていた。この時期になると、カナダの人びとは、人権という言葉を使って自分たちの不満をますます口にするようになっていた。それに続く一〇年を扱うのが、第四章である。この時期のカナダは、正真正銘の権利革命を経験していた。といっても、反発も大きかった。第五章は、人権に対する異論が公開討論の場で特に目立つようになったごく近年のカナダ史上の出来事を扱う。一九八四年、ブリティッシュ・コロンビア州は、人権に関する事業や制定法を骨抜きにした最初の州となった。にもかかわらず、マイノリティの人びとは、権利の言説を用いて新たな要求を続けた。その要求は激しい抵抗にあったが、性的指向という意見の分かれる問題では特にきびしかった。

本書の時期区分では、一九四八年を大きな画期としていないことにお気づきだろうか。歴史家の多くは、国際的な権利革命のはじまりを、一九四八年に国際連合総会が採択した（後にみるように、カナダは不承不承で賛成票を投じた）世界人権宣言としている。実は、一九四八年に焦点を置くのは、国際法や国際機関の研究者に共通してみられる偏見の表れにすぎない。彼らのほとんどは、国内の状況を無視しているのだ[43]。たしかに、世界人権宣言はきわめて象徴的だったのだが、当時のカナダではほとんど影響をもたなかった。戦後世界には重要な進展がまったくなかったといっているのではない。国際世界体制での国家の優位や自然法理論からの人権の解放を最も象徴していたのが、国際連合であった[44]。人権は、近代国家と密接に結びついていた。だが、戦後世界がもつ重要性は、安易に強調されすぎている。権利革命が現実になったのは、一九七〇年代の初めになってからなのである。

もう一つ、本書が近年の人権史書、特にサミュエル・モインやリン・ハントのと異なるのは、ローカルな事象に焦点をあてていることである[45]。新しい歴史書のほとんどは、グローバルな現象としての人権に注目している。カナダにおける人権の歴史が、国外での進展に影響を受けてきたのはたしかだが、グローバルな権利革命の大半は別個の歴史なのだ。一方で、私は、「ローカルな事象を扱う歴史家は、その地域の特異性にとらわれるあまり、広い視野が提供してくれる統合的な見方を失う危険がある」というモインの主張に賛成する。(46) ある国家での権利革命を世界史の文脈に位置づけることは重要である。他方で、抽象的な原理が社会的な実践へとどのように変わっていくのかを理解するのに、ローカルな地域の反応を跡づけるのは不可欠である。人権の歴史はグローバルかもしれないが、権利文化はローカルなのだ。人権がカナダで進展したのは、抽象的原理があったからでも、グローバルな展開に反応したからでもなく、カナダという国家に特有な事情によるものだったのである。

カナダの権利文化の境界、そして、それが歴史的にどのように展開したのかを探るために、法律、社会運動、政治文化、カナダの対外関与に焦点をあてることにしたい。人権侵害ないしは人権普及に関する包括的な歴史を一つの研究が提示するのは不可能であろう。階級、人種、ジェンダー、セクシュアリティについて書いている歴史家たちは、実際には、権利の濫用や補償運動の歴史を描いているのだ。むしろ本書では、新しい権利要求の出現と承認をうながした重要な契機に目を向ける。本書の中心は、カナダには独特な権利文化があることを論ずることにある。私たちの権利文化となるこれらの諸権利は、抽象的な原理からではなく、歴史を通して展開してきた政治、法律、社会でのコンセンサスから引き出されたものなのだ。たとえば、後に述べるように、一九世紀には、言論の自由や信仰の自由といった原理について明確なコンセンサスがあった。もちろん、原理の本質をめぐって異議が出されたが、その合法性については議論の余地はなかった。同様に、一九七〇年代になると、反差別の原理に対する似たようなコンセンサスが形成された。けれども、本書の議論の中心にあるのは、私たちの権利文化が自由主義的枠組のなかで進展したという見方である。過去においても将来においても権利の要求はこの枠組のなかでなされるため、人権が権利文化を変容させることはなかったし、そうすることはできないのだ。

加えて、歴史に関するいくつかの議論も進めたい。第一に、国民国家の建設以降、カナダ人は、「イギリス的正義」あるいは「市民的自由」という言葉で権利を語ることがほとんどだった。一九七〇年代になると、市民的自由に代わって、人権がカナダにおける権利を表す主要言語に（それゆえ、社会変革の主要言語にも）なりはじめるという歴史的転換が見いだせる。このことが意味するのは、かつてのように、カプランスキーたちが権利を主張しながらも、性差別に対しては運動をしなかったのとは異なり、一九七〇年代になると、人権に対する運動がこれまでのような内部矛盾を含まなくなったということである。これは、すべてのマイノリティの権利が国家によって承認されたという意味ではない。むしろ、この時期の権利の語りは、市民間の権利に差異があるという考え方に基づいていなかったが、承認されていないマイノリティに対して平等な権利を求める動きがすでにはじまっていた。第二に、権利侵害が国家に衝撃を与え、公での議論を刺激するような歴史的事件が起きたものの、人びと――たいていの場合、権利侵害の標的になった者だった――は、何か不公平だという考えに基づいて行動し、多くの場合、事態は進展をみせたのだった。不公平に扱われていると感じて行動を起こそうとする誰かがいれば、変革ははじまるものなのだ。人権の進展に最も貢献してきた主体は、国家ではなかった。第三に、法律の理解なくして、人権研究は不可能だということである。権利は、モラルの規範として発しうるのだが、実際には、それが法として承認されるまでは存在しないのだ。さらに――これは、本書の根底にあるテーマの一部をなしているのだが——、国家は、何もしなくとも、あるいは、処罰という恐怖によっても、人権を侵害しうるのだ。たとえば、言論の自由を禁じる最も卑劣な方策として、審理や裁定にもかけられない法律もあるのだ。訴追という脅迫が人権に与える恐ろしい影響を過小評価してはならないのである。

第1章　自由と国家建設

（平等とは）怪しげな虚構です。その怪しげな虚構が、孜々《しし》とした労働の中に人生の裏街道を歩むべく生来定められた人々に向って誤った考えと無益な期待とを吹き込み、その虚構によっては決して除去し得ないあの現実の不平等——卑賤の境遇にとどまらねばならぬ人に対しても、輝かしいが、さりとてより以上に幸福な訳でもない境遇に上昇可能な人々に対してもいずれ等しく為になるよう、この世の生活の定めが立てた不平等——を増大し、より耐え難いものにしてしまうのです。

人間にはその規則に従って生きる権利があります。彼等には、同胞との関係で——その同胞が公的職務にあろうと通常の仕事にあろうと変りなく——正義を要求する権利があります。また自らの勤勉の成果と、勤勉を成果あらしめるための手段とに対する権利があります。自らの両親が獲得したもの、己が子孫を養いその向上に資するもの、人生を教え導くもの、死における慰め等々についての権利があります。何事にせよ各人が、他者を侵害することなく個々になし得ることがあれば、彼には自らそうする権利があります。彼にはまた、社会が彼のためにあらゆる熟練と力とを結合して提供してくれるものすべてについて、然るべき取り分を要求する権利があります。この社会という組合の中ではすべての人々が等しい権利を持っています。しかし等しい物についてではありません。

——エドモンド・バーク『フランス革命の省察』〔半澤孝麿 訳、みすず書房、一九九七年（新装版）、四八、七五〜七六頁。一部改めた〕

よくある誤解としてあるのは、カナダは、アメリカ合衆国やフランスとは異なり、暴力よりも平和的な妥協でできた国だとするものである。実際、連邦結成時にカナダの人びとが享受していた権利というのは、それを求めて戦った——生死をかけた——結果なのだ。何千人もの人びとが、より広範な自由の理念を守ろうと武器（あるいはペン）をとったのだ。だから、カナダの人権の歴史は、ヨーロッパ人による征服後の国家建設の過程からはじまっているのだ。だからといって、先住民たちが、今日の私たちが人権と結びつけるような考えを示していなかったというのではない。だが、先住民たちは、自分たちの不満を権利という言語を使って表現していなかったし、後に明らかにするように、二〇世紀末までそうすることはめったになかったのである。歴史家J・R・ミラーが述べているように、人権は、

文化の観点からみて、彼らの社会に不適切なものだった。彼らの社会における権利とは、血縁氏族にとって欠かせない精巧な制度によって認められ敬意を払われるものであって、個人の権利は集団の権利に従属していた。彼らは、氏族の構成員や結婚や帰属によって一族になった者を含む同族たちに対して義務を負っており、一族や氏族の誰かの権利や利害を侵すようなことをしないよう束縛

されていた。……権利を守ることは、一族の義務であって、政府が関与するものではなかった。(1)

ヨーロッパ人の植民者たちは、先住民の土地を征服したさいに、自分たちの権利の伝統をもちこんだ。そして、その伝統は、国家建設を進めるなかで押しつけられていった。国家は、権利を制度化する重要な手段となり、しばしば権利の意味をめぐる論争の場になった。

一八世紀の植民地やほとんどの西洋世界で出現しはじめた権利文化があるとすれば、その大部分が国家の行動に対する反応であった。一八世紀は変容の時代だった。新興のブルジョワが貴族の特権に挑戦し、相続によらない財産権を主張していたが、一般にそれは自然権に基づいていた。産業革命や資本主義によって社会的にも物理的にも流動性が増すと、教会や貴族による政治経済的な権力の独占が徐々に切りくずされていった。史上初めて、世界を代表する哲学者たちが個人の権利という考えにかかわるようになった。ジョン・ロック（一六三二〜一七〇四年）、ジャン＝ジャック・ルソー（一七一二〜七八年）、トマス・ペイン（一七三七〜一八〇九年）、メアリ・ウルストンクラフト（一七五九〜九七年）、トマス・ジェファーソン（一七四三〜一八二六年）たちが、西洋世界をつくり変えることになる激しい論争をたたかわせていた。だが、彼らが明らかにした権利の概念は、現代とくらべれば狭いものだった。たとえば、ロックは生命・自由・財産に対する権利を定義し、ジェファーソンは、生命・自由・幸福の追求に対する権利を唱えていた。だが、ペインは、政府に批判的なパンフレット〔『人間の権利』（一七九一年）で、フランス革命を擁護。なお『コモン・センス』は一七七六年の執筆〕を出版したためイギリスを追われたし、ジェファーソンは、著述が連邦法に抵触したため訴追された。出版の自由に対する権利

があったとしても、それはきわめて限定的だったのだ。結社の自由が労働者に広がるには、さらに一世紀を要したのである。(2)

植民地での権利をめぐる議論は、法の適正手続、宗教、言論、集会、結社、出版の自由を含む一連の基本的な自由にかかわるものだった。これらの権利は、権威主義的な植民地総督の命令を前にして無力だった。当時の水準に照らしても、ニューフランスや(後の)英領北アメリカの諸政府のやり方は、抑圧的であった。(3)たとえば、一六七七年、ニューフランス植民地総督ビュアード・ドゥ・フロンテナクは、「いかなる者も、総督の特別許可がないかぎり、共同請願書を配布することも、『いかなる集会や秘密集会』を開くこともできない。というのも、一般に、無許可の集会は、『悪意をもった人民が独占、陰謀、策略をことごとくたくらもうとする口実』であるからだ」と命じていた。(4)個人の請願は許可されていたが、集団の利害を代表できるのは王領植民地政府だけだった。フランス本国からニューフランスにもたらされた反逆罪によって、政府や教会に対する犯罪にはすべて厳罰が下された。言葉や身ぶりによる不敬な行為は、罰すべきとされたのである。(5)死を選んだ場合も、処罰はまぬかれなかった——国王への反逆として死骸が訴追されることもありえた。法律には、死亡した者の記憶である死骸を処罰するよう定めた規定があった。(6)フランスの降伏によってフランス統治が終わった一七六〇年から、イギリスが新たに法廷を設けた一七六三年までの間、イギリスの軍事法廷が民間人の裁判をとりしきっていた。陪審による裁判が導入されたのは、刑事が一七六四年、民事が一七八五年になってであった。長年の間、植民地への人身保護令状の適用は曖昧なままだった。(7)

一七六〇年にイギリスがニューフランスを征服したことで、植民地に一部の権利がもたらされた。

それに含まれていたのが、君主の専制権を制限し、宗教や法の適正手続という基本的な自由を保証したマグナ・カルタ（一二一五年）であった。最もよく知られるイングランド大内乱〔ピューリタン革命〕（一六四二〜五一年）など、一七世紀イングランドの憲政の危機は、イギリス――後にはカナダも――の国家の根本となる一連の法律をもたらした。そのなかには、課税、強制的拘束、軍法の使用を制限した「権利の請願」（一六二八年）、君主の権限を明記し、選挙、議会の自由、一部の宗教への自由を保証した権利章典（一六八九年）、強制的拘束に抵抗する権利を認めた人身保護法（一六七九年）がある。イギリスのニューフランス征服後、イギリス植民地総督たちは、当たり前のように権利を無視した。[8]

こうした総督のなかで最も問題だったのは、ガイ・カールトン（在任一七六八〜七八、一七八五〜九五年）――ルイスバーグ（ルイブール）攻撃に参加し、アブラハム（アブラム）平原の戦いで負傷した華々しい経歴の軍人――、ロバート・プレスコット（在任一七九六〜九九年）――カールトンとともにルイスバーグ攻囲に加わり、植民地統治ではフランス系カナダ人をあまりにも疎んじたために解任された――、ジェームズ・クレイグ（在任一八〇七〜一一年）――アメリカ独立革命とナポレオン戦争での傑出した軍人で、フランス系カナダ人をマイノリティにしようと躍起になった――である。この三人の総督は、官職の選挙、改革要求、政治へのあらゆる類いの反論に対して特に敵対的だった。[9] アメリカ革命期にはカールトンは戒厳令を布告し、イギリス議会は、一七七七年から一七八三年までの間、植民地に対して、革命側を支援したとして告発されたいかなる者に対する保釈の権利と裁判を停止した。一七七八年から一七八五年までケベック総督を務めたフレデリック・ハルディマンドは、この権限を使って、アメリカ人と内通したと疑われた少なくとも二五人（そのなかには、後にモントリオールの『ガゼット』紙を創刊したジャーナリストであるフリューリ・メプレがいた）を拘束した。[10] 一七八五年に植民地に戻ってハルディマンドと交代したカールトンは、『ガゼット・デュ・コメルス・エ・リテレール・ドゥ・モンレアル』紙（ケベック植民地で発行されたわずか二紙のうちの一紙であった）の編集者たちが一七七九年に判事を批判し寛容を求める記事を書いたとして、活動を停止させるとともに投獄した。[11] 一七九四年に可決した外国人法（Alien Act）は、反逆罪で告訴（判決ではない）された者に対する保釈、迅速な裁判、人身保護の権利を停止し、すべての在留外国人とイギリス臣民に登録簿への記載を求めた（証明書の常時携行を強制した）ほか、役人に対して、外国人の退去を裁量で行なうことができ、協力しない者を投獄する権限を与えた。一七九四年一〇月三〇日、総督プレスコットは、五月一日以降にロワーカナダ植民地（ケベック州の前身）に到来したすべてのフランス人に対して、二〇日以内に退去するよう命じた。同法施行後の一年で、ほぼ一〇〇人が投獄された。同法はまた、国王の臣民の幸福を脅かすいかなる行為をも扇動罪と定義し直し、告訴された者は、文書誹毀《ひき》法（Libel Act）（誹毀とは、他人の名誉を傷つけること）による保護を拒否された。[12] これには、いかに些細であっても、政府への批判や資産階級に対する悪意を生み出すと解釈できることを公言するのを禁ずる効果があった。

フランス革命が起きると、不満を抱いたフランス系カナダ人が政府を転覆させるのではないかという恐怖が強まった。またしても政府は、市民的自由を制限することで対抗し、それを英領北アメリカの安全のためには必要な措置だと正当化した。[13] 一七九七年、植民地政府は、保全改善法（Better Preservation Act）を可決し、反逆行為の被疑者の人身保護権を停止し、裁判なしに当局が無期限拘束できる権限を与えた。クレイグ——彼が総督だった期間は、「恐怖時代」と呼ばれる——は、この法律を根拠に、立法議会で選出されたカナダ党《パルティ・カナディエン》の指導者たちを保釈や裁判なしに投獄した[14]。その間、モントリオールでは、首席裁判官ジェームズ・モンクが、デイヴィド・マクレーンの事件について大陪審に説明するのに忙殺されていた。マクレーンは、ロワーカナダ植民地に侵入するフランス革命支持派を支援する第五列〔後方部隊〕を立ち上げようとスパイ行為をしていたかどで裁判にかけられていた。大陪審に対してモンクは、法律の執行に対する集団的な（暴動のような）いかなる暴力的反抗も宣戦布告とみなされ、それゆえ（反逆的な内容をともなっていなくても）反逆罪と解釈されると説明した[15]。裁判はマクレーンの極刑で結審した。彼は磔《はりつけ》にされ、斬首の後に四つ裂きにされた。そして、群衆の前で遺体を焼かれた。

クレイグはまた、保全改善法を使って、植民地の改革派の新聞『ル・カナディエン』を発行停止にし、編集人たちを投獄した[16]（印刷機は没収され、競売にかけられた）。実際、この当時、ジャーナリストが名誉棄損、誹謗中傷、扇動のかどで投獄されたり、編集人たちをおじけづかせるのに法廷が利用されたりすることは珍しくなかった[17]。一八一〇年、ロワーカナダ植民地首席裁判官のジョナサン・スーウェルは、『ル・カナディエン』訴訟について、出版の自由とは政府を攻撃する権利を意味しないと、大陪審に説明していた。むしろ、出版の役割とは、秩序の維持を助けることにあった。「それゆえ、『人民の安全や幸福を損ない』、統治当局に対する不満を招き、『人民に有害な影響を及ぼす』いかなる文書も、『政府の基本原則に欠陥がないかぎり』、政府は容認することができない」と[18]。ロワーカナダ植民地では、愛国派《パトリオット》の新聞『ル・ミネルヴ』の編集人、ルジェ・デュヴェルネが三度投獄された。ウィリアム・ライアン・マッケンジーは『コロニアル・アドヴォケイト』紙に書いた記事のため、アッパーカナダ植民地〔オンタリオ州の前身〕の議会から一時期追放された。一八一八年から一八二〇年にかけて、アッパーカナダ植民地では、政治的性格を帯びた集会はいっさい禁止された。有罪とされた者は誰であれ、終身刑が下されることもありえた。

数年間に及ぶ激しい弾圧後の一八三七年、ルイ＝ジョゼフ・パピノーやロバート・ネルソンたちはイギリス権力に立ち向かうためロワーカナダ植民地で反乱を率いた。イギリス側は、予想されるように緊急法を立て続けに出すことで、反乱に対抗した。アッパーカナダ、ロワーカナダの両植民地に戒厳令がしかれ、ロワーカナダ植民地総督が、自身の政敵に肩入れする立法議員や判事を排除できるようになった。一八三八年、ただちにイギリス政府は、ロワーカナダ植民地議会に代えて、総督が任命する特別評議会を設置した。(19)アッパーカナダ植民地では、反逆行為を起こした者や反逆行為を知っていた者が嫌疑をかけられ、彼らの人身保護権が停止された。同植民地では、不法侵略法（Lawless Aggression Act）が可決された。同法は、管轄区域外からの判事の選定、欠席裁判、民間人の軍事法廷での審理、通常の法廷での重罪の審理を認めたため、反乱者の訴追や財産の没収が容易になった。(20)議会は、非合法の会合・集会を解散させ、参加者を逮捕・拘束する権限を治安担当官や治安判事に与える法律も可決した。だが、王権を守るための非合法行為に関与した者については、特別に訴追をまぬかれた。(21)ロワーカナダ植民地では特別評議会が、安全を脅かす案件に対処するための三〇の法令――

個人の住居を捜索できる特別権限を総督に与えたり、秘密結社を非合法としそれに参加することを反逆と宣告できる、など――を採択した。(22) 特別評議会は、平時において民間人を軍事法廷で審理するという、きわめて異常な措置を導入した。(23) 軍事法廷令（Court Marshal Ordinance）は、反逆罪に関して異例な規定を課したばかりか、防衛協議へのアクセスを制限した。有罪だと、死刑に処せられることもありえた。反乱後の裁判では、全部で三二人が死刑となり、一四四人以上が追放刑、そして二四八人が有罪となった。(24)『ル・ミネルヴ』、『ヴィンディケーター』、『コンスティテューション』の各紙が発行停止になった。(25)

　反乱は、カナダの国家建設の歴史における一つの画期となった。ケベック法（Quebec Act）（一七七四年）と立憲法〔カナダ法〕（Constitutional Act）（一七九一年）は、フランス系カナダ人たちに宗教〔カトリック信仰〕や民法〔フランス民法〕の存続といった基本的権利を認めたが、実際のところ、「植民地での帝国統治は寛容ではなかった」。(26) 反乱は、イギリス人総督による厳格な統治やマイノリティであるフランス系に対する抑圧策への反発という側面があった。反乱期における自由の概念に関する歴史家ミシェル・デュシャルムの重要な研究が指摘しているように、自由とは、一九世紀の植民地改革運動家のスローガンであった。国王や貴族の特権が神聖とされた時代にあって、国家や社会秩序の正当性に異議を唱えるような原理ほど、革命的なものはなかった。(27) 反乱に反対する立憲主義者の土台にある「近代的《モダン・》自由《リバティ》」という原理は、自由とは個人の権利（特に、宗教、言論、政治参加、法の適正手続、安全）の保証のうえに築かれているという考えに基づいていた。君主政は、議会や独立した司法機関によって自由が保証されているうえに成り立っているのであれば、合法的であった。これに対して、「共和的自由《リパブリカン・リバティ》」とは、すべての権利は、自由な政治体制——人民を代表する政治制度——に発するという考えを前提としていた。つまり、個人の権利は政治体制によって時代とともに変化しうるのであって、人民に決定権のある政治体制であれば、権利は保護されるというのである。[28]

私たちは、これらの政治的対立——その最たる悲劇が反乱だった——のなかに、権利文化を見いだすことができる。一九世紀の英領北アメリカでの権利の語りは、政治体制への参加、信仰の維持、（ある範囲内での）批判的意見の陳述、公然とした組織や結社、勝手な拘束や濫用を受けない、など、基本的な市民的政治的権利に関するものばかりだった。[29] 自由を声高に説く者のなかにも定義が曖昧なことがしばしばあったとはいえ、自由は国家の正当性の根幹にあるという考えは、広く受け入れられていた。[30] 近代主義者たちは、共和主義の下では、選挙で選ばれた少数の官吏が権利を意のままにしてしまうと主張した。政治的正当性は、投票や財産所有に加えて、身体の安全、（陪審裁判を含む）法の適正手続、宗教、言論、出版の自由といった、いくつかの不可侵な権利を承認することから生まれるものだというのが、彼らの見方だった。[31]

ロワーカナダ植民地の九二か条決議——愛国派のマニフェストになった——を起草した共和主義者たちは、宗教、身体の安全、法の適正手続を含む同種の権利に言及していた。愛国派の指導者の一人であるロバート・ネルソンは、一八三八年に独立宣言を発したが、そこには、投票権や、あらゆる政治案件についてフランス語または英語で話す権利のほか、宗教の自由、言論の自由、陪審裁判についてはっきりと言及していた。[32] 失敗に終わったアッパーカナダ植民地での反乱の指導者ウィリアム・ライアン・マッケンジーが一八三七年に起草した憲法は、「市民的かつ宗教的自由」を認める一方で、法外な保釈金や残忍で異常な処罰を受けない保証を規定していた。[33] もっとも、共和主義者たちは、権利というのは政治体制への参加によってのみ得られると確信していたが、それと同じくらい、近代主義者たちのほうも、そうした体制は権利を危険にさらしてしまうと信じて疑わなかった。ルイ＝ジョゼフ・パピノー率いるフランス系カナダ人の秘密軍事組織「自由の息子たち」は、「政府は、統治される人びとの利益となるよう設けられるものであり、彼らの同意によってのみ合法的に存在するものだ。……政府を選ぶのは、人民の生得権にほかならない」という信念に基づいていた。「自由の息子たち」は、「法の下では、出自、言語、宗教にかかわらず、あらゆる階級が厳格に平等であること」を要求した。[34] 彼らがこうした信念を抱いていたのに対して、イギリス人指導者がフランス系カナダ人に抑圧的な姿勢を示したために、内乱は避けられなかった。ダラム卿は、反乱を招いた不満を調査した有名な報告書〔『ダラム報告書（英領北アメリカ情勢に関する報告書）』〕のなかで、フランス系住民の完全な同化を勧告したのだった。[35]

反乱は、より広い文脈からみれば、一八世紀から一九世紀にかけての大西洋世界を分かつイデオロギーの衝突の縮図だった。権利の概念が、一八世紀のヨーロッパと南北アメリカでの拷問、奴隷制、死刑に反対する運動を刺激した。[36] 自由主義者たちは、ロック、ルソー、ペインらが信奉する考えに基づき、自然権（普遍的権利）の原理の下に結集し、君主権力に対する革命を導いた。保守主義者たち――最も著名なのがエドマンド・バークである――は、抽象的で普遍的な原理よりも歴史や慣習に根ざす伝統的な権利を擁護して対抗した。[37] 歴史家エルズベス・ヒーマンは、これらの権利は、「法の支配、陪審への権利、武器をとる権利（プロテスタントである場合）、行きすぎた残酷な罰金や処罰の禁止、議会がもつ一連の特権や権限（言論の自由や課税や軍隊の統括など）」だと述べている。[38] しかし、結果として避けられないのは、慣習や行動様式がイギリス的ではない人びと、特に先住民の人びとの権利を否定することになることであった。「彼らには契約権があったし、何らかの形で人間としての身体的な権利――たとえば、殺人や、おそらく飢えから身を守るような権利――を維持したといえる。だが、彼らには、ほかのエスニック集団であれば要求できたような権利、特にイギリス的な権利が与えられていなかった[39]」。

一八世紀末になると、権利の性格や機能が、当時の偉大な哲学者たちの関心事となった。ヨーロッパや北アメリカでは、権利をめぐる論争が活発化した。権利を語ることが、歴史上初めて、政治談議の主流になったのである。けれども、一九世紀において、権利を語ったり実践したりする場合、市民の間には序列があることを前提にしていたことは指摘しておかねばならない。一七九三年にアッパーカナダ植民地で奴隷制禁止法が出されるまで、植民地には奴隷制度は存在していたし、奴隷制撤廃の帝国法が発布される一八三三年まで、イギリス帝国のどこでも奴隷制度は存続していた。一九世紀の国家建設過程の一部になることが多かった権利の宣言――特に知られているのが、フランスの人権宣言（一七八九年）とアメリカ合衆国の権利宣言（憲法修正第一～一〇条）（一七九一年）――は、すべての人びとが権利を行使する道徳的自律を備えているわけではないという前提に立っていた。奴隷、子供、貧困者、精神障害者、女性は、この自律の要件を欠いているとみなされていたのである。自由主義的で民主的な権利の宣言は、普遍という言語に依拠しながらも、女性やマイノリティの人びとに対して基本的な政治的権利を否定していたのだ。平等の根拠は、手続法にあるのであって、実際の状況にあるのではなかった。つまり、自由主義的民主政は、市民に対して一つの法を約束しているが、法律が市民どうしを差別しないことを保証しているのではなかったのである。たとえば、一八三二年に、政治的自由の拡大を主張していた愛国派が優勢だったロワーカナダ植民地議会は、女性の投票を禁止する法律を可決していたのだ。[40]

一八六七年の連邦結成は、カナダの国家建設の歴史におけるもう一つの画期であった。だが、権利章典のようなものがなかったために、カナダ国家〔カナダ自治領〕の誕生を導いた元来の契約に、個人の権利の擁護が含まれていたのかどうかという論争を引き起こしている。私たちはまず、英領北アメリカ法（British North America Act）〔カナダの連邦結成を認めた法律〕には何らかの権利が含められていたことを知っておかねばならない。同法は、連邦議会とケベック州議会でのフランス語の権利（法律を英語とフランス語で公刊しなければならないことも含めて）や、カトリックまたはプロテスタントの学校を運営する権利を保証した。さらに同法は、定期的な選挙を求めていた。たしかに、英領北アメリカ法には、アメリカ合衆国の権利章典のような権利のリストはない。だが、ジャネット・エイジェンスタットの連邦結成研究が指摘するように、連邦結成の父祖たちは、権利について大いに検討していた。[41]彼らは、自由を擁護する議会に信頼をおいていた。議会の第一の目的は権利の擁護と維持にあると。それゆえ、権利章典のようなものは不要だった。イギリスと同じように、こうした政治体制は、議会の優越という考えを前提としていた。議会は法律をつくったり廃棄したりすることもできたが、どんな機関であろうと、法律を無効にすることはできなかった。ある歴史家が述べているように、この見方は、カナダの権利文化を示すものであった。「議会が至上であるために、そして、議会が至上である場合にのみ、権利は保証されている」と。[42]人間の平等は、人民主権の原理と密接に結びついていた。だが、アメリカ人が成文憲法で権利を守ろうとしたのに対して、カナダ人は、慣習法、歴史的判例、議会の至上性によって守られているイギリス的自由に言及することで権利を表現したのである。

連邦結成の父祖たちの演説は、自由と権利の主張にみちていた。けれども、彼らは人権を口にすることはなかった。むしろ、権利の言説は、イギリス臣民であるという根拠に基づいており、権利はその伝統から引き出されていた。歴史家のなかには、連邦結成の父祖たちが人権という言語を使わなかったという事実は重要ではないと考える者もいる。[43]人権という言語で不満を発しなくとも、連邦を築いた父祖たちは、人権という原理を信奉していたと。だが、彼らはそうしていたのだろうか。一九世紀の時代には、権利の普遍性とみなされるものには内在的な矛盾が残っていたのである。権利を主張する多くの者は、奴隷制度を公認し、女性の権利については沈黙していた。投票や信仰の権利を含む諸権利は、人種、エスニシティ、宗教、ジェンダーゆえに、かなりの住民には等しく広まってはいなかった。少なくとも、権利という概念は、最も基本的な自由のみに限定されていたのである。[44]しかも、この権利の概念は、市民としての地位と結びついていた。権利とは、人種やジェンダーという生得的な質に関係なく、すべての人びとのものであるべきだとする原理は、一九世紀には広く受け入れられてはいなかった。カナダの連邦結成は、イギリス的自由として言い表される、ある種特定の権利概念のうえに築かれたといったほうがもっと正確ではなかろうか。この自由は、抽象的で普遍的な原理からというよりも、イギリスの歴史から引き出されたものであって、イギリス臣民に与えられるものだった。この権利の概念は、唯一の例外——フランス系カナダ人とイギリス系カナダ人の宗教・言語的権利は、カナダ連邦結成の根幹をなす契約の重要な構成要素となった——をのぞいて、反乱以降ほとんど変わらなかった。

国家建設は、特定の部類の人びと——特に、非ヨーロッパ人と女性——を、政治、ビジネス、社会での影響ある地位から制度的に排除することをともなっていた。ティモシー・J・スタンリーが指摘するように、教育は、日々の生活での排他的措置を受け入れるようマイノリティに教えこむための一つの方策であった。「もし誰かが排除されていれば、それにともない、ほかの誰かが取りこまれている。誰かが虐げられれば、ほかの誰かが恩恵を受けている。誰かが搾取されれば、ほかの誰かが利益を得ている」と(45)。この過程で、イギリス系は生粋の現地人に仕立て上げられ、アジア系は外国人ないしは部外者になっていくのだ。「中国人とカナダ人の違いとは、誰が政治的権利をもち、誰がもたないか、経済的チャンスがあるかないか、どこで誰と暮らせるのか、さらには、どこに埋葬できるかまでも規定する重要な考えの一つだった。……ブリティッシュ・コロンビア州とカナダの版図や制度をつくり上げていく統治、経済・社会政策にとって、人種に基づく排除は不可欠だった」と(46)。こうしたさまざまな排除は、カナダ人の国家との関係を形づくったばかりか、市民社会のなかでの関係にも影響を与えたのである。

二〇世紀に入っても、差別はカナダ社会の現実だった。床屋は黒人を断り、酒場はユダヤ人や先住民お断りの看板を出し、ゴルフ場は人種的宗教的マイノリティを入れず、ホテルは先住民の宿泊を拒否し、大学の友愛会や女子学生クラブ、テニスやスキーのクラブはユダヤ人を排除し、労働組合は人種的マイノリティの加入を認めず、警察や建物調査官はマイノリティの経営者に嫌がらせをし、家主はマイノリティにアパートを貸すのを断っていた。カナダの黒人は、日常的に差別を経験していた。バーやレストランに入ろうものなら、接客を断られたし、劇場では後席に追いやられ、病院での治療を拒否され、ホッケー場、ダンスホール、競技場に入るのを許されなかったのだ。カナダには人種差別の話がたくさんある。ウィンザーのレストランでサービスを断られた黒人の復員軍人、黒人による公営プールの使用を禁じたエドモントンの条例、白人と黒人を分けたハリファクスの墓地、有色子弟の家と名づけられたノヴァスコシアの孤児院（創設者もスタッフも白人だった）、鉄道貨物操車場から離れた場所に黒人が家を買うことを禁じたカルガリー市の政策[47]、黒人に上階のバルコニー（「猿の檻」と呼ばれた）に入ることを求めたモントリオールのオペラハウス。オンタリオ州とノヴァスコシア州では、黒人を隔離した学校は、一九六〇年代まで存続していた[48]。

ヴィジブル・マイノリティ（非白人）のほとんどは、投票権や事業経営の許可が与えられなかった。公職に就くことや陪審になることを禁じられていた。ブリティッシュ・コロンビア州では、アジア系と先住民が公立学校から隔離されていた[49]。規制契約条項――区域でのエスニック、人種、宗教の混じりあいについて規定する条項――は、珍しくなかった。らい病〔ハンセン病〕患者が隔離されていた時代、連邦政府は、「中国人のらい病患者」がブリティッシュ・コロンビア州沖のダーシー島で死亡するのを放っておいたのに対し、「白人のらい病患者」にはニューブランズウィック州近くのシェルドレイク島で食糧を与え、最低限の手当てをしていた。[50] ブリティッシュ・コロンビア、サスカチュワン、オンタリオの各州では、白人女性がアジア系の下で働くのを禁じていた。[51] オンタリオ州はまた、一八七七年に中国人や非英語系が炭鉱で働くのを禁止したが、これは、一部のマイノリティに対して公共サービスへのアクセスや一部の専門職への従事を規制する同州が出した数多くの規則の一つにすぎなかった。[52] 一九二〇年代にはクー・クラクス・クラン（KKK）がカナダに流入し、特にサスカチュワン州で活発な活動を展開した。[53] クー・クラクス・クランは、十字架を焼いたほか、さまざまな活動を行なったが、ほんの一例として、一九三〇年のオンタリオ州での事例がある。白い服と頭巾をつけたクー・クラクス・クランの集団が、白人女性とデートした黒人男性を誘拐し、脅迫したのである[54]（誘拐犯は捕えられ、告発されたが、無罪となった）。

移民政策は、明らかに人種主義的であり、特定の人びとをねらい撃ちしていた。中国からの移民は、「人頭税」を払わねばならず、一九二三年の中国人移民法によって、ほぼ全員が入国を禁止された。知恵をしぼったある議員は、髪の長さが五・五インチ〔約一四センチメートル〕以上の者が鉄道建設で働くのを非合法とする法律を提案しようと試みた。[55] 連邦政府はまた、インドと日本からの移民を減らす方策を導入した。[56] この措置に挑戦しようと、三七六人のインド人が駒形丸に乗船したが、錨をおろしたまま二か月間も留め置かれ、結局、海軍が警戒するなか海へ追い出された。アフリカ系アメリカ人のカナダへの移民は、北への移動を望む彼らの数が驚くほど少なかったにもかかわらず、二〇世紀初頭には政治問題となった。非公式な慣行がたくさんあった。政府の役人は、黒人移民の入国を拒否したり黒人入植者に通常の割引鉄道運賃を認めなかったりした医務監督官に対して、五ドルの特別手当を支払っていた[57]。一時期、連邦政府は、アルバータ州での反黒人運動が激しくなったのを受けて、アフリカ系アメリカ人と西インド諸島住民のカナダへの移民を禁止する枢密院令を下した[58]。これは、特定の人種集団のカナダ入国を禁止した最初の国家政策であった。

反ユダヤ主義は、カナダのいたるところでみられた[59]。多くのカナダ人が、ユダヤ人は劣った人種であると純粋に信じていたし、教養あるエリート層ですら、ユダヤ人はキリスト教文明の脅威になると考えていた。ケベックの著名な歴史家で、戦間期に影響力をもつ知識人だったグルー神父は、ユダヤ人は「宗教、政治、モラルのすべてにおいてまったく軽蔑すべきもの」と信じていた[60]。一九二〇年代のケベック州での経済キャンペーンである「自商品購買《アシャ・シエ・ヌ》」運動では、フランス系カナダ人にユダヤ人の商品を買わないよう訴えた[61]。トロントのピット・ギャングは、同市のマイノリティの人びとに暴力をふるった過去をもつ集団だったのだが、一九三三年、クリスティ・ピッツ公園での暴動を引き起こした。ユダヤ人チームと野球をしている間、鉤十字をあしらった横断幕を掲げたのである。近隣の店や住宅から人びとが公園に乱入し、馬やバイクに乗った警官が八〇〇〇人以上の群衆に何度も武器をかまえ、トロント市史上最大の暴動となった。第二次世界大戦の真っ最中に行なわれたギャラップ調査で、カナダから排除すべき国籍を問うたところ、四三パーセントの人びとが、ドイツ人と日本人に並んでユダヤ人を退去させるべきだと答えていた[62]。一九四八年発行の『マクリーンズ』誌にピエール・

バートンが書いた記事は、当時の状況を見事にとらえていた。いまやよく知られるその記事のタイトルは、「ユダヤ人お断り」だった。その記事のなかで、バートンは、戦時中に雇い口を探していた若い会計士ノーマン・ライアンズのことをくわしく書いていた。ライアンズは、働き手を欲しがっているたくさんの会社を訪問したのだが、応募するたびに空きはないと断られたのだった。ある会計事務所の主任は、オフィスでライアンズと会うと、無愛想に「はっきりいっておくが、うちはユダヤ人は雇わないんだよ」と。[63] 当時、反ユダヤ主義は猛威をふるっており、ユダヤ人の会社ですら、ときにはユダヤ人を雇うのを断ることがあった。[64]

宗教的迫害は、ユダヤ人たちにかぎらなかった。フッター派、ドゥホボール派、メノー派は、第一次世界大戦後、カナダへの移民を禁止された。キリスト教再洗礼派の一つであるフッター派は、個人所有を否定し、土地を共同で所有していた。同派は平和主義者であり、投票も公職就任も拒否した。アルバータ州は、フッター派の共同農場によってほかの農民が不当に不利益を被っていることを根拠に、同派の土地所有を制限する土地売却禁止法（Land Sales Prohibition Act）（一九四二～四七年）を可決した。[65] これは嫌われた宗教的マイノリティに向けた露骨な差別的法律であった。ドゥホボール派とメノー派は、平和主義者であることを理由に、第一次世界大戦中、さらに一九三四年から一九五五年まで投票権などを剥奪された。[66] だが、最も疎んじられ迫害を受けたのは、エホバの証人だった。彼らは、聖書を字義通りに解釈し、いかなる愛国主義を表すことも拒否する平和主義者であった。エホバの証人は、世界は終末を迎える（当初は一九二五年に、ついで一九七五年に、そしていまでは一九一四年に生まれた人の存命中に）と信じていた。彼らは、ほかのキリスト教徒たちに世界の真実を教え、ハルマゲドン（世界の終末）

に生き残って天国で生きることができるようにすることが、自分たちの務めだと考えていた。彼らにとって許しがたい敵は、カトリック教会であった。彼らは、カトリック教会をサタン〔悪魔〕の手先とみなしていた。住民の大半がカトリック教徒であるケベック州でエホバの証人がひどく嫌われた理由を理解するのは容易である。エホバの証人は、街頭で小冊子を配ったり個別訪問をしたりして、カトリック教会は「バビロンのみだらな女」と語ったのである。[67] このため彼らは、激しい弾圧を受けた。非合法組織として禁止され、軍への志願を拒否したとして公然と罵倒され、愛国心の欠如を転覆の企てとして迫害され、反戦を訴えて抑留され、改宗のかどで投獄された（一九四六年から一九五三年までの間に、ケベック州当局は、エホバの証人に対して一六六五の訴追案件を調査した）。一九四〇年九月には、オンタリオ州ハミルトンの学校が、エホバの証人であることを理由に国歌の斉唱を拒否した生徒たちを帰宅させた。彼らは帰校を許されなかった。[68]

　このように、カナダにおける国家建設の過程では、多くの人びとが排除されたり無視されたりしたのである。いちばん顕著なのは、先住民のケースである。連邦結成後の先住民たちは、彼らの同化を意図した法制度の下で、あらゆる平等な権利が一貫して奪われていたのである。州、準州、連邦の選挙での投票権は否定された。[69] 市民になるには、先住民の地位を放棄し、読み書きができ借金がなくすぐれたモラルを備えていることを証明しなければならなかった[70]（一八七六年の時点で、市民と認められたのは、たった一人だった）。保留地《リザーヴ》に住む先住民には、財産権はなかった。彼らの財産は、連邦政府に委託されていた。それを抵当にした支払いができないため、経済発展の妨げとなっていた。一八七六年のインディアン法（Indian Act）では、バンド〔保留地の先住民の小集団〕の首長《チーフ》の選挙を義務づけた一八六九年の政策が拡大され（後に政府は、首長を解任する権限を握った）、問題によっては連邦内閣の同意を必要とすることで、バンド首長評議会の権限を制限した。同法はまた、先住民が収穫物を先住民以外に売る場合、インディアン監督官の許可を得るか、あるいは、売る意図が妥当かどうかを監督官に認めてもらうのを条件とした。その後も次々と法律が出され、先住民が保留地内で飲酒するのを禁じたり、先住民以外の者と結婚した女性に先住民の地位を放棄することを強いたり（男性に対しては適用されなかった）、バンドの首長選挙への女性の立候補を禁じたり、寡婦が財産を相続する場合には、「モラルを備えていること」を証明することを義務づけた。[71] 一八八四年には、ポトラッチ——先住民どうしの友好や協力を促進するために、御馳走でもてなしたり品物を分かちあったりする儀式——を禁止した。一八八五年には、サンダンス〔太陽踊り〕やサーストダンス〔サンダンスと似た踊り〕も禁止された。[72] 先住民の政治的組織化や土地権利要求を連邦政府が禁止する措置は、一九二七年に制度化された。これらの政策が合わさることで、先住民の文化や生活様式に対する攻撃が企てられたのである。一八八〇年代には、連邦政府は、子弟を学校に通わせることを先住民に求めた。この寄宿学校《レジデンシャル・スクール》は、キリスト教宣教師によって運営されるところが多かったが、彼らの同化の促進を目的としていた。何万人もの先住民が、学校での扱いのせいで、ひどい精神的ショックを受け、家族や共同体から引き離されたのである。[73]

　連邦結成後の時期には、今日私たちが基本的権利だと思っていることが侵害された事例はあまりにも多かったため、すべてを列挙するのは不可能である。著名なイギリスの法学者A・V・ダイシーが明瞭に述べているように、法の下での平等という原理は、手続であって、実体ではなかった。誰もが法の適正手続や法律の平等な適用（すべての者に対する一つの法）の権利をもっているが、法律の中身にある差別からすべての者が守られるわけではなかったのである。[74] 市民的自由を制限している政府の権限に対して、制限を加える法律はなかったのだ。その結果、国家の政策でも実際の社会でも、個々人が同じ権利を享受することはなかった。

しかし、このような状況のなかでも、カナダの権利文化は変化しなかったわけではない。法の下での平等な保護を要求する人びとはいたし、そのために彼らは、人権ではなく、イギリス的正義の原理に訴えていた。たとえば、一九二三年、中華会館が、学校の隔離に対して反対する運動を起こしたさい、「隔離は、正義とフェアプレイというイギリスのあらゆる理想に矛盾している」と主張していた。[75] サスカチュワン州首相ジェームズ・ガーディナーは、同州のクー・クラクス・クランは、イギリス的ではないと非難し、この組織の露骨な人種主義は、イギリスの伝統とは相いれないと糾弾した。[76] その一方で、このような権利要求に対して激しい反論が出された。こうした論争を通して、カナダの権利文化がつくり変えられていったのである。

権利には、反論を受けたり変化したりする性質がある。それをいちばん示しているのは、宗教である。植民地において、宗教は社会・政治的生活の根幹であった。宗教的寛容もまた大きかった。[77] 一七九一年のケベック法の下で、カトリック教徒は信仰や公職に就く権利が保証され、一八五八年の信仰の自由法（Freedom of Worship Act）で再確認された[78]（イングランドでは一八二九年まで、カトリック教徒は投票できなかったし、議員にも選ばれなかった）。けれども、カナダでは、特に教育に関して、宗教的分裂が大きかった。英領北アメリカ法は、宗派教育に対する公的助成を保証していなかったが、カトリック、プロテスタントの双方がそれぞれの学校を経営する権利を認めていた。この件は、マニトバ州で特に深刻化した[79]。同州は英仏両語のバイリンガルな州として創設されたが、一八九〇年になって、カトリックの学校への公的助成を廃止した[80]。これは全国的な論争を引き起こしたが、カナダ首相ウィルフリッド・ローリエとマニトバ州首相が交渉した結果、同州でカトリック教育を行なう権利を限定的ながらも復活させる合意が成立し、部分的ながらも決着をみた。だが、その後もこの問題はカナダを二分した。一九〇五年、サスカチュワン、アルバータの新しい州がつくられたさい、ローリエは、カトリック教育に対する保証を得られなかった。さらにマニトバ州は、一九一六年になって先の妥協を反故にした。一九一二年には、オンタリオ州が第一七法規を制定し、公立学校でのフランス語教育を初等学校の二年次までに制限した[81]。これよりはるか以前に、ニューファンドランド〔当時はカナダとは別の植民地。カナダに加入したのは一九四九年〕では、教育をキリスト教会に完全に委ねていた。ケベック州では、一八七〇年以来、公教育は、カトリックとプロテスタントそれぞれの教育委員会に分かれていた。

当時の宗教教育に関する論争では、ひんぱんに「マイノリティの権利」に言及された。一八九三年、下院においてカナダ首相ジョン・トンプソンは、次のように述べていた。「マニトバ州は、一八七〇年に誕生しましたが、この州でマイノリティの権利に関連して起きた最初の問題は、当時の同州での教育条件について、解決策をはかることでした」と。[82] サスカチュワン州首相ウォルター・スコット（一九〇五～一六年）は、「マイノリティの権利を守る道義的義務」として、分離学校《セパレート・スクール》〔宗派学校〕を擁護した。[83] カトリック（あるいはプロテスタント）の学校で教育を受ける権利は、カナダ人特有の権利表現の一つとなった。そして、この権利の考え方が、連邦結成後の教育に関する論争を形づくっていたのである。[84] たとえば、一八九六年に、カナダ首相ローリエが議会で行なったマニトバ学校問題に関する次の発言に注目されたい。「私は、本下院に議席をもっているかぎり、いまの地位を占めているかぎり、どんな問題であっても自分の立場を示さなければならないときはいつでも、ローマ・カトリックの側にもプロテスタントの側にも立つことなく、特定の信仰にはよらず、すべての人びとの良心に訴える立場に立つつもりです。正義、自由、寛容を愛する人びとが占めることのできる側に」と。[85]

女性権利運動もまた、権利には反論を受けたり変化したりする性質があることを示す事例である。[86] 国家建設の過程で、カナダの女性市民は不平等な扱いを受けたが、それはいたるところでみられたし、法律に基づくものだった。女性には投票権がなかったし、議員、検視官、行政官、判事にはなれず、陪審席にも座れなかった。結婚すれば、姓以上のものを失った。民事法ですべての地位を失い、自分の財産を所有することも、賃金を自分のものにすることもできなかった。一九〇五年、ニューブランズウィック州最高裁判所の判事は、社会における女性の役割について、「女性の最大の運命かつ使命とは、妻として母として気高く温和な役目を果たすことである。それは、神の法なのだ」と語っていた。[87] けれども、女性は、児童保護権も否定されていた。しかも、刑法は不公平だらけだった。たとえば、離婚の場合、男性のほうは不義について説明しさえすればよかったのに対し、女性は、不義はもとより、義務の放棄、極度の虐待、近親相姦、重婚についても説明が求められた。夫によるレイプは、知られていなかったが、それは、けっして起こらなかったからではなく、法律に違反していなかったからだった。女性の人生のほぼすべての段階で、差別的な法律がかかわっていた――誕生（嬰児殺し）、幼児期（扶養、児童保護）、就労（労働法、専門職）、求愛（誘惑、結婚）、性的関係（レイプ、売春）、結婚（財産、市民、姓名）、育児（産休、妊娠中絶、養子縁組、嫡出）、離婚または別離（扶養、児童保護、年金、義務放棄）、そして死亡（相続）[88]。

これらは、フェミニズム運動の第一波でみられた自由主義的権利の一連の言説であった。多くの改革家たちは、女性の権利――最も知られているのは投票権――を要求するのに、イギリス的自由に言及し、女性の新しい権利を獲得した。二〇世紀初頭には、女性が初めて、公職に選出されたり、判事に任命されたり、法律のような専門職に就いたりした。職場に入った女性たちもかなりの数にのぼった。議会改革によって、結婚した女性が賃金を自分のものにしたり、夫とは別に財産を所有したりできるようになった。最低賃金法が可決し、わずかながらも女性に児童保護権が認められた。一九二〇年代には、カナダじゅうで動員された大衆運動の結果、女性は、ほとんどの区域で投票権を獲得した。一九二九年には、女性グループが、憲法〔英領北アメリカ法〕にある「人《パーソンズ》」の指示内容は男性のみだとする措定（女性が上院で議席をもつことを禁じるために用いられた解釈だった）に対して、ロンドン（イギリス）の枢密院司法委員会に異議申し立てをして、勝訴した。この運動中、改革家たちは、女性を差別する法律や慣例はイギリス的正義を逸脱していると主張した。こうした前例が、女性の平等の要求に女性たちが結集しはじめる最初のステップとして必要だった。

この時期のカナダの国家建設はまた、労働者と政治的過激派に対する権利の制限を前提としていた。一九世紀を通して、組織化しようとする労働者たちは、(使用人が忠誠であることを求める)「主人と使用人」の法律、共同謀議法、ストライキ鎮圧のための国家による暴力の使用に対抗しなければならなかった。一八七二年まで、労働組合の合法性は不確かなままだった。第一次世界大戦期には、政治的反対をおさえこむために、公共善に脅威になるとみなされた者の帰化を自由裁量で取り消す権限が、連邦の国務大臣に与えられた。さらに、カナダで発行されていた外国語ですべて書かれた新聞は停止処分を受け、敵性外国人に対しては、火器や爆薬を引き渡すことや(後には)政府への登録が必要になり、急進的組織は禁止された。[89] 戦後の連邦政策のなかで最も論議を呼んだのは、刑法第九八条に関するものだった。戦争終結から一年もたたないころに、ウィニペグの労働者が、カナダ史上最大のゼネストを開始すると、またもや連邦政府は、特別措置を講じて対抗した。刑法第九八条を改め、暴力によって政府を転覆させたり経済を変えようとする組織に属していることを犯罪とみなしたのである。

第九八条は、異例な法律だった。それは、行動を違法としたのではなかった。そうではなく、政治組織に属しているだけで、それを非合法としたのだ。罰則は、最大二〇年の収監だった。さらに、そうした組織のメンバーに場所を貸した者は、投獄か、五〇〇〇ドルの罰金が科された。カナダ連邦警察(RCMP)は、非合法組織のものと疑われるすべての財産を令状なしで押収することができた。政府はまた、政府や憲法の欠点を指摘しただけでは扇動的意図ありとして告発できないと規定していた刑法第一三三条も削除した。[90] さらに、それを補完するため、移民法(Immigration Act)が改正され、市民でない者、財産の破壊を主張する者や、政府の転覆をもくろむ組織に属している者を国外追放する権限を設けた[91]（ほかにも改正され、国外追放できる外国人の範疇《はんちゅう》が大幅に広がった）。打倒されまいと、政府は、帰化法（Naturalization Act）も改正して、個人の市民権を取り消す権限を握った。これらの権限は、政治的反対派を鎮圧するのに用いられた。一九〇二年から一九二八年までの間に、カナダからは年平均一〇〇〇人が追放されていたが、法律改正後、国外追放者の数は、一九三〇年が四〇二五人、翌年が約七〇〇〇人と、急増した[92]。一九三一年、刑法第九八条によって、カナダ共産党の指導者たちが裁判にかけられた。裁判は茶番だった。ある歴史家はこう述べている。

革命の思想を革命の実践へと向かわせないようにすることが、この法律の根底にある目的だったことを考えれば、この訴追自体、異常だった。というのも、被告人たちには、党が明言した目標を成就できる力は少しもなかったし、それを彼らが試みた証拠もなかったのである。彼らの集まりや演説がどんなに犯罪的であろうとも、裁判の時点で被告人たちが暴力をふるったのは、政府に対してというよりも、英語という言語に対してだった[93]。

にもかかわらず、カナダ共産党書記長ティム・バックとその同僚たちは有罪となり、数年間投獄された。この判決によって、カナダでの共産党の活動は事実上禁止された——そうなったのは、イギリス連邦諸国で唯一だった[94]。一年以内に、政治犯として一五〇〇人が訴追され、三五五人が有罪となった[95]。

これらは、国家建設が政治的過激派の排除を前提としていたことを示す、ほんの数例でしかない。国家が政治活動を鎮圧する方法は無数にあった。たとえば、トロントでは、一九二九年、警察委員会が、英語以外の言語で行なわれるすべての政治集会を禁止する命令を発し、公共の場所を「共産主義、ボルシェヴィキ」の集会に貸した場合、施設使用許可証を取り消すと約束した。この命令は、「われわれの政治形態、国王、政府当局に対する、秩序を乱し扇動するような非難の発言は、容認されない」とまで言明していた。[96] 以後数年にわたって、トロント警察は、この命令に違反した者を一人残らず懲らしめ、体罰を加えた。カナダ労働防衛同盟が、カナダ共産党の指導者を投獄した政府を批判する舞台作品を後援すると、トロント警察はそれを禁止した。[97] そのころ、発足まもないカナダ・ラジオ放送協会は、共産主義の全国放送番組をきっぱり断っていた。[98] ある議員は、下院の席上、独裁的なイギリス人総督の考えを反映したこうした政策について、説明していた。「反政府的な扇動行為は、撲滅しなければならないのであります。言論の自由を語ることは大いに結構なのです。しかし、それと、ボルシェヴィズム、騒乱、政府の転覆を語ることとは別物なのであります」と。[99]

しかし、ジェームズ・クレイグのころの恐怖の時代以来、状況は大きく変化していた。議会では、第九八条は「イギリスの慣習、イギリスの制度、そして、通例私たちがイギリス的自由と呼んでいるものとは相いれない」と批判する者もいた。[100] カナダを代表する憲政の専門家の一人〔フランク・スコット〕は、「結社の権利、討論、印刷、印刷物配布の自由が常時制限されたり、厳罰に対する恐怖があったのは、カナダ史上、そして、おそらくは過去数世紀のイギリス領の歴史でも例がない」と述べていた。[101] 下院にて、首相ウィリアム・ライアン・マッケンジー・キングが第九八条を廃棄すると立ち上がったさい、彼は、この法律が「言論の自由と結社の自由というイギリス的原理」に反していると批判し、選挙で選ばれれば、この条項を削除すると約束した。[102] 一九三六年、キングはこの約束を果たしたのだった。反政府論をおさえることがますます難しくなっていくにつれて、カナダの政治状況が変わりはじめた。特に、社会主義政党が、カナダの権利文化を形づくるのに重要な役割を果たしていた。言論、結社、集会の自由への制限やマイノリティへの差別に強硬に反対する協同連邦党（CCF）が誕生した。その画期的な結党文書であるリジャイナ宣言で、協同連邦党は、人種・宗教マイノリティの権利や権利章典の承認を要求するカナダ第一の政党となった。ほどなくして、政治的左翼である同党は、反差別法要求運動の最前線に立った。

反政府論がほとんど容認されなかった一九世紀中葉以降、カナダの権利文化は、かなり進展した。その結果、わずかだが法律が変わりはじめた。たしかに一九四四年の時点では、カナダ最高裁判所と枢密院司法委員会は、市民的自由を侵害していることを理由に法律を無効と裁定することはなかった。だが裁判所は、例外的にふるまうこともときにはあった。一九三七年、アルバータ州の成立してまもない社会信用党政権は、正確なニュース・情報の公表を確保するための法律（Act to Ensure the Publication of Accurate News and Information）を可決した。同法は、批判的な報道について、政府による「訂正」を印刷公表することや、情報源・執筆者を明らかにすることを求めていた。間違いなくそれは、平時に行なわれた最も露骨な報道検閲の試みだった。カナダ最高裁判所は、同法がアルバータ州立法府の権限を逸脱しているとの裁定を下した。つまり、この法律は、連邦の管轄下にある活動までも規制しようとしていると判断されたのである。以来、本件は、市民的自由と立法府の権限の問題に対するカナダ史上初めての法的判断とみなされている。判事ローレンス・キャノンは、「アルバータの住民に対して、自由で制限のない議論は許されないというある種の宗教的教義に近い」考え方を強いているとして、アルバータ州政府を批判した。[103] また、判事ライマン・ダフは、「それ（公共での議論）は、法律の範囲内であっても、大小さまざまな批判を受けるものであり、そうした批判は、われわれの眼前で、たえず手本となっていくものなのだ。公共の問題について堂々と自由に議論する権利を行使することは、対立が起きようとも、議会制度にとって必要不可欠なのは自明である」と主張した。[104] 後述するように、最高裁判所は、一九五〇年代に起きた市民的自由をめぐる重要ないくつかの案件において、本件を先例としてしばしば引き合いに出した。

国家建設にともなっていたのは、ある種の人びとの政治社会への完全で平等な参加を体制的に排除することだった。この排除は、現物の財産へのアクセスを制限したり、明らかな敵対者を投獄したり、政治での発言権を奪ったりする形をとることもあった。それはまた、象徴的なものでもありえた。マイノリティはすべて外国人とみなされていた。これに対して、人びとは、イギリス的正義という言語を用い、差別や市民的自由への攻撃をイギリス的伝統や歴史に反するものだと主張した。[105] つまり、権利は、市民としての権利や国民としてのアイデンティティと深く結びついていたのである。国家建設の特質を考慮すれば、カナダの権利文化が国家の行動におおむね対応して進展してきたことは驚くにあたらない。小さい勝利の積み重ねが、さらなる権利要求のための土台になっていったのである。反乱の時代から二〇世紀初頭にかけて、法の適正手続はもとより、宗教、集会、結社、言論、出版に対する権利が大幅に認められていった。対立は、カナダの権利文化の中心にあるのだ。こうした対立は、第一次世界大戦後、そして、さらにカナダ人権史上重要なもう一つの時期に、再び明らかになる。

第2章　カナダにおける市民的自由

二〇世紀中葉には、現代の私たちからみれば人権侵害にあたる数多くの事例があり、一つの事がらに焦点をあてるのはとるに足らないと思われるだろう。けれども、二〇世紀中葉のカナダの水準からみても、モリス・デュプレシはきわだっていた。彼がケベック州首相だった時代（一九三六〜三九年、一九四四〜五九年）は、大暗黒時代と呼ばれている。一八九〇年にトロワ・リヴィエールに生まれたデュプレシは、ケベック・シティにあるラヴァル大学で法律の学位を取得した後、一九二七年に政界入りするまで、郷里で弁護士として働いていた。そして彼は、官職への引き立て《パトロニッジ》と弾圧を使い分けながら、ほぼ二〇年間政権を握った。一九三六年、彼は、共産主義の宣伝活動に関する法律（An Act Respecting Communist Propaganda）（パドロック（南京錠）法、Padlock Act）を導入し、共産主義を広めるいかなる文書（新聞やパンフレットを含む）も印刷・出版することを禁じた[1]。法務総裁――デュプレシは州首相と法務総裁を兼務していた――は、破壊活動にかかわる資料を作成していると疑われる建物を閉鎖する命令が下せたが、それに対抗して裁判所に訴える手続はなかった。同法は共産主義を定義していなかったため、デュプレシは、自分を批判する誰に対してもこの法律を適用することができた。エホバの証人が（しばしば家々の玄関先で）改宗を迫っていたことは、ケベックの大半の人びとの憎しみを買っていたが、扇動的で冒瀆的な文書を理由にすぐさま訴追・投獄される事態がたびたび起きた。[2] フランク・ロンカレリがエホバの証人の数十人の保釈金を支払うと、デュプレシは彼を扇動罪で告発し、後に酒類販売許可証を取り消した〔カナダ最高裁判所は、権力の濫用だとしてデュプレシに罰金を科した〕。

子供のいなかった独身のデュプレシは、教会が州全域の教育と社会福祉事業をきっちり掌握できるようにした。また、暴力と脅迫によって労働組織を弱めようとした。[3] 彼の悪名高き行動の一つとして知られるのは、連邦政策を利用し、高い助成金が支給される精神病院に孤児を移送したことだった。健康な孤児たちは精神障害と診断され、あるときには、孤児院すべてが精神疾患施設に分類しなおされることもあった。彼の無謀さには限度がなかった。一九五一年二月、零下二六度の日にトロワ・リヴィエールにある長さ六〇〇メートルの橋が崩れ八人が亡くなったのだが、州首相デュプレシ――この橋は、腐敗に対する非難の声が上がるなか、彼が命じ、自分にちなんだ名称〔デュプレシ橋〕をつけていた――は、崩落を共産主義者のせいにしたのだった。[4]

市民的自由を政府が濫用したカナダ史上最大の不名誉な事例のいくつかは、デュプレシによるものだった。彼の行動は激しい批判を招き、カナダで最初の市民的自由を求める団体の設立を促した。たしかに戦後はカナダの人権史上重要な時期だったが、権利革命が訪れるのはもっと後である。むしろ、まさにこの時期に、カナダで人権が法律として成文化される初めての試みがなされたのである。また、権利に寄与する社会運動も起きていた。人種、エスニック、宗教的マイノリティは、権利という言語を使って、公共政策や私的な生活の場での差別に反対する声を上げたのである。彼らの反対は実を結んだ。この時期に、市民的自由――歴史的には、国家による権力濫用と結びついていた考え方――は、徐々に定義しなおされ、公私の領域での反差別の原理を含めるようになっていった。

これまでみてきたように、カナダには、緊急事態になると特別な権限が行使されるという長い歴史があった。[5] ロワーカナダ植民地では、一七九三年から一八一二年までのほぼ毎年、人身保護権が停止された。一八六六〜六七年には、アメリカ合衆国からのフィニアン襲撃に対応して、再び停止された（フィニアンとは、イギリスにアイルランドの解放を迫るため、カナダに対して暴力を行使しようとしたアイルランド・ナショナリストたちである）。このとき、植民地議会は、かつての反乱後に出した不法侵略法を引っぱり出し、その対象をロワーカナダ植民地まで広げるとともに、発効以前にさかのぼって適用できるようにした。フィニアン支持者と思われる五七人が逮捕され、裁判にかけられた。そのうち二二人が有罪となり、絞首刑に処せられた。[6] 一年後、警察は、かつてのフィニアンでカナダ・ナショナリストに転向したトマス・ダーシー・マギーの暗殺事件を調査中に二五人を説明なしに逮捕、拘束した。[7] この逮捕は、カナダでのフィニアンの活動を弱めるのに効果的だった（同じ手法が、一世紀後にケベック・ナショナリストたちに対してとられた）。北西地域《ノースウエスト・テリトリーズ》のメイティと拡張主義をとるカナダ連邦政府の間で内乱が起きると、連邦政府は同地に鎮圧部隊を派遣し、メイティの指導者らを逮捕した。メイティの指導者ルイ・リエルは、反逆罪で裁判にかけられ、ついに絞首された。[8] この後、通行証制度《パス・システム》が導入され、保留地に住む先住民は、保留地の外に出るときにはインディアン監督官が署名した通行証を携帯しなければならなくなった。[9]

緊急事態になると市民的自由をきびしく制限しかねない曖昧な法律を制定する傾向があるのは、カナダの権利文化の一つである。緊急時に国家が行きすぎた行動をとった最も悪名高い例の一つは、一九一四年、第一次世界大戦の開戦時に制定した戦時措置法（War Measures Act）だった。わずか二頁たらずのこの法律は、あらゆる権利を停止できる権限を連邦政府に与えていた。[10]権限が議会から内閣に移譲されたため、内閣は、四年間、行政命令によってカナダ全土を効率的に統治したのである。この法律に基づいて出された命令の範囲は驚くべきものだった。政府は、人権保護権を停止し、広範囲な検閲を行ない、多くの結社を非合法と断定した。また、ストライキを粉砕し、それを報じた新聞社を活動停止とした（後には、ストライキを禁止した）。訴追手続を円滑にするため、法の適正手続を制限したり、何千人もの敵性外国人を強制収容したほか、価格の統制や商品の生産や配給を管理するための部署を設置した。議会は徴兵制を課し、それを逃れた罪で数千人の男たちを投獄した。政府は、労働争議の扇動者や参加者に対して徴兵に応じるようせまった。[11]食糧不足のさなかには、市民たちは、近隣の者が貯めこんだり無駄づかいしていないか監視するよう求められた。「好ましくない演説」――政府や戦争への反対意見を口にすることを含む――を行なった者は、罰金五〇〇〇ドルと五年間の投獄刑を受けた。[12]政府の役人には、戦争貢献に否定的と彼らが判断した資料を押収し破棄する権限が与えられた。立証責任は逆に訴追側を利するものになった。被疑者側は、有罪とされるまでは無実であるのではなく、罪を犯していないことを立証しなければならなかったのだ。政府はまた、いかなる組織をも非合法とみなしうる権限のほか、財産を差し押さえたり、いかなる場所にも令状なしで侵入、調査したり、組織のメンバーや個人の誰であれ、訴追できる権限をもっていた。[13] ちょっとした発言でも、非合法組織への支持と解される可能性があった。枢密院令は、それにあたるものとして、(ごく一例だが)政府に対する冒瀆や卑劣で批判的ないっさいの発言をあげていたのである。非合法組織に場所を貸したり提供した人びとも、有罪となった。疑いをかけられた者は有罪が当然であったし、罪は遡及的に適用された。戦争勃発時に何らかの形でその組織を支持していた場合、その後何年も加入していた証拠がなくとも有罪となったのである。

以上は、戦時に市民的自由が制限された最も露骨な例にすぎない。[14] 権力の濫用は避けられず、浮浪者を犯罪者扱いしたりドッグ・ショーを禁止したりするような馬鹿げた枢密院令も出されたのだ。[15] 一九一八年、ケベック・シティで徴兵暴動が起きると、政府は枢密院令を認可し、軍隊が個人の訴追を軍事法廷で行なうことを認めた。この方針は、かつての反乱後に出された不法侵略法という嫌な記憶をよみがえらせるものだった。また、別の枢密院令では、性病にかかった女性が軍人と性的関係をもった(あるいは誘惑した)場合、女性を罰した。この命令を侵した女性は皆、医務検査のために少なくとも一週間の拘束を強いられた。[16] 戦争が終わっても、行きすぎた措置に走る政府の志向はなくならなかった。戦争で国が疲弊していたにもかかわらず、強制収容を実施する法律を延長した連邦政府の決定——戦争終結後の数か月間——は、明らかに正当性を欠いていた。この政策は、郡や地区の裁判所が「近隣社会が不安を感じている」という理由だけで強制収容することを認めるものだった。[17] 被告は、法的弁護を受けることが禁じられ、尋問で有罪が立証されることすらなしに片づけられた。一九一九年のウィニペグ・ゼネスト後には少なくとも三三人が強制収容されたが、強制収容所は一九二〇年まで設けられていた。

一九一四年から一九一九年にかけての緊急的権限の行使は、実は、予行演習にすぎなかった。国家が真の弾圧権限を発揮するのは、第二次世界大戦中であった。一九三九年、連邦政府は戦時措置法を再び実施し、それに基づきカナダ防衛規則を可決した。権限はすぐに実行に移された。政府は、新聞・パンフレット三二五点を検閲し（これにくらべて、第一次世界大戦時には一八四点であった）、三〇以上の宗教、社会、エスニック、政治的組織を禁止した。二四二三人のカナダ人を強制収容（これにくらべて、イングランドでは一八〇〇人だった）し、戦争反対を唱えたり禁止された組織の出版物を配布したりしたことを理由に数百人が逮捕され、即座に判決が下された。さらに、警察には、告発や裁判なしに個人を逮捕、拘束できる権限が与えられた。[18] 連邦警察は騒擾を扇動する「可能性のある」イギリス臣民を逮捕する権限の承認は得られなかったが、内閣は、連邦警察の警官に対して、令状なしで非合法組織の捜査ができる権限を認める命令を承認した。[19] これは、法の適正手続をいちじるしく逸脱していた。連邦警察警官は、裁判所の同意なしに勝手に令状を書けたのだ。

同じころ、数百人のドイツ系カナダ人が、おそらくナチス支持者ではないかという理由で、逮捕、拘束された。エホバの証人は非合法組織だと言明された。市や州の政府は、政治家を追放したり官吏を解雇するなどして、破壊分子と疑われる者を「粛清」した。モントリオール市長カミーユ・ウードは、連邦による人的資源登録への協力を拒み、政府を批判したかどで、裁判なしに四年間強制収容された（当初、検閲官は、新聞がウードの発言を公表することを禁じていた。だが、モントリオールの『ガゼット』紙がある議員に下院での発言のなかにウードの演説を織りこんでもらったために、議事録に掲載されてしまうことになり、検閲官は裏をかかれた[20]。内閣は、くりかえし枢密院令を発し、裁判所へのいかなる訴えも禁止した。警察による威嚇も日常的に行なわれた。当局は、令状なしで捜査をしたり、命令に基づいて告発したりした。誰もが危険にさらされていた。一つの例として、患者のなかに共産主義者がいるのを理由に強制収容された医師もいた[21]。戦争熱《ヒステリー》は言論の自由をきびしく制限した——大学は戦争貢献に対する批判をやめさせたし、議員たちでさえも、戦争政策を批判すれば逮捕されるかもしれないとおびえていた[22]。人前で発言したことで拘束されたケースもあった——たとえば、酒場で飲んでいるときに、「チェンバレンは、ヒトラーと同じくらい悪い」と話したかどで、三か月の投獄を言い渡された男がいた。これとは別に、サミュエル・リヴァインという男性は、共産主義の書物を所有していた男に部屋を貸していたことを理由に投獄され、強制収容所に送られた[23]。このほか、明らかに差別的な措置が広範に講じられていた。ユダヤ人難民のほとんどは、カナダ入国が禁止されていた。空軍は一九四三年まで、海軍は一九四四年まで、白人男性にしか入隊が認められていなかった。人種的マイノリティが軍に志願することが許可された後になっても、中国人と日本人の男性が空軍と海軍に従事することはいっさい禁止されていた。

政府の戦時政策は、小規模ながらも反対を引き起こした。たとえば、一九四二年、トロントのカナダ・ユダヤ人会議とアフリカ系カナダ人グループは、目標を共有した。両者は同盟を結び、国家選抜徴兵局が失業者に対し戦時登録用紙に人種を記入させていた規則を撤廃させるのに成功した。一九三〇年代末には、市民的自由を求めるグループがいくつかつくられたが、そのほとんどは、デュプレシのパドロック法に対抗していた。こうしたグループは、戦争に入ると、さらに増加した。これらは、カナダ史上初の、市民的自由を求めるグループだった。特に二つの出来事——ともに一九四六年のことだが——は、市民的自由を求める運動を刺激した。その一つは、日系カナダ人の扱いをめぐってであった。西海岸に住んでいた何千人もの日系カナダ人たちは強制的に住居を退去させられた。そして、混みあう列車に詰めこまれ数百マイル離れた遠方の地に送られ、そこでの生活を余儀なくされた。けれども、この政府の行動は、多くの社会改革論者にすらおおむね受け入れられていた。奇妙なことに、激しい反対を招いたのは、日本出自のイギリス臣民には選挙権を与えないことや、彼らのうちの数千人を日本に強制送還することを、連邦政府が一九四六年に決定したことに対してだった。多くのカナダ人たちは、政府が自分たちの市民に対して投票のような基本的権利の否定までしようとしたことに愕然としたのである。行きすぎていると思う人が多かったのだ。著名な憲法の専門家フランク・スコットは、当時、強制送還は「市民という地位を愚弄している。……この政策によって、すべてのカナダ人の基本的な市民的自由が攻撃されているのだ」と述べていた。[24] これらの出来事は、カナダの歴史において初めての権利要求運動の一つを生んだ。[25] 政策に反対する人びと——労働組織、教会、若者集団、エスニック・マイノリティ、そして日系カナダ人自身を含む——は同盟をつくって反対運動を行なったのである。

同じように愕然とさせたのは、グーゼンコ事件であった。一九四五年九月、オタワのソビエト連邦大使館の暗号解読員だったイゴール（イーゴリ）・グーゼンコは重大な決心をした。大使館から文書を盗み、脱走したのだ。ある晩、ひとつかみの機密文書を上着の下に抱えて大使館を出た彼は、まず『オタワ・ジャーナル』紙に、ついで法務省にもちかけた。驚くべきことに、どちらも、何が起きているのか、ことの重大さがわからないまま、彼を追い返したのだった。ソビエト連邦の職員が血眼になって捜索を続けているなか、半狂乱になってオタワの通りで一夜を明かしたグーゼンコは、ついに連邦警察と接触することができた。数時間のうちに、キング首相は、戦後についてのソビエト連邦をまじえた多国間交渉のさなかに、亡命者が出たことを知って無念がった。だが、グーゼンコは、キングが簡単に見逃すことができない証拠をもっていた——カナダでソビエト連邦の諜報ネットワークが、特に原子爆弾の情報を得ようと活動していたことだった。キング首相は、しぶしぶグーゼンコに避難所を提供した。三閣僚との最重要機密会合で、政府は、戦時措置法に基づき、連邦警察にグーゼンコの申し立てを調査する特別権限を与える枢密院令を承認した。

キングや連邦警察の反応は、控えめにいっても、度を越していた。調査は、戦争終結からかなりたった一九四六年二月まで続けられた。戦時法制に基づいて承認された内密の枢密院令が依然として効力をもっていたのである。キングは、カナダ最高裁判所判事の二人を、諜報ネットワークの調査のための王立委員会の委員長に任命した。連邦警察は、枢密院令に従い、十数人のスパイ容疑者を拘束し、自殺をしないよう監視できる狭い独房に監禁した。彼らは、警察と委員による尋問を何度も受けた。弁護士との接見も許されず、自分たちにどのような権利があるかも知らされなかった。実際のところ、政府は、犯罪被疑者に対して法の適正手続権を制限する権限を王立委員会に与えたことで、平時において戦時権限を行使していたのである。容疑者たちの「証拠」は、後に開かれた法廷で、彼らに有罪を認めさせるために使われた。拘束された容疑者の一人であるエマ・ウォイキンは、監禁による精神的ショックがあまりにもひどく、やっとのことで裁判官の前に連れ出され、「私がやりました」と生気のない異常な調子でくりかえすのが精一杯だった。結局、有罪となったのはごくわずかであり、委員たちは、「スパイ」が機密情報をソビエト連邦側に提供したという証拠をあばけなかった。[26]

日系カナダ人の扱いとグーゼンコ事件は、カナダ全土で論争を引き起こし、市民的自由のための組織が六つほどつくられた。しかし、振り返ってみると、連邦政府がカナダ人の市民的自由をこれほど広範に攻撃したにもかかわらず、選挙で支持をほとんど失わなかったのは、もっと注目されるべきである。政府が戦時に出したきびしい法律の数々に反論したのは、わずかなマイノリティだけだった。ある法学者が指摘するように、法律家たちの間ですら「戦時中の憲法観に顕著なのは、市民的自由に対する懸念がまったく欠如していた」ことだった。[27] 市民的自由を求める活動家の間でも大きく分裂していた。戦時中には、多くの人びとが、政府による日系カナダ人への卑劣な扱いを受け入れていたが、イギリス臣民からの選挙権はく奪という行きすぎた行為に対しては、反対が広範に巻き起こった。イデオロギー上の分裂があったことも、グーゼンコ事件で市民的自由の主張者の反対が弱められた原因となった。率直にいって、自由主義者や社会民主主義者の多くは、共産主義者を擁護する側にまわるのをためらっていた。

しかし、戦争が終結に近づいたころには、重要な転換の兆しとなる注目すべき契機があった。一九四四年、オンタリオ州がカナダ初の差別禁止法である人種差別に関する法律（Racial Discrimination

Act）を導入したのである。[28] その当時、トロントのヤング・ストリートを歩いていると、「ユダヤ人と犬はお断り」のような看板を戸口で目にすることがあった。[29] この法律の目的は、差別的な看板や広告の掲示を禁止することにあった。三年後には、サスカチュワン州が、州としての権利の章典を可決した。この法律は、人種、エスニシティ、宗教の違いによる雇用の差別を禁止すると同時に、言論と宗教の自由などいくつかの市民的自由を認めていた。[30] けれども、それを遵守させる方策や罰則の規定はなかった。これらの法律は、適用されることはなかったが、権利に対する考えが変わりつつあることを象徴していた。

ほぼ同じころ、連邦政府は、カナダの権利の章典の可能性について、議会で聴聞会をはじめていた。聴聞会――委員は、一九四七、一九四八、一九五〇年にそれぞれ任命された――は、当時のカナダ人が権利をどのようにとらえているかについての見解を示していた。たとえば、一九四七年の委員会の共同座長の両人は、「権利」と「自由」を区別していた。彼らは、国家の行動を必要とするのが権利（労働、財産、教育、社会保障の権利）であり、国家の介入がないのが自由（出版、言論、宗教、結社、集会）だと定義した。[31] 一九五〇年の聴聞会では、市民的政治的権利には賛成だとする暗黙の意見の一致があった。市民的自由協会のアーヴィング・ヒメルや対外関係省の代表たちは、憲法に経済・社会的権利を入れることには懐疑的だった。労働組織ですら意見が割れていた。カナダ労働会議（Canadian Congress of Labour）の三五万人の労働者を代表するユージーン・フォーセイは、権利の章典は、伝統的な自由主義的権利しか擁護できないと確信していた。労働と教育に対する権利は、国家による積極的な行動が必要であり、それは、裁判所よりも諸政府に委ねられるのがよいのだ、とフォーセイは主張した。[32]

対照的に、カナダ労働評議会（Trades and Labour Congress）は、雇用に対する権利といった経済的権利を憲法にすえるべきだと主張した。しかし両者の見解は、論議の大半の参加者には共有されなかった。[33]

議会の聴聞会で労働組織が主導的役割を果たしたのは、驚くにはあたらない。労働組織——差別の犠牲者となったマイノリティとともに働くことが多かった——は、差別禁止法要求運動の先頭に立っていた。けれども、いつもこうだったわけではない。長年、労働者の指導者たちは、移民や人種・エスニック的マイノリティ、特にブリティッシュ・コロンビア州の中国人を、労働組織を崩壊させかねない低賃金のスト破りととらえていたのだ。[34] 当時最も勢力を誇っていた労働組織であるカナダ鉄道被雇用者組合の設立総会で、会員たちは白人しか入会を認めないということで合意していた。[35] 労働力が変化したり労働者階級の団結が必要になったりすると、労働運動に大きな変化がもたらされた。[36] それは、協同連邦党の設立構想で権利の章典を主張していたことに表れていた。[37] 人種マイノリティもまた、排除されていることに対して積極的に抗議するようになった。たとえば、一九四六年には、中国系カナダ人は、カナダへの中国人移民の禁止措置を撤廃するようロビー活動を行なうため、中国人移民法撤廃委員会を設立した。[38] だが、特にきわだっていたのが、ユダヤ人労働委員会だった。差別禁止法制を求めるロビー活動のために、カナダ全土に支部を設けたのである。一九五〇年代には、ヴァンクーヴァー、モントリオール、トロント、そのほかの都市で、市民的自由を求めるグループとともに活動していた。[39] 彼らの行動は、差別的な法律の存在に気づかせ、それを改めるうえで重要な役割を演ずることになる。

当時、政府の政策やビジネスでの慣行において、差別的であるのは、まったく合法的であった。一九三六年、フレッド・クリスティが二人の友人エミール・キングとスティーヴン・セント・ジーンといっしょに、ちょっと一杯とモントリオール・フォーラム〔屋内アリーナ施設〕の酒場ヨーク・タヴァーンに入った。三人が飲み物を注文しようと腰をかけた途端、ウェーターが静かに近づいてきて、出て行くよう言い渡したのだった。ウェーターいわく――うちのルールは新しくなった。オーナーは黒人を酒場に入れたがらないのだ、と。お抱え運転手でモントリオール・カナディアンズ〔NHL屈指の名門アイスホッケー・チーム。当時、モントリオール・フォーラムを本拠地としていた〕の熱烈なファンで、これまで何度も来店したことのあるクリスティは、憤慨し、帰ろうとしなかった。ついに警官がやってきて、クリスティたちは酒場の外に連れ出されたのだった。クリスティは、ヨーク・タヴァーンを訴えた。訴訟は、店主の商売の自由か、クリスティの平等な待遇かで争われた。一〇年後、カナダ最高裁判所が支持したのは、店側の選択の権利であって、クリスティ側のサービスを受ける権利ではなかった。それが人種的マイノリティに対する一般的な見方であったため、クリスティの弁護士ですら、白人は黒人とはいっしょに飲食をしたくないという前提を疑うことはしなかったのだ。[40] さらに一〇年ほど後、これと同じ原則が、アルバータ州の裁判所で再確認された。一九五九年五月一三日、テッド・キングがカルガリーのバークレー・ホテルの一室を借りようと同ホテルにやってくると、ホテル経営者に「有色の方はお断わりしております」といわれたのだった。一年後、アルバータ州地方裁判所は、ホテル経営者が客を拒否することを禁じたホテル経営者法(Hotelkeeper's Act)の取り決めにもかかわらず、サービスを断る権利はホテル側にあるとする裁定を下した。裁判所は、宿屋の定義をめぐる専門的な議論に基づいていたのだが、キングが差別されたことは認めていた[41]。この裁定は、差別を容認する効果をもたらすことになった。

とはいっても、カナダの法律は、カナダの権利文化を形づくるうえで、もう一つの争点になりつつあった。カナダの憲法には権利の章典は存在せず、議会が至上であった。司法には、憲法が謳《うた》っている権限の分割をどのように行なうかについて、連邦政府と州政府の間の紛争に裁定を下す責任があったものの、司法は、憲法上、立法府である議会に従属していた。そのため、裁判官が、市民的自由を制限する法律を扱う場合、唯一よりどころとするのは、その法律が適切に適用/解釈されているか、あるいは、法の及ぶ範囲が適切かということだった。たとえば、ある州が労働組合を非合法とする法律を可決した場合、裁判官は誰であれ、それが結社の自由を侵害しているという理由で廃棄することはできなかった。だが、刑法は連邦政府の管轄下にあるという理由で、その法律は権限を逸脱していると裁定を下すことはできたのだ。もっとも、裁判所にまったく力がなかったというわけではない。一九五〇年代は、カナダ史上、市民的自由がカナダ最高裁判所での争点としていちばん目立っていた時期の一つだった。いくつかの訴訟は、カナダでの市民的自由の状況について問題を提起する裁判になった。最高裁判所でロンカレリ訴訟を弁護したフランク・スコットは、一九五〇年代を「明らかに人権の一〇年だった」と述べていた[42]。

最も知られた訴訟四件が、デュプレシ体制の政策に起因していたことは、驚くことではない。

一九四六年、サンジェルマン教区の農民でエホバの証人のエメ・ブシェは、「ケベックの煮えたぎる憎悪」と書かれたビラを配ったために、扇動罪で逮捕された。扇動の罪を負わせることは、エホバの証人を攻撃するための常套手段だった。法廷で、ブシェは、政府の扇動の定義に異議を唱えようとした。二年後、モントリオールで有名なマルクス主義者ジョン・スウィツマンがフレダ・エルブリングからアパートを借りようとした。ほどなくして警官がアパートを急襲し、バリケードを設置した。デュプレシのパドロック法によって、共産主義を喧伝したことを理由に、警官が令状なしに建物を封鎖したり、訴追し裁判にかけることが認められていた。法の伝統は公然と覆され、被告人は、罪を背負い、自身の無実を証明する責務を負った。エルブリングは、家賃の損害を被ったとして、スウィツマンを訴えた。スウィツマンはというと、この機を利用してパドロック法の合憲性に反論した。もう一つのケースでは、ローリエ・ソミュールが、警察署長の許可なしに本、パンフレット、回状、小冊子を配ってはならないとしたケベック・シティの条例を犯した罪で逮捕された（決定に不服を唱える正式手続はなかった）[43]。彼も法廷で条例に対して異議申し立てをした。

このころ、モントリオールのクァフ・カフェの主人フランク・ロンカレリは、エホバの証人をつぶそうとするデュプレシの運動に対抗して、収監されている数百名のエホバの証人たちの保釈金を用意するのに奔走していた。激怒したデュプレシは、保釈をやめるようロンカレリに公然と警告した。モントリオール『ガゼット』紙の記者に対し、デュプレシは、「ユニオン・ナシオナル政府は、エホバの証人を喧伝する者たちを、共産主義者やナチスと同じく、ケベック州に潜伏し扇動的な思想を浸透させようとしている者として扱ってきたし、今後もそうするつもりだ」と説いていた[44]。ロンカレリが中止を拒絶すると、デュプレシは強権を発動して営業許可証を取り消し、すぐさまレストランは破産に追いこまれた。ロンカレリは州首相デュプレシを相手どり、一〇万ドルの補償を求める訴訟を起こした。ある歴史家が述べたように、この訴訟によって、「カナダ史上最も広範な政府主導の宗教迫害キャンペーン」がくりひろげられることになった。[45] エホバの証人たちは、夜間に家々から引きずり出され逮捕された。激怒した群衆が彼らを襲撃しても、警官は傍観していた。数百人の信者が投獄され、信者の集会は襲撃を受け、出版物は通りで焼かれた。

いずれの訴訟でも、カナダ最高裁判所は上告側を支持した。ブシェ対国王〔政府〕の訴訟（一九四九年）では、裁判所は扇動の定義をせばめた。裁判所は、評決を一時棚上げして、個人が悪意や敵意をかきたてるだけでは扇動罪にはあたらないとした。ブシェは、政府に対する暴力を刺激した罪をまぬかれた。ソミュール対ケベック・シティおよび法務総裁の訴訟（一九五三年）の判決は、矛盾にみちており、混乱を招いた。この訴訟が、宗教の自由の侵害にあたるのか、市民的自由に関する立法権の管轄は州にあるのか連邦にあるのか、をめぐって、判事の意見は分かれたのである（判事の一人は、市の条例は、信仰の自由法（Freedom of Worship Act）を侵害していると判断した）。ソミュールには幸運なことに、総括の結果、逮捕は違法との裁定が下された。スウィツマン対エルブリング訴訟（一九五七年）では、裁判所は、パドロック法が刑法として機能しているため、同法は州の権限を逸脱しているとした。そして、ロンカレリ対デュプレシ訴訟（一九五九年）では、デュプレシが権力を濫用しているとして八〇〇〇ドルの罰金が科せられた。[46]

これらが勝訴に終わったのはたしかである。けれども、流れを変えるようなものではなかった。どの訴訟も、専門的用語や権限の分割に基づいた判断であって、市民的自由をめぐる判断ではなかったのである。[47] これと同じ方法は、一九五〇年代のもう一つ有名なカナダ最高裁判所判決でもとられていた。バーナード・ウルフは、ヒューロン湖岸ビーチ・オパインズにあるアニー・ノーブルの小別荘を買うことを拒否された約款の合法性に対して申し立てを行なった。この約款――近隣住民らがとり交わした契約――は、ユダヤ人への売却を禁止していた。一九五一年、ウルフは勝訴したが、それは土地利用に関する専門的判断に基づくものだった。[48] 一九五〇年代のカナダ最高裁判所判事として最も尊敬を勝ち得ていた一人であるアイヴァン・ランドは、これらの訴訟を、カナダ憲法が権利の章典を含意していることを示す根拠にしようとした。しかし、そのような考えを支持する判事は少なかった。当時のカナダ最高裁判所は、人権について真剣に議論することはまったくなかった。むしろ、カナダの法律における市民的自由をめぐる広範な議論に対して、否定的だが、逆にそれを刺激するような数々の判断を下していたのである。

オンタリオ州首相ジョージ・ドリューは、自身が人種差別に関する法を導入したにもかかわらず、一九四四年、「人種や宗教の争いを避ける最善の方策とは、思考様式を押しつけるのではなく、われわれ皆が、偉大なる人類の家族のメンバーであることを子供たちに教えることだ」と力説していた。[49] その後一〇年の間に、雇用や宿泊での差別を禁じるもっと効力の強い法律を求める運動が支持されたが、それを主導したのは、ユダヤ人労働委員会であった。その結果、オンタリオ州保守党政権は、一九五一年にカナダ初の公平雇用実施法（Fair Employment Practices Act）を、一九五四年には公平設備提供法（Fair Accommodation Practices Act）を導入した。両者とも、雇用や設備提供〔宿や食事などの提供〕における人種、エスニック、宗教に基づく差別にのみ適用された（一九五一年、同政府は、女性被雇用者公平賃金法（Female Employees Fair Remuneration Act）も可決した）。この後、同種の法律が、ほかの五つの州でも制定された。

こうした法律は、法的強制力という威嚇に加えて、新しい権利要求を認める力強い象徴にもなった。社会活動においても、権利ははっきり示された。ユダヤ人労働委員会のような組織は、政府の手を借りず、新たな権利要求を行なったり社会変革を実践したりすることができるようになった。一九五〇年代、カルメン・カプランスキー、シド・ブラム、アラン・ボロヴォイら同委員会の指導者たちは、民間企業に圧力をかけて差別禁止の権利を認めさせるためのさまざまな手段を講じた。たとえば、一九五九年、同委員会がブリティッシュ・コロンビア自動車協会（British Columbia Automobile Association）からダウンタウン・ホテルを「公認」駐車場のリストからはずす確約を得ると、同委員会ヴァンクーヴァー支部は、同ホテルに対して、黒人の宿泊を断るのをやめることを受け入れさせた。[50]もう一例は、オンタリオ州セントキャサリンの黒人家族がアパートを借りた事例である。引っ越しするやいなや、女家主は、立ち退き通知を渡したのだった。彼女は、アパートに黒人が住むことに対して近隣の住民たちから苦情が出ているからだと言い張った。ボロヴォイは、セントキャサリンまで車を走らせ、借家人の一軒一軒を回った。彼らの大半は、黒人の借家人には反対ではないことを示す中立書への署名に真摯に応じたのだった。中立書が女家主に出されると、彼女は差別をやめることに同意した。もう一例をあげれば、ボロヴォイは自動車労働者連合組合（United Auto Workers Union）に対し、黒人お断りのゴルフ・クラブの施設を借りる計画をキャンセルさせた。その結果、ゴルフ・クラブのほうも黒人お断りの慣例を撤廃したのだった。こうした事例は、新しい権利要求が、法律に訴えることなしに行ないうるようになったことを示している[51]。

だが、限定つきの法律のほうも、激しい攻撃にさらされた[52]。カナダの権利文化は、伝統的なイギリス的自由に依然として基づいており、政治的反対がなされる場合は、この伝統が引き合いに出された。アルバータ州のアーネスト・マニングは、「政府は、イングランドやブリティッシュ・コモンウェルス〔イギリス連邦〕のコモン・ローによって築かれた個人の権利や特権に依拠するのが望ましい」という理由で、差別禁止法の要求を拒否した[53]。デュプレシは、当然ながら、差別禁止法制という考えを公然と拒否していた。彼は、ケベック州民は聖書だけを読んでいればいいと力説していた。こうした法律は不要、あるいは、効力がないと考える者もいた。一九五六年、ブリティッシュ・コロンビア州では、公平雇用実施法をめぐる議論で、州議会議員の一人が、「本法案が想定している差別は、事実上存在しないのであります。……それに、法律をつくることで人民を神の国に導くことはできっこないのであります」と力説していた[54]。結局、これらの法律は、その限られた役割すら果たすことができなかった。たとえば、一九五五年から一九六二年の間にオンタリオ州の公平設備提供法による告訴は、一例しかなかった（一九五五年、黒人客を断ったレストラン店主に対して、損害賠償二五ドル、法手続費用一五五ドルが科せられた）[55]。雇用や営業における平等や公平な賃金に関する法律は、執行されたことはめった

になかった。法律の起草文はひどかったし、そうした法律があることすら、知る人はほとんどいなかったのである。(56)

カナダの権利文化は、一九世紀以来、劇的に変化したわけではなかった。たとえば、差別を禁止したどの法律も、ジェンダーを含めてはいなかった。男性の活動家は、女性に対する差別には気づかないことが多かった。歴史家ルース・フレイジャーとカーメラ・パトリアスが指摘するように、「人権活動家のほとんどは、明らかに女性は男性とは根本的に異なると考えていたため、性差別の問題は、同じ土俵では論じられないと片づけられてしまっていた。多くの活動家は、人種、エスニック、宗教の差別が正義に反することは十分認識していたが、性差別には気づかないままだった。ようするに、彼らは、当時のカナダ社会に浸透していた性差別主義《セクシズム》を映し出していた」(57)。権利が限定的にしか理解されていなかった当時の状況を最も端的に示しているのは、性による差別を禁止する法律を求めた女性グループの活動が失敗に終わったことである。たとえば、カナダ・ビジネス・専門職女性クラブ連合は、低賃金に反対する運動を行なうとともに、婚姻関係の状態に基づく職場での差別に反対する決議を採択した。けれども、「連合の会長でさえも、被雇用者女性を連合が擁護することを正当化するために、権利よりも必要性《ニード》という言葉を使っていた。同じように、全国女性評議会（種々の女性組織を傘下に置く組織）の代表者たちのほとんどは、権利という言葉を避け、金銭的必要性から既婚女性の仕事を正当化すると主張していたのだった」(58)。一九五九年、ヴァンクーヴァー女性評議会は、差別を禁止し公平な設備提供を行なうための法律を求める決議を採択したが、ここでの差別とは、人種、肌の色、宗教、出自に基づくもののみだった。同じく全国ユダヤ人女性評議会トロント支部が、オンタリオ州首相に対して雇用での差別をやめるよう書簡を送ったさい、同支部が要求した法律の対象は、人種、肌の色、信条であり、性別ではなかった。

一九六〇年の連邦政府による権利の章典は、権利に関する法制の歴史のなかで、もう一つの画期となった。カナダ首相ジョン・ディーフェンベーカーの当初の構想は、権利の章典を憲法に組みこむことだった。しかし、反対派が、議会の優越の原理を引き合いに出し、憲法修正の試みを批判した。結局可決されたのは、連邦の制定法としてであった。さらに、権利の章典は、ほかのカナダの差別禁止法とほぼ同じように権利を定義していたが、唯一の例外は、（人種、宗教、民族的出自とならんで）性に基づく差別を禁じていたことだった。それは、性差別を禁止したカナダ初の制定法であった。もっとも、人種、宗教、民族的出自とは違って、性差別は雇用においてのみ禁止されていた。結局のところ、権利の章典は、実際には役に立たなかったのである。一九六〇年から一九八二年にかけて、権利の章典に基づいて三五件の申し立てが出されたが、首尾よくいったのはわずか五件であり、法律の撤廃までできたのはたった一件だった[59]。

権利の章典が弱かったことだけからでも、国家による市民的自由への介入に抵抗できるしっかりした保証がまだなかったことがわかる。一九五九年、ニューファンドランド史上、最も激しかった紛争の一つであるアメリカ建具師国際連合のストライキが起こった。男性一人が犠牲となったこのストライキも、カナダにおける市民的自由のもろさをまざまざと思い起こさせる出来事であった。主要産業が大打撃を受ける事態に直面したニューファンドランド州政府は、緊急法発令という特別措置をとり、労働組合の認可取り消しや解散、二次ピケの禁止のほか、組合員の活動いっさいの責任を労働組合に担わせることなど、政府に権限を与えた。カナダ労働会議と国際労働機関（ＩＬＯ）は、この法律を批判し、カナダ首相は、ストライキ取締のための連邦警察官の増員をというジョーイ・スモールウッド州首相の要求を拒否したのだった。[60]

この時期、人権の進展は最低限であったかもしれないが、それは重要な第一歩であった。[61]過去においては、言論と結社の自由に対する権利とは、有害な意見を述べたり特定の集団へのサービスを拒否したりする権利のように解釈されてきた。これに対して差別禁止法は、「差別からの自由という被害者の権利を擁護する存在として国家を位置づけており、市民的権利に対する伝統的な見方からの根本的な転換であり、逆転であった。事実、個人の自由の定義の大転換だった[62]」。いかなる差別も国家によって禁止されるべきという見方は、カナダの権利文化の進展において、重要な一里塚となったのだ。

このような進展に影響を受けなかった分野は、外交政策であった。当時、人権は、外交政策の優先事項ではなかった。二〇世紀前半、カナダは、人権に関する小規模の国際的義務を受け入れた。カナダは、一九一九年のパリ講和会議に出席し、ヴェルサイユ条約に署名した。さらに国際連盟に加盟したのである。だが、人権を海外に普及させることにかかわることはほとんどなかった。世界人権宣言（ＵＤＨＲ）の起草に尽力したカナダ人ジョン・ハンフリーが一九四八年に記していたように、「人権の国際的促進がカナダの外交政策の優先事項ではないことは、私にはわかっていた[63]」。

カナダ連邦政府が、スパイ容疑者に対する法の適正手続を拒否したり、日系カナダ人に選挙権を与えない措置を講じていたその同じ年に、国際連合が世界人権宣言の草案を作成中だとの情報をサンフランシスコから受け取ったのは、歴史の皮肉である。世界人権宣言は、カナダにおいて、特にカナダ弁護士協会（Canadian Bar Association）や連邦政府首脳部の間で深刻な懸念を引き起こした。[64] 同盟国からの圧力――さらには、南アフリカ、サウジアラビア、共産主義圏の側について投票するのは望ましくないこともあって――を受けたカナダは、一九四八年の最終投票で、世界人権宣言に賛成票を投じた。けれども、南アフリカ、イギリス、オーストラリア、アメリカ合衆国に加わって、国際連合は国内問題に介入できないとする国内管轄条項を要求した。[65] 連邦政府が主張した表向きの理由は、州の管轄権を侵害しかねない懸念があったからというものだった。[66] 内面では、カナダ首相は、「政府への不当な批判であっても、論争を挑発することに」世界人権宣言が利用されるのではないかと、非常に恐れていた。[67] それが間違っていなかったことは、歴史が証明することになる。

一九六二年の時点でも、連邦政府は、人権を外交政策の優先事項とする考えをもってはいなかった。一九五五年に南アフリカで（さらに一九六八年にはナイジェリアで）起きた著しい人権侵害に反対したさい、カナダは、国家主権の原則を引き合いに出したほどだった。[68] 一九四六年から一九六〇年まで、政府刊行物である『対外関係文書』には、「人権」や「市民的自由」という言葉は一度も出ていない。キャサル・ノランが述べているように、「国際連合による人権への関与に対するカナダの当初の姿勢は、明らかに無関心であり、多少超然としていたところもあった。カナダ政府は、アメリカ合衆国の人権に関する提案を、せいぜいのところ、誤っているとみたか、最悪の場合、各国の内政に対する不当な干渉だととらえていた」[69]。カナダの外交政策は、人権への介入を行ないうる特権を国家主権に与えていたのだ[70]。カナダが人権に対して、特に国際連合において支持したのは、当初は、自己の利益追求という冷徹な計算に基づいていたからだった。「カナダ政府は、権利のもつ国際的重要性を徐々に認識するようになった。というのも、人権という受けのあることを要求することで、国際連合を維持することができ、その結果、そこで多国間外交の政治手腕をいつかは発揮できるだろうという確かな望みを見いだすようになったからだった」[71]。

戦後のカナダでの公共での議論で最も注目に値するのは、「人権」という言葉がほとんど使われていなかったことである[72]。日系カナダ人に対する扱いやグーゼンコ事件が引き起こした全国的な論争が示すのは、権利に関する公共での議論が市民的自由の観点から行なわれたことである。たとえば、一九四六年の二月から四月まで、カナダの新聞各紙の見出しや論説を占めたのは、グーゼンコ事件に関してであった。最もひんぱんにみられたテーマは、容疑者の市民的自由を国家が侵害したとするものだった。議会や非政府組織のメンバーは、市民的自由という言語を使って懸念を口にしていた――「人権」という言葉は、印刷メディアや議会ではほとんど一度も出てこなかった。依然として人びとは、伝統的なイギリス的自由を引き合いに出して論じていたのである。典型的な一例として、『ダルハウジー評論』誌に寄稿したある筆者は、政府は「人びとが容疑者に同情するようにしてしまったのだ。

イギリス的自由がしっかり実践されるような慎重な配慮を怠るという大きな間違いをおかしたのだ」と書いていた。[73]

すべての市民のための権利拡大をはかる初期の超党派の組織――カナダ市民的自由連合（Canadian Civil Liberties Union）や市民的自由協会――は、明らかに市民的自由を志向していた。「人権」組織と名乗るものはなかった。こうした組織の設立書では、権利を市民的自由――特に、市民的かつ政治的な権利――として定義していた。[74] たとえば、市民的自由保護のための緊急委員会（Emergency Committee for the Protection of Civil Liberties）は、「イギリス臣民の基本的権利と自由」に寄与していた。[75] 市民的自由をめざす組織が行なった運動は、言論、結社、集会、宗教、出版の自由と法の適正手続に対してであった。これらの言葉に加わったのが、差別反対の原理であり、それは一九三〇年代以降、支持を集めていった。同様に、差別禁止法はせまく解釈されていた。一九五〇年代末までは、カナダにはそうした法律はわずかしかなかった。連邦の政治家たちが、憲法に組みこんだ権利の章典を議論したのだが、無駄だった。

カナダ国内で人権促進への関心がほとんどなかったとすれば、人権を海外に広げようとする者は皆無だった。[76] 世界人権宣言に対するカナダの懸念は、アメリカ合衆国、イギリス、フランスも共有していた。[77] 実際、主要国のなかで、人権を外交の優先事項だと考えていた国はなかった。国際労働機関ですら、大会で人権という言語を使うことはなかった。[78] 戦後の時代に、人権は人びとを引きつけなかった。国際法学者は、それを国際法の土台とすることを極度に嫌っていた。反植民地運動が人権を奉ずるようになったのは、個人の自由の促進ではなく、国家建設という目的のためだった。国際連合は、人権を進展させるのにほとんど何もしなかった。社会運動は、社会変革構想として人権を取りこむにはいたっていなかった。(79)

冷戦は、人権の進展をさらに遅らせた。一九四六年のギャラップ調査では、共産主義者に言論の自由への権利は必要かという問いに対し、カナダ人の過半数がノーと答えた。この結果は、冷戦ムードが高まり、ソビエト連邦との対立が激化する恐れがあったことを思えば、驚くことではなかった。(80)国際政治も国内政治も冷戦に大きく左右されるようになり、人権の進展を妨げた。たいていの場合、政府は、人権侵害――マッカーシーイズムの汚名をみずから着せられたことや、組合運動家を激しく攻撃したことなど――を批判する者に対して、共産主義に甘いと非難することで、人権侵害にかかわる懸念を払拭していた。(81)社会運動が抱く懸念のほとんどは、市民的自由や人種、エスニック、宗教的マイノリティに対する差別に対してだった。だからといって、活動家たちが、人権要求を推進するのに、冷戦のレトリックを使えなかったわけではない。トロントの著名人で市民的自由の唱道者であるユダヤ教のラビ〔宗教的指導者〕、アブラハム・ファインバーグ師は、オンタリオ州首相レスリー・フロストと出くわしたさい、「男でも女でも、人種、宗教、肌の色で差別されて仕事に就けない者がいるのに、共産主義に対して西側の民主主義を擁護しようというのは恥ではないか」と浴びせたのだった。(82)興味深いことに、彼は女性について言及していたが、同僚たちの多くと同様、差別禁止法にジェンダーを含める必要性は感じていなかった。事実、一九四六年から一九六二年にカナダで行なわれたどの世論調査も、性別による差別を問うてはいなかった。この時期の権利に関する調査は、市民的自由、法の適正手続、人種、宗教が質問項目となっていた。

次章で述べるように、冷戦によって、国際舞台での人権の進展が妨げられていた。けれども、唯一、東西の違いを乗り越えたものがあった。子供の権利である。この時期、強制力のある人権条約は国際連合には難しかったのだが、一九五九年、加盟国の十分な合意を得ることでき、児童の権利に関する宣言を採択した。この宣言は、子供に対する差別を禁じるとともに、名前、国籍、教育、適切な仕事、優先的な救済に加えて、社会保障や安全な家庭環境を得る権利が子供にはあることを謳《うた》っていた。[83] これは、冷戦対立にもかかわらず、東西両陣営の諸政府が結集して支持することができた事例であった。何人かの歴史家が指摘したように、国内でも子供に関して注目すべき進展があった。マーガレット・リトルは、ブリティッシュ・コロンビア州の女性たちが、どのようにして権利としての母親年金（母親手当）を考案（一九二〇年に子育て支援のために導入）したのかについて指摘しているし、ドミニク・マーシャルは、子供の権利としての義務教育と家族手当《ファミリー・アラウアンス》（児童手当）が立案されたことを評価している。[84] 子供に対する国家の義務について検討するさい、これらの政策に光があてられた。ますます子供は、権利をもった自律した個人とみなされるようになった。だが、そうした政策を公共政策以外で考えることについては、はっきりした合意はなかった。たしかに、福祉国家は、社会・経済的権利に対する最低限度の水準を体系化するうえでかなり進んでいた。だが、法律や人びとの意識の面では、そうした権利が、市民的自由と同じ位置にあったわけではなかった。

しかし、子供の権利について不十分ながら進んだことや、差別に反対する権利の承認（限られてはいるが）は、顕著な進展であった。周辺に追いやられてきた人びとに権利を与えるような権利言説が可能性をもつようになると、新しい権利要求が出てくることはほとんど避けられなかった。カナダの権利文化の歴史において、新しい時代がはじまったのである。それはまた、権利革命に弾みをつけた点で、最初の重要なステップであった。

第3章 権利革命の胎動

戦時措置法が平時に使われたのは、二度しかない。一度目は一九四六年のグーゼンコ事件であり、この出来事は、市民的自由をめぐる論争をカナダじゅうで巻き起こした。二度目は、一九七〇年の一〇月危機であり、戦時権限が平時に発動された。ほかの多くの事態もそうなのだが、この時期は、人権が進展するうえで決定的な画期ではなかったが、新しい時代のはじまりの前兆であった[1]。

一九六〇年代の大半の時期、ケベック解放戦線（FLQ）は、社会主義国家ケベックの独立構想を暴力によって追求していた。彼らはモントリオール証券取引所に爆弾をしかけ、二七人が負傷した。また、軍の兵舎から武器や爆弾製造器具を盗み、金庫や装甲車のほか、何十丁もの銃器を持ち去った。さらに彼らは、軍隊徴募センターや英語ラジオ放送局の窓に火炎瓶を投げこんだり、郵便ポストやラジオ塔を含む、連邦機関の周辺に爆弾をしかけたり、ビラをまいたり、モントリオールじゅうの旗ざおや壁に落書きをしたりした。一九七〇年までに、ケベック解放戦線の数十人が逮捕、投獄された。フランソワ・シルム（三二歳）とエドモン・ゲネット（二〇歳）は死刑となり（後に、終身刑となった）、ピエール＝ポール・ジョフロワは一二四回の終身刑を受けた。一九七〇年一〇月五日、ケベック解放戦線の細胞グループは、イギリス商務官ジェームズ・クロスを銃口で脅して立ち去った。五日後には、機関銃を所持した別の細胞グループが、ケベック州閣僚ピエール・ラポルトが前庭で子供とフットボール投げをしているのをみつけた。ラポルトを車で拉致し、モントリオール郊外の住宅に監禁した。

政府の対応は、予測可能だった。第一章でみてきたように、カナダには、危機になると、国家が過剰に権限を行使する長い歴史があったのである。戦時措置法に基づき連邦政府から権限を認められた警察は、告発や裁判所の令状なしに、三〇〇〇件以上の捜索を行ない、少なくとも四九七人を拘束した。彼らは人身保護権を否定され、多くの者は、独房に監禁された（このやり方は、グーゼンコ事件や、トマス・ダーシー・マギーの暗殺での取り調べを思い起こさせる）。拘束された者の多くが、一か月かそれ以上獄中にいたが、結局、公共秩序規則（Public Order Regulations）違反で有罪になったのは、わずか二人だった。メディア、特にケベック解放戦線の宣言文の掲載を望んでいた学生新聞に対して、検閲が大々的に行なわれた。トロントでは、教育委員会が、教師が教室でケベック解放戦線について討論することを禁止する動議を検討していた。ブリティッシュ・コロンビア州政府は、ケベック解放戦線に共感を示す教師の解雇を教育委員会に対して指示する枢密院令を裁可した。

一〇月危機は、市民的自由をめぐる全国的な論争にも火をつけた。この危機のさなかに、市民的自由を要求するグループがいくつも立ち上げられた。モントリオールでは、学生が街頭で抗議をした。労働組合の指導者は、逮捕や捜索の中止を要求した。大学や図書館では、抗議集会が開かれた。だが、一九四六年のときとかなり似ていて、カナダ人たちは市民的自由の停止をおおむね受け入れているようだった。一九七〇年一一月一五日に出されたＣＴＶ〔カナダテレビ、民放局〕の調査では、カナダ人の八五パーセントが戦時措置法の発動に賛成していた（明確に反対したのは、わずか五パーセントだった）。

一九七一年に公表されたほかのいくつかの世論調査でも、ケベック州、それ以外のカナダのいずれにおいても連邦政府の方策が支持されていたことが再確認された。メディアは分裂していたが、大半が、特に英語系カナダでは、賛成だった。フランク・スコットら著名な市民的自由支持者たちは、緊急権限の行使に対して支持を表明していた。カナダ首相ピエール・トルドーに宛てて国民が送った一〇月危機に関する手紙一万二〇〇〇通のうち、彼の行動に批判的だったのは、たった二パーセントだった。『ル・ドゥヴォワール』紙の編集人で影響力のあったクロード・リアンは、ケベック州以外でのトルドーに対する無批判な支持に愕然としていた。「荒野でのわずかな叫びを除いて、英語系カナダでは、批判的な熟考は事実上なくなってしまった印象をもった」と。[2] にもかかわらず、一〇月危機が引き起こした論争によって、人権の時代にあっては、戦時措置法は緊急事態を扱うには適さないことが明らかになった。

第二次世界大戦直後、人権の法文化に向けた動きは、カナダの外ではじまっていた。国際連合の設立憲章には、人権を促進する権能が盛りこまれていた。一九四八年には米州機構（OAS）が、人の権利に関する米州宣言を制定し、国際連合総会では、集団殺害罪の防止および処罰に関する条約（Convention on the Prevention and Punishment of the Crime of Genocide）と世界人権宣言を承認していた。だが、影響力のある象徴的存在となったのは、世界人権宣言のほうであった。反植民地主義運動は、世界人権宣言の文言を引き合いに出していたが、特にアフリカではそうだった。[3] アフリカの一二の新独立国は、世界人権宣言の一部または全部を憲法に組み入れていた。人権をめぐる初めての地域的な強制執行機構である欧州人権裁判所を創設したヨーロッパ人権宣言（一九五〇年）は、世界人権宣言の影響を部分的に受けていた。最初のグローバルな人権条約――市民的、政治的権利に関する国際規約（一九六七年）と経済的、社会的、文化的権利に関する国際規約（一九六七年）――もまた、世界人権宣言の遺産だった。この間、グローバルな人権運動も形づくられつつあった。すでに、国際労働機関（一九一九年）、人の権利に関する国際連盟同盟（Fédération internationale des ligue des droits de la personne）（一九二二年）、フリーダム・ハウス（Freedom House）（一九四一年）、国際人権連盟（International League for the Rights of Man）（一九四二年）が存在していた。[4] だが、人権をめぐる国家横断的な積極的活動という新時代の先触れとなったのは、一九六一年のアムネスティ・インターナショナルの創設であった。一九六〇年代のカナダでは、人権および市民的自由のためのグループが数十もつくられた。[5]

しかし、冷戦は、人権の進展を引き続き妨げていた。[6] 国際連合では、列強が人権の意味をめぐって激論をたたかわせていた。[7] 諸条約は、国どうしが攻撃しあったり、世界、特に第三世界での同盟関係を確保したりするための宣伝手段になっていた。ソビエト連邦は、アメリカ合衆国でのひどい人種差別の事例をくりかえし強調していた。これに対し、アメリカ合衆国側は、ソビエト連邦による市民的自由の侵害――たとえば、人びとの自由な移動の禁止――を非難した。冷戦が最悪の状況にあった時期には、国内外の人権侵害は、共産主義打倒のために必要だと正当化されていた。冷戦が下火になりはじめると、人権はようやく国際政治を変化させた。[8] この変化は、市民や政府がほかの国の人びとの人権に対して真っ当な関心をもっているという認識に立った行動や主張という形に表れていた。[9] 人権は、国家を越えたところに個人を位置づけ、市民の権利を守るために、国家の内政への干渉を正当化した。国際政治が人権によっていかに特徴づけられているのかを示す事例は、人権に関する文献のなかにたくさんみられる――カーター政権が、人権を促進させるアメリカ外交を行なったこと。アメリカ国務省が、人権に関する年次報告書の編纂に着手したこと。国際的な人権組織の設立がはじまったこと。国際連合の約款やヘルシンキ合意のような国際条約の交渉が行なわれたこと。ビアフラ（ナイジェリア東部）での国際人道活動が、その後の介入の先例となったこと。アルゼンチンとチリでの大規模な人権侵害に立ち向かうため、国家横断的な支援ネットワークが立ち上がったこと。反ソビエト連邦の人びとが、国際的人権に対する連邦の責務を求めて結集したこと。フォード財団が海外での人権に関与しはじめたこと。南アフリカのアパルトヘイトに対する地球規模の抗議運動が定着しはじめたこと。外国援助計画に占める人権政策の規模が急増したこと。これらやそれに類するさまざまな発展がみられた結果、人権は「国際レベルでの合意（「規範」）となった」のである。[10]

カナダで権利革命が起こりつつあったことを示す最もはっきりとした徴候は、広範な法改正だった。一九六〇年代初頭、連邦政府は、移民の受け入れにさいして人種的選別に依拠することをいっさいやめるとともに、五年以内にポイント制度を導入した。そのころ、カナダ史上初の差別禁止法を導入したオンタリオ州が、またもやカナダで最初の人権法を可決した。同州の人権法典（Human Rights Code）は、差別禁止に関する現行のさまざまな法律を単一の制定法にまとめたもので、人権委員会（Human Rights Commission）によって執行された。[11] この人権法典は、設備提供、雇用、サービス、看板表示において、宗教、人種、エスニシティに基づく差別を禁止していた。これは画期的成果だった。第一に、実効性のある強制執行機構、人権調査、非公式な調停、解決に向けた強制権をもった行政裁判所に関する規定が含まれていた。第二に、人権教育に対する権限が入っていた。第三に、処罰よりも調停に新たに力点を置いたことを受けて、より広範な防止策を提供していた。違反した者は、罰金の支払い、謝罪、被雇用者の復帰、あるいは、交渉による解決策への同意が求められたのである。

この人権法典は、差別に対する新しいアプローチを表していた。人権法は、差別を個人の偏見によるものと定義するのではなく、偏見とは言葉に表れない制度的なものでありうるという見方を前提としていた。[12] 人権に関する法律は――差別禁止の法律とは違って――、差別的な行為を生み出す状況を取り除くことをねらいとしていた。やがて人権法の解釈では、差別の証拠として意図を考慮する必要はなくなり、中立的な行動にみえても差別的な影響をもたらすかもしれないと考えるようになっていった。こうしてオンタリオ州の人権法典は、形式的な平等だけでなく、実質的な平等も扱っていたのである。[13] この後一五年間で、カナダのほかのすべての地域で同種の法律が可決した。

人権法は、権利の言説がいかに法律を変化させているかを示す一例にすぎなかった。一九六八年から一九七一年にかけて、カナダの諸政府は、広範な法改正に着手した。一九六八年に行なわれた二つの大規模調査――オンタリオ州の市民的権利に関する委員会（Royal Commission into Civil Rights）とケベック州の刑罰事案の正当な執行に関する調査委員会による――の結果、個人の権利を擁護するための包括的な法改正が行なわれた。[14] 調査では、オンブズマン、法的支援者、少年裁判所と家庭裁判所、検視官の審問、保釈、犯罪犠牲者への補償、控訴手続を含む、何百もの課題を扱っていた。そのころ、多くの管轄区域では、不必要な電話盗聴や保険会社による顧客情報漏えいといった行為から個人を守るためのプライバシー法を可決していた。一九六九年には連邦での公用語法（Official Languages Act）の採択で言語的権利が認められ、一九七一年には連邦政府が多文化主義を促進する政策を是認した。[15]
一九六九年には、連邦制定法の一二〇項目を修正するオムニバス法案（一括法案）によって、妊娠中絶の一部合法化、同性愛の処罰対象からの除外、重要参考人に関する規則の範囲の制限、動物虐待に対する刑罰の厳格化が行なわれた。[16] 一九七〇年には、ヘイト・スピーチに対する禁止が刑法典（Criminal Code）に加えられ、ジェノサイド〔特定の人種などに対する計画的大量虐殺〕を助長したり、特定の集団に対する憎悪をあおったりする者は誰であれ、犯罪とされた。[17] だが、一九六〇年代が終わる時期における最も重要な進展とは、社会運動や議会委員会が立ち上がったことだった。

この当時――積極的行動主義が顕著な時期だった――、最も強力な社会運動の一つだったのは、先住民運動であった。先住民たちは、権利の語りを使って自分たちの不満をはっきり口にすることはめったになかった。彼らが人権に訴えるのにためらいがあることが最も明白になったのは、一九六九年の連邦政府白書をめぐる論争においてだった。勧告された政策は、ようするに、インディアンの地位の廃止だった。「提案の政策が認識しているのは、インディアンの別個の法的地位とそこから派生した政策によって、インディアンがほかのカナダ人と切り離され、劣位に置かれてきたという明らかな現実である。インディアンは、居住する共同体や州の完全な市民ではなかったし、参加することで与えられる平等や恩恵を享受してこなかったのである」[18]。連邦政府は、先住民に対する責務を州に譲り渡し、インディアン法を廃棄し、土地の管理を先住民個々人に引き渡そうとした。提案された政策の言葉は、権利の言説にどっぷり浸かっていた。「政府は平等が重要と考えている。すべての男女は平等な権利をもつと確信している。……この権利に異を唱えることは、差別、隔離、分離を主張することなのである」[19]。だが、この政策には根本的な欠点があった。一世紀以上にわたる差別や、国家が先住民に強いていた数々の不平等を無視していたのである。そのアプローチは、きわめて同化主義的だったのだ[20]。たとえば、個人による土地所有は集団による土地所有を崩してしまう恐れがあった。この白書はすぐに撤回されたが、先住民を刺激した[21]。現代の先住民権利運動が台頭する重要な画期となったのである[22]。この積極的な行動主義の核となったのが、『先住民の権利』という用語の拡大」だった。それは、土地の権利を意味することが多かったが、自治に対する権利というように、多くの不満を表明するのにますます使われるようになった[23]。

同様に、連邦政府による女性の地位に関する王立委員会は、女性の権利運動を活気づかせた。一九七〇年に出された委員会の革新的な報告書は、女性を差別してきた多くの法律や政策を特定していた。一九七七年までに連邦政府は、報告書の勧告の八〇パーセント以上について履行していた。たとえば、一九七四年の連邦の（女性の地位に関する）制定法改正法（Statute Law（Status of Women）Amendment Act）は、移民、年金、失業保険、選挙、市民権での差別的規定を削除した[24]。もっと重要なのは、報告書が運動を刺激したことである。カナダ全土で、女性の地位に関する諸評議会（Status of Women

Councils）のような社会運動組織が急増した。たとえば、一九七〇年に創設されたヴァンクーヴァー・ステータス・オブ・ウィメン（ヴァンクーヴァー女性の地位）は、たちまちカナダ最大で最も活動的な社会運動組織の一つになった。この組織が行なった積極的な活動には次のようなものがあった――差別の事例を詳細に記録し、メディアで性差別への関心を引くようにすること。公平賃金のような問題を調査、研究（給与水準を記録するなど）すること。女性の被雇用者を差別している雇用主に書簡を送る運動を行なうこと。雇用や管理について協議するため、ボランティアを雇用主に派遣すること。人権に関する会議を企画すること。人権訴訟を考えている女性を支援するための女性オンブズマンのポストを設置すること。教科書での性に対するステレオタイプ化といった政策課題について、政府省庁や教育委員会に対してロビー活動を行なうこと。[25] 一九六〇年代後半には、女性権利組織はごくわずかしかなかったのだが、一九七〇年代末になると、男女平等を追求する組織は、ブリティッシュ・コロンビア州で約三〇〇になっていた。

この時期は、注目に値する時代だったのである。この短い期間に、諸政府は包括的な法改正に着手し、何千人ものカナダ人が社会運動に結集したのだ。ユダヤ人労働委員会や市民的自由協会は、戦後のかなりの時期を費やして全国的な権利の章典や差別禁止法を訴えていたが、一九六〇年代に権利を求める新しい世代の組織が登場するようになると、この二つの組織ともほとんど力を失った。最初に登場したのが、ブリティッシュ・コロンビア市民的自由協会（一九六二年）、人権連盟（一九六三年）、カナダ市民的自由協会（一九六四年）だった。一九六八年には、連邦政府は、世界人権宣言二〇周年を祝う地域社会グループを組織するのに一〇〇万ドルを拠出した。各州でいくつかの人権組織がつくられた。このうちニューファンドランド人権協会やアルバータ人権協会などは、恒久で独立した社会運動となった[26]。いずれの設立文書も世界人権宣言を引用していた[27]。

権利革命の兆しがみられたことを示すもう一つの出来事は、憲法をめぐる政治言説が微妙に変化していたことである。権利の章典に反対する者はきまって、議会の優越の原理を尊重していた。突破口となったのは、一九六〇年の権利の章典であった。これは制定法であって、憲法修正ではなかったのだが、権利を法律のなかに組み入れることが、議会政治制度とは矛盾しないことを示したのである[28]。とはいっても、権利の章典は、曖昧で制約のある制定法であり、最も基本的な市民的政治的権利しか含んでいなかった。フランク・スコットは、この法律の価値を認めなかった。「あの仰々しい法律は、私たちの多くが予想していたように、役に立たなかったのだ」と[29]。権利の章典の弱点を克服するには、憲法修正を実現するしかなかった。権利の章典を組みこんだ憲法を返還すること〔これまでイギリスが握っていた憲法改廃権をカナダに移管すること〕に対して各州の同意を得るために、一九七〇年、連邦政府は、上下両院合同委員会を任命した。この目的は結局失敗したのだが、注目すべきは、もはや議会の優越は権利の章典の障害にはならないというコンセンサスがあったことだった。「権利の章典が表す人間の自由の尊重と同様に、議会の優越は不可侵なものではないのである。議会の優越は、法的にはすでに制約されている。連邦制度の下での権限分割によって、さらには——こうともいえるのだが——自然法、あるいは、慣習法的な権利の章典によって[30]」。

しかし、委員会は、カナダの権利文化に大反対というわけではなかった。諸州は、憲法にふさわしい人権とは、市民的自由（出版、言論、結社、集会、宗教）、法の適正手続、投票にかぎられると考えていた[31]。経済や社会福祉を人権として定義したのは、マニトバ州だけだった。だが、委員会の議長は「そのような権利を憲法に組み入れようとするのは現実的ではないというのが、大方の意見と思われる」と結論づけた[32]。この見方は、審議に参加したほとんどの社会運動組織が共有していた[33]。全国女性評議会の主たる関心は、性別、出身国や民族的出自、肌の色、宗教、婚姻関係の状態に基づく差別の禁止にあった[34]。全国インディアン連盟は、特定の権利を提言することを拒否していた。彼らにとって、先住民の土地要求が最重要課題だったのである[35]。おそらく最も議論を呼んだのは、身体障害者向上運動連盟（ALPHA）による提言だった[36]。同連盟は、委員会に対し、仕事やサービスを日々断られてきた障害をもった人びとの過酷な暮らしぶりを紹介したうえで、交通機関、住宅、公共機関を利用しやすくすることを人権として認めるよう訴えた。調査委員会の共同議長だった議員マーク・マックギガンは、ためらっていた。「こうした類いのものを憲法に組み入れるのが難しいのは、それがあまりにも広すぎるため、それに基づいて訴訟を起こすのがきわめて難しくなるということなのです。……もし、権利の章典に禁止事項として書かれていれば、裁判所は対応できると思いますが、仮に、こうあるべきと肯定的に書かれた場合、あまりにも広すぎて、政府はこれをすべきだ、あれをすべきだと、裁判所が指摘することは非常に難しくなるのです」と[37]。

権利革命の萌芽は、外交でもみられた。カナダは、コロンボ・プラン〔南・東南アジア諸国に対する経済技術協力計画〕の主要協力国の一つになっていた。人権は委託事項ではなかったが、コロンボ・プランは、インド、スリランカ、パキスタンのような国ぐにの民主主義を支えるための外国援助であった。実際、人道支援へのカナダの関与は、一九七〇年代になって飛躍的に増大した。一九六七年にはじまった数百万人のためのマイル・ウォーカソン〔寄付金集めの長距離行進〕は、第三世界の諸国を支援するのに数百万ドルを集めた。そのころ、連邦政府は、人権条約を批准せよと、国際機関、カナダ国内の人権運動、経験を積みつつあった法律専門家からの激しい圧力にさらされていた。[38] 一九七〇年の白書は、国際連合における人権に対するより積極的な参画を求めていた。「カナダが、これまで以上に広範で意義ある規模で人権の分野での国際貢献に加わることが望まれる」と。[39] これは関与という意味では、ほとんどなかった。実際、カナダ政府は、海外で人権を促進させる計画をしているとはまったく指摘していなかった。けれども、これは、人権が国際政治の基礎にあるという原則を、カナダ政府が史上初めて支持したことを示すものだった。ほどなくしてカナダ政府は、南アフリカを人権侵害で攻撃したのだった――貿易管理官を引き上げさせ、輸出信用取引をキャンセルし、武器販売を停止し、南アフリカのスポーツ選手のカナダ入国を禁じた。カナダ首相ジョン・ディーフェンベーカーは、ジャワハルラール・ネルーとともに、コモンウェルス〔イギリス連邦〕での人種差別に関する決議を起草した。それによって南アフリカはコモンウェルスからの脱退に追いこまれた。[40]

一九七〇年のジェニファー・スミス訴訟は、カナダの権利文化が変わりつつあることを示すものだった。スミスは、三〇歳のシングルマザーで、夫との離婚後、トロントで四人の子供を必死に育ててきた。高卒資格取得のコースで学んでおり、一九六六年から生活保護を受けていた。一九七〇年、スミスは、思いもよらない手紙を受け取った。それは、もはや独身として生活していないのだから、生活保護を打ち切るという通知だった。生活保護取り消しの決定は、一週間前に行なわれた突然の立ち入り調査に基づくものだった。その調査について、スミスは次のように述べていた。

一〇月一一日の一〇時、(生活保護係官が)うちの戸口にやってきて、社会家庭サービス局の者であることを記した身分証を見せました。そして、これは所定の調査だと告げました。アパートを見せてもらいたいと言って、すぐさまあたりを見回しはじめたのです。係官は、居間にある戸棚を開け、ビール瓶が数本あるのに気づいて、こう言ったのです。「お前さんの小切手で好きなようにするのは少しも構わない。聞きたいのは、お前さんは子供たちによいことをしているかどうかだ」と。それから係官は、夫の写真を見せてくれと言いました。私が財布にある写真を探している間に、係官は、私に断わりもせず、寝室に行ったのです。寝室の押入れを開け、そこに私のボーイフレンドがいるのを見つけたのです。……彼は、玄関でノックの音がしたのを聞いてそこに隠れていたのです。彼が隠れたのは、生活保護係官と私の間でトラブルにならないようするつもりだったのです。彼(生活保護係官)は、夫の写真はもういらない。寝室でお前さんの旦那を見つけたからな、と言ったのです。私は、押入れにいた男は、私の夫ではありませんと(生活保護係官に)言いました。(生活保護係官は)ボーイフレンドに、私との関係についていくつも尋ねました。(生活保護係官は)こう言いました。お前さんの「性生活」はお前さんの勝手だ。だが、それとお前さんが生活保護の小切手を受け取ることとは関係ないぞ、と。その後すぐに帰っていきました。一〇月一五日、私は、生活保護係に電話をし、小切手をもらいに行ってよいか尋ねました。すると、生活保護係の（いつもの）職員が、……（私のうちに来た生活保護係官から）報告があり、私のアパートに男性がいることを発見したため、その男性が特別調査部に出向いて質問に答えるまで、小切手は受け取れないと言ったのです

決定に異議を申し立てる権利をいっさい拒否され、調査委員会が開かれるまで待たなければならなかったスミスは、コストを切り詰めようとする生活保護制度の犠牲となったシングルマザーの典型だった。男性といっしょに住んでいるのではと疑われた独身女性は、たいていの場合、生活保護を拒否された。「同居人を配偶者とみなす《スパウズ・イン・ザ・ハウス》」という原則は、明らかに女性に対する差別だった――それは、性的関係が金銭的なものを意味するかのような前提に立っていたし、これと同じ前提は、男性にはなかったのである。生活保護係官たちが行なった調査にも、問題があった。係官たちは、受給者の性的関係のような最もプライベートなことまで知ろうとし、ときには、缶ビールが開いていたとか、トイレの便座が上がっていたとかいったお粗末な証拠に基づいて結論を引き出していたのだ。一九六一年、夫を追跡して生活手当の返還を請求するための遺棄女性部が設置されたが、その業務のほとんどは、怠け者の夫よりも、生活保護を受けている女性の暮らしを監視することに向けられていた。そのため、生活保護の女性――男性ではない――は、社会の怒りを買い、苦しんでいたのだ。[41]

スミスは、カナダ市民的自由協会に訴状をもちこんだ。同協会は、生活保護を受けているすべてのシングルマザーのために本件に取り組んだ。一〇年の間に、権利活動家やフェミニストたちが、「同居人を配偶者とみなす」政策を女性権利問題として大々的に扱うようになった。長い年月を要したも

のの、この政策はついに廃止された。[42] ジェニファー・スミスの訴訟は、この時期に起きた多くの事例の典型である。生活保護のシングルマザーたちは、不公平に気づいたのだ。この権力濫用と闘うための手段となったのが、台頭しつつあった社会運動であった。そして、活動家たちは、不満を表すのに権利という言語を利用したのだった。一九二〇年代に母親手当が導入されたさい、政府の役人が、判で押したように、女性の私生活を規制し男女不公平な二重基準を押しつけようとしたことは、想起に値する。だが、その当時の女性組織は、母親手当を「特権」ととらえており、人種的マイノリティへの手当を拒否することや、受給者が厳格なモラル規範を守ることとは矛盾しないと考えていた。これとは対照的に、一九七〇年代の女性組織は、不満を権利という言語で言い表すことが多かった。[43] 同じく、人種、宗教、民族的なマイノリティたちは、女性運動のように、不満を訴えるのに権利の言説を用いたのである。

たしかにこの時期には、重要な画期的出来事がたくさんあった――国際連合による諸権利の宣言と、それに続く多くの国際条約や地域条約。強力な人権運動を含む、広範な社会運動への結集。人種、宗教、エスニシティを越えて拡大した人権法制。憲法への権利の明文化をめぐる真剣な議論。[44] しかし、おそらく最も根本的な進展をみせたのは、カナダにおける権利の語りの変わりようだった。公共の議論のなかで、人権という言語が、市民的自由に取って代わったのである。たとえば、憲政に関する特別合同委員会で討議された権利の範囲は、同じような審議が行なわれた一九四七年、一九四八年、一九五〇年のいずれよりもはるかに広かった。[45] 一九四〇年代には、カナダの権利文化は、主として、言論、結社、宗教、出版、集会の自由、法の適正手続への言及で規定できたのだった。一九六〇年代になると、差別禁止の原理を取りこむ権利文化が立ち現れたのだ。

とはいっても、権利革命は、せいぜいのところ、満たされない約束のようなものだった。たとえば、性差別は、一九五〇年代から世論調査の項目に入るようになったのだが、一九五五年の調査によれば、女性医師や女性法律家を快く思わないカナダ人は多かった（それぞれ二〇パーセント、三四パーセント）[46]。一九六〇年の調査では、圧倒的に多くの回答者（七〇パーセント）が、既婚女性には男性と平等な仕事の機会を与えるべきではないというほうに賛成していた[47]。しかも、これらのどの調査にも、人権の項目はなかった。同性カップルに関する初めての調査では、人権について問うてはいなかったが、その代わりに、同性愛の（私的に行なわれる）行動は処罰すべきかどうかを尋ねていた。一九六八年に行なわれたこの調査で、賛成と答えたのが四一パーセント、反対は四二パーセントだった[48]。さらに、人工中絶も女性の権利としてとらえられてはいなかった。それに代わって、調査では、もし子供に形態異状がある場合、人工中絶は許されるか（一九六二年には四六パーセントが賛成と回答）、あるいは、母親の心身の健康が損なわれる場合はどうか（一九六五年には七二パーセントが、一九七二年には八八パーセントが賛成と回答）、さらに、女性とその主治医だけが判断すべきかどうか（一九七二年には六六パーセントが賛成と回答）を問うていた[49]。

権利革命は、よくいっても、初期の段階にあったのである。一一〇〇人以上いるトロントの消防士のうち、ヴィジブル・マイノリティはわずか二人だった。一九六四年から一九六七年にかけて、ハリファクス郊外のアフリクヴィル〔アフリカ系の居住区〕からアフリカ系カナダ人を強制的に立ち退かせたことは、住民の貧しい生活環境を改善する機会だととらえる者もいた。強制立ち退きを共同体の解体だとみる者もいた。いずれにせよ、この立ち退きは、アフリカ系カナダ人が自分たちの共同体にすらほとんど影響を及ぼせないことを示すものだった。外交政策では、人権侵害よりも国家主権を引き続き優先させていた。画期的な人権法には、多くの欠陥があった。ケベック州や連邦政府、そしてそれ以外でも、人権法を導入すらしていない管轄区域がいくつかあった。連邦の権利の章典は、役立たずだった。一九六九年、抗議運動がうずまくさなか、モントリオール市評議会は、条例第三九二六条を可決し、「集会、パレード、会合を催すことが、暴動を引き起こしたり、安全、治安、公的秩序を損なうと考える妥当な理由がある場合」、特別な措置を講ずる権限を行政評議会に認めた。[50] 行政評議会はただちに布告を発し、「モントリオール市の公的な場所で集会、パレード、会合を開くことを、三〇日間」禁止した。[51] モントリオールは集会の自由を一か月間、事実上禁止したのである。一九七一年にも同じことが行なわれた。とはいっても、変化の種がまかれていたのは明らかだった。人権は確固たる進展をみせており、まもなく、カナダの権利文化を大きく変革する、歴史の転換が訪れるのである。

第4章　権利革命

カナダの権利革命を論ずるのに、社会のどれか一つの集団に焦点をあてるのは陳腐にみえるかもしれない。だが、この権利革命の情況や意味を理解するのに、それが女性、特に職場の女性にいかなる影響を与えたかからはじめることは有益である。たとえば、一九七〇年代の大半のカナダ女性の典型からほど遠い存在だったドリス・アンダーソンのことを考えてみよう。彼女は、一九五七年から一九七七年まで『シャトレーヌ』誌の編集長を務め、同誌をカナダで最も成功した雑誌に仕立てあげた功労者だった。けれども、在職中ずっと彼女が直面していた障害や不満は、男性優位の職場でほとんどの女性が味わっていたものと重なるものだった。一九五〇年代中葉に副編集長として、彼女は、毎週、男性編集長とのランチ・ミーティングに耐えなければならなかった。「彼は、私に自分と同じように飲めと強いたのです。私よりもゆうに一〇〇ポンド〔約四五キログラム〕以上も体重があったはずなのにです。当時、私は何とか耐えることができました――そのころ私のような仕事に就いた女性のほとんどは、そうしなければならなかったのです。でも、クレア〔編集長〕とのランチの後はいつも化粧室に行って、喉に指を突っこみ吐いたのです。そうでもしなければ、オフィスに戻って、少しでも能率よく働くことはできなかったのです」[1]。彼女は、マクリーン＝ハンター社の最も成功した雑誌を率いていたにもかかわらず、『シャトレーヌ』誌の編集長よりも上のポストに昇進することはなかったし、同社の他誌の編集長たちより二〇パーセントも給料が低かった。しかも、妊娠すると解雇されそうになったのである。セクシャル・ハラスメントは横行しており、日常茶飯事のようになっていた。「男性のなかには、セクシャル・ハラスメントは、ボスであることの特権のようにしか思っていない者もいました。……私が知っている独身女性で、セックスの誘いを受けたことがない人はいませんでした。誘うのは、たいていは既婚男性からでした(2)」。

セクシャル・ハラスメントは、最終的にはカナダの人権法によって禁止されるのだが、当時は問題にはならなかった。「セクシャル・ハラスメント」という言葉は、女性グループが職場での脅迫に抗議したニューヨーク州イサカでの言論集会まで使われたことはなかった。カナダでセクシャル・ハラスメントの初めての調査が行なわれたのは一九七九年になってのことだった(3)。ブリティッシュ・コロンビア州人権委員会で証言したある女性は、自身が受けたセクシャル・ハラスメントの最も鮮明に残る一九七八年の体験を語っていた。

私は、ドラッグストアの大型チェーン店でレジ係をしていました。ボスはいつも、女性たちに言い寄っていました。レジと壁の間には狭い通路がありました。あるとき、その通路を通っていると、向こうからボスがやってきたのです。ボスはどんどん歩いてきて、私に少し後ろにずれる余裕も与えないうちに、私を壁に押しつけました。すれ違いざま、ボスは私のお尻をつかんだのです。私は手をどけてと言いました。ボスは唖然とした様子で立ち去りました。その後、監督副主任が私のところにやってきて、解雇を告げられたのです。[4]

やはり同じ委員会で証言した別の女性は、一九八〇年に同じような体験をしていた。

雇われてから数か月のときに起きたのです。鍵のかかった在庫室でのことです。男はとても屈強で、私に近づき、小部屋に連れて行きました（私はいやだと言いました）。男は何もしないだろうと、私は思っていました。私をからかっているのだと思っていたのです。男は私の腕をつかみ、身体を触りはじめたのです。（涙ながらに）懇願してようやくやめさせたのですが、男は、俺が異動させられる前に、お前さんがどう思おうが、俺はお前と寝るからなと言ったのです。[5]

セクシャル・ハラスメントは、権利に対する考えが時間とともにいかに変化したかを見事に表している。一九七〇年代、ある活動家は、セクシャル・ハラスメントのことを「あまりに当たり前すぎていて、めったに語られないものだ」と語っていた。セクシャル・ハラスメントは、公然と身体を触られたり男性従業員からセックスに誘われるものでなくても、ピンナップ写真や落書きのような形で表されることが多かった。[6]たとえばジュリー・ウェブは、ヴァンクーヴァーのサイプレス・ピッツァで働いているときに、毎日のようにセクシャル・ハラスメントを受けていた。彼女のボスであるラジンダー・シン・ループラは、くりかえし彼女の髪を触り、肩に腕を回し、彼女がいやと言おうが、抱きしめ、いやらしい性的な言葉をかけ、色目をつかってじろじろ見、いかがわしい仕草をしたのだ。何

度も夕食に誘い、モーテルに行ってポルノ・ビデオを観ようと言い、彼女の性生活についてたえず問いただしたのだった。(7)

長い間――一九七〇年代と一九八〇年代の大半――、人権をめぐる苦情でいちばん多かったのは、性差別に関するものだった。多くの女性にとって、差別は、人生の初めのころからはじまっていた。学校では、男性教師のほうが女性教師よりも高い給料をもらっていたし、女性教師は結婚や出産をすれば、退職に追いやられることに気づかされたのである。大学でも性差別は続いていた。クラスで女子学生は、排斥されたり隔離されたりする目にあったのである。シェリー・ラビノヴィッチは、大学四年だった一九七三年の体験を思い起こしていた。

スタッキー博士は、性愛文学やポルノグラフィーのなかで女性がどのように描かれているかを分析する四年生向けのセミナーを開いていました――私は出席を許可されたのです。ヨーク大学は、リベラルな大学として有名だったのですが、私たちは、大学の構内でセミナーを開くことを許可されませんでした。そこで、約六人の女子学生は、スタッキー博士のご自宅にバスで行き、そこで、お茶を飲み、クッキーを食べながら、北米やヨーロッパの女性のハードコアな描写について討論したのです。(8)

一九二〇年、カナダの大学生の数は、男子が一万九〇七五人だったのに対し、女子は三七一六人だった。一九六〇年になると、八万五八二人に対し二万六六二九人だった。一九七五年には、男子が一九万六九六人に対し、女子はまだ一四万二五八人だった。[9] 学校を出て就職しても危険がともなっていたことは、一九八〇年でも同じだった。それをシャリ・グレイドンが回顧していた。

国際広報企業で、それなりの給料をもらえる下級職に就いて一年たったころ、秘書の女性の一人とちょっと仲良くなりました。彼女は、代理店の新人社員が——新聞発表用の原稿すらまったく書けない男性でしたが——、私より八〇〇〇ドルも高い年収をもらっていると教えてくれました。おまけに彼女が打ち明けたのですが、その人は下着をはいていないのを彼女に見せるチャンスをつくるのには如才なかったというのです。[10]

カナダの労働力全体に占める女性の割合は、一九四一年の二〇パーセントから一九七一年には三四・三パーセントに増加していた。[11] 雇用での差別は横行していた。女性は、タクシー運転手は危険すぎるという理由で断られたし、座席が大きすぎるという理由でバス運転手にもなれなかった。警察官や消防士には、身長と体重の最低基準をみたしていないとして断られた。男性のみに適しているとみなされた建設、炭鉱、測量、そのほかの数多くの職業にも就けなかった。ニューファンドランド州セントジョーンズの教育委員会は、常軌を逸したのか、女性用務員には、男性用務員よりも小さなブラシしかあてがわれていないことを理由に、男性よりも安い賃金であることを正当化していた。女性を不平等に扱うのは差別というよりも常識だとする見方はあまりにも定着していたため、オンタリオ州最高裁判所の判事は、一九六八年に公平な給与を求めた女性警察官の訴えを、次のような理由で退けたのだった。「経済、文明、家庭生活、常識のすべての原則に従って差異があるのであるから、男性警官とは異なる、差異のある給与をもらったことは、差別を受けたことにはならない」と。[12]一九七四年の時点で、女性は、ロースクール在籍者のわずか二〇パーセントだったし、弁護士を開業しているのは五パーセント未満であり、裁判官は皆無に等しかった。[13]一九一九年から一九七二年まで、女性議員が連邦下院議席の五パーセントを超えることはなかった。一九六八年から一九七二年までの間は、グレース・マッキニスがただ一人の議員だった。[14]一九七四年の時点では、フルタイムで働く女性の賃金は、男性の六六パーセントたらずだったし、大学の学部卒業者の平均年間給与は、男性の三万ドルに対して、女性は二万一〇〇〇ドルだった。[15]カナダ人の五人に一人が貧困の時代に、独身女性の四二・五パーセントと六五歳以上の女性の七四・四パーセントの年間所得は、一五〇〇ドルにも満たなかった。シングルマザーの三分の一が貧困だった。[16]

権利革命の影響は、すべてのカナダ人に及んでいた。と同時に、権利に対する考えが変わったことで特に恩恵を受けたのが、女性やそのほかの周縁に追いやられた人たちだったことは容易に理解できるだろう。当初の差別禁止法が性による差別を考慮しなかっただけでなく、（多数のフェミニストを含む）活動家の大半は、一九六〇年代まで性差別を禁止するよう抗議行動を起こすことすらしなかった。ブリティッシュ・コロンビア州が、性に基づく差別を禁止した最初の州となったのは、一九六九年のことだった。

ブリティッシュ・コロンビア州が一九七三年に人権法典を可決したことは、カナダの人権史において、もう一つの重要な出来事だった。同法は、世界でもおそらく最も進歩的な人権法だった。実行を可能とする機関の設置など、モデルとなったオンタリオ州の法律の強みをすべて備えていたのに加えて、「道理にかなった理由《リーゾナブル・コーズ》」条項を含んでいたのである。(17) カナダにあるほかの人権法では、人種や宗教といった特定の理由にかぎっていたのに対し、この「道理にかなった理由」条項は、被告人が道理にかなった理由を示さないかぎり、あらゆる差別を禁止したのだ。(18) だが、法律改正というのは、人権がいかにカナダ社会を変化させていたのかを示す唯一の例ではなかった。カナダ政府は、世界人権宣言を拒絶同然にしてから一世代後になって、人権を外交政策のたしかな方針の一つにしたのだった。その間、活発な社会運動団体が出現していたが、その主張者たちは、人権という言葉を使って不満をさまざまに表現していた。さらに、幾度か試みが失敗した後に、権利の章典を組みこんだ憲法が返還されたのだった。

権利革命を具体的な形で表したのが、社会運動であった。一九七〇年代までにおびただしい数の社会運動が出現していた。過激な学生運動は、新左翼《ニュー・レフト》の誕生を促した。ブリティッシュ・コロンビア州だけでも、一九六九年には女性グループが二つだったのが、一〇年後には二〇〇を超えた。ヴァンクーヴァーとトロントに初のゲイの権利組織ができ、一九七五年には全国協会がつくられた。グリーンピースの創設は、現代の環境運動の誕生を画した。全国的な先住民組織は少なくとも四つ、州組織は三三にのぼっていた。[19]アフリカ系カナダ人の社会運動組織は、カナダ全土に広がっていたし、子供の権利、囚人の権利、動物の権利、平和、貧困、公用語について主張する人びとの組織も未曽有の数になった。連邦の国務省だけでも、一九八〇年代初期には、三五〇〇以上の社会運動組織を助成していた。[20]こうした運動のすべてが、権利の言語を使っていたのだ。たとえば、ヴァンクーヴァー・ステータス・オブ・ウィメンは、女性権利省の設置を要求し、セクシャル・ハラスメントからの自由は人権だと訴えていた。カナダの教会でさえも人権革命に深く関与していた。キリスト教会、特にカナダ合同教会は、海外布教活動に代わって、海外での人権や権利に基づく活動を行なっていた。[21]

カナダの社会運動にきわめて特徴的なのは、市民的自由かつ人権を要求する組織が各州に少なくとも一つはできていたことだった。このような要求を行なう伝統が強くなかっただけに、こうした事態は驚くべきことだった。市民的自由と人権の双方を説くことは、レトリックとして目立っていたということだけではない。実際、カナダの権利文化の変化の一端を象徴していたのである。市民的自由を求めるグループは、たとえば、男性と同居しているという証拠があったことで生活保護を打ち切られた独身女性のために、不公平な制限を撤廃しようと闘っていた。だが、その主張は、生活保護での平等な待遇が確保できたところで終わっていたのだ。これに対して、人権を求めるグループは、個人は経済的安定に対する権利を有しているが、適切な手段がないために政治的市民的権利を行使できないでいると主張したのである。人権の主張は、平等な待遇を越えて、貧困を権利の侵害だとみたのである。この違いは重要だった。人権を求める組織は、ポルノグラフィーから性的暴行に関する法律にいたるまで、市民的自由を求める組織と対立した。人権グループ側がポルノグラフィーやヘイト・スピーチの禁止を要求したのに対して、市民的自由グループのほうは、いかなる制限も言論の自由の侵害だとみていた。同様に、人権グループのほうが、性的暴行に関する裁判で被害者の性的過去を証拠とすることをいっさい禁止するよう求めたのに対し、市民的自由グループは、そうした政策は法の適正手続を侵害していると反論したのだ。(22)

モントリオールの人権連盟の事例は、市民的自由と人権の違いを示すばかりか、権利革命が社会運動に影響を及ぼしていくことも表していた。このグループは、市民的自由を求める組織（元の英語名は、ケベック市民的自由連盟だった）からはじまったが、一九七四年には、市民的自由のルーツを否定し、人権を綱領に含めたのだった。その新しい方針は、ケベック社会の変化に適応し、貧困者、女性、高齢者、若者、マイノリティのそれぞれが直面している独自の問題を考えるというものだった。この新しい方針に基づき、経済的社会的権利は、市民的政治的権利と同じくらいの（それ以上ではないが）優先事項となった。人権連盟は、平等とは、個人の権利に焦点をあてるのではなく、その権利が行使される社会条件を改善することによって、達成できるのだと考えていた。(23)これは、カナダの社会運動の状況が大きく変わってきたことの表れだった。

女性、ゲイ、レズビアン、先住民、教会、そのほかの多くの人びとが率いた社会運動は、人権を社会変革の理想とみていた。(24)根底の部分で、これらの社会運動を、差別禁止が基本的な人権の一つだとする原理の下に結集させていたのは、権利という言語だった。それらの運動は、人権法を強化し執行することを要求していたけれども、このやり方は、新しい権利要求を拡大していくうえで唯一の戦略ではなかった。多くの州では、社会運動は、人権教育において主導的役割を果たしていた。たとえば、ブリティッシュ・コロンビア州人権委員会は、一九七〇年代から一九八〇年代初頭まで、社会運動組織に大きく依存していた。会議を開催したり、定年退職制のような問題を調査したり、教育教材を提供したりしている組織に対して、人権委員会は助成を行なった。一九八〇年代初頭までには、事実上、これらの組織の活動は、法令によって同委員会に付託されていた教育分野に重点を置いていた。セクシャル・ハラスメントから障害を有する人びとへの差別禁止にいたるさまざまな問題に関して権利要求を出すことは、法律として認められるようになるまでずっと、教育改善活動の重要な役割だった。[25]

さらに女性権利運動――女性の平等を促進するための非政府活動と定義すれば――は、きわめて多様だった。それには、女性センター、保護施設、レイプ対応センター、音楽フェスティバル、護身術教室、出版所、新聞、書籍、集会、弁護団、映画、書籍共同購入、専門組織など、多数が含まれていた。

これらすべての活動が人権を受け入れていたわけではない。たとえば、カナダ全土の女性解放主義者たちの団体が一九七二年に文集を出版したのだが、そこでは、権利の言説を社会変革の理想とみることをはっきり拒否していた。「女性解放の根底にある考えは、差別は、私たちの社会構造を徹底的かつ根本的に変革することによってしか打倒できないとするのに対し、女性権利のグループの哲学は、市民的自由や平等は、現行の制度のなかで達成できるというものである」と。[26] 同性愛の活動家の間でも同様に、解放主義者と権利主張者に分裂していた。解放主義者の多くは、もっと急進的な方策を好み、権利を主張するのを避けていた。[27] 一九七〇年、全国インディアン連盟は、アルバータ・インディアン首長議会（Assembly of Indian Chiefs of Alberta）の「赤書」を採択した。この報告書は、連邦政府による先住民に対する人権的アプローチを拒否したことで知られている。もう一つの例は、ポルノグラフィー根絶を目的として一九八二年に草の根組織としてヴィクトリアで誕生したウィメン・アゲンスト・ポルノグラフィー（ポルノに反対する女性たち）である。この組織が検閲制度に反対したのは、「（男性の）市民的自由という理由からではなく、国家による検閲は女性の最善の利益にはならず、むしろ、エリート支配層によってさらにマイノリティを弾圧するのに利用されてしまうと、私たちが考えるから」だった。[28] 彼女たちが人権に対して支持を示したのは、不満を権利として言い表すことの無益さを指摘するためだけだったのだ。[29] このような社会運動組織は、社会変革のための草の根の活動を好んだ――情報サービスや立ち寄り所《ドロップ・イン・センター》の設置。女性労働者を差別しているダウンタウンの店舗へのリーフレットの配布。ストライキやボイコットに対する支持。ポルノ雑誌類販売店へのピケ張り。意識高揚グループの主宰。社会的違反への対応。強姦者に向けたポスター運動。「テーク・バック・ザ・ナイト（夜を取り戻せ）」の祭り（一九七〇年代にアメリカ合衆国から世界的に広まった女性運動）をはじめとする集会、ウォーカソン、行進、抗議運動の組織化。

権利革命は、カナダにかぎったわけではなかった。多くの歴史家が論じてきたように、人権は、「第二次世界大戦後の数十年間、抗議の言語としての役割は、事実上まったく果たしていなかった」[30]。人権が、国際政治の重要な構成要素になったのは、一九七〇年代に入ってからだったのだ。この新しい時代を象徴していたのが、アムネスティ・インターナショナルである。一九六九年に二万人だった会員数は、一九八三年には五七万人へと劇的に増加した。しかも、アムネスティ・インターナショナルは当初、良心の囚人〔政治・宗教的信条を理由に拘束されている人びと〕に関心を注いでいたのだが、広範な人権侵害に向きあう真の人権組織になっていった。[31]

最も目立った人権運動は、東欧と南米で行なわれた。[32] アムネスティ・インターナショナルによる最初で最も成功をおさめた運動の一つが、チリでのアウグスト・ピノチェトによる残忍な独裁（一九七三～八九年）に対するものだった。サルバドール・アジェンデを打倒した軍事政権は、政治的反対派の排除、拷問や無差別殺戮、政党と労働組合の禁止、メディアの検閲など、恐怖政治を行なった。[33] チリは、アルゼンチンによく似て、「抹殺」策を採用していた。諜報部門が誘拐し、その人物を投獄したことを否定し、証拠を隠ぺいするために遺体を処分（ときには、飛行機から海に投げ捨てることも）してしまうのである。アルゼンチンの政権はもっと恐ろしい方策をとったのだが、その一つは、妊娠している女性を出産まで収監し、その後殺害して遺体を処分した後に、国家が養子を欲しがっているカップルに赤ん坊を引き渡すというものだった。ようするに、監獄の監視人たちは、妊娠女性が子供を産むまで生きながらえるよう食事を与えていたのである。アムネスティ・インターナショナルとその国家横断的な人権組織ネットワークは、チリの政権を打ち砕くことはできなかったが、国際的な非難の声を高めるのに貢献した。その後、一九八〇年代には、アムネスティ・インターナショナルはアルゼンチンの軍事政権を崩壊させるうえで重要な役割を担うことになる。

これより以前にも国際的人権運動は存在した――最もよく知られているのが、反奴隷制度と女性選挙権の運動である。だが、一九七〇年代には、文字通り国家横断的な人権運動が生まれたのである。

情報を集めたり、諸国家間関係に影響を及ぼすことで、新たに出現していた国家横断的ネットワークは、南アフリカのアパルトヘイト、チリとアルゼンチンの抹殺策、インドネシアの東チモールへの圧政、ソビエト連邦やフィリピンでの反政府勢力の弾圧に対抗するための圧力をかけたのだ。[34] 拷問、殺戮、投獄というぞっとする話に関心を引きつけることで、アムネスティ・インターナショナルや種々の国家横断的な弁護ネットワークは、グローバルな人権政治という新しい時代を切り拓いたのである。

　現代の国際的な人権制度が生まれたのも、この時期だった。今日の「中核をなす」人権条約の多くは、この時期に発効した――あらゆる形態の人種差別撤廃に関する国際条約（International Convention on the Elimination of All Forms of Racial Discrimination）（一九六九年）、市民的、政治的権利に関する国際規約（一九七六年）、経済的、社会的、文化的権利に関する国際規約（一九七六年）、女子に対するあらゆる形態の差別撤廃に関する条約（Convention on the Elimination of All Forms of Discrimination Against Women）（一九八一年）、拷問およびほかの残虐な、非人道的なまたは品位を傷つける取扱いまたは刑罰に関する条約（Convention Against Torture and Other Cruel, Inhuman or Degrading Treatment or Punishment）（一九八七年）。これらの条約の批准は、一九八〇年代に急増した。一九四八年には、ほとんどの国家が世界人権宣言の正当性に疑問をもっていた。一九八〇年代になると、自由主義国家が人権条約を批准するのはほぼ必須になったのである。

　このような状況のなかで、カナダの外交政策が人権を組みこみはじめることは、ほとんど避けられなかった。一九七五年、カナダ政府は、国際条約について協議するために、連邦・州・準州人権担当官継続審議委員会（Federal/Provincial/Territorial Continuing Committee of Officials on Human Rights）を設置した。[35] 州の同意を得た後に、カナダは、一九七六年、市民的、政治的権利に関する国際規約、経済的、社会的、文化的権利に関する国際規約の双方に加盟した。[36] その後カナダは、人種主義や子供と女性の権利に関する宣言や協定を支持した。これによって、役人たちは、人権にまつわる記念日や特別の発議を祝うさいに閣僚たちが行なうスピーチ原稿を準備しなくてはならなくなったし、対外関係省の役人たちは、国際連合の人権委員会の会合に向けて準備するため、人権に関する社会運動組織と定期的に会合をもたなければならなくなった。カナダは、人権委員会や同種の国際フォーラムに参加することで、海外での人権促進に関与していることを示したのである。[37] カナダは、宗教および信念に基づくあらゆる形態の不寛容および差別の撤廃に関する宣言（一九八一年）の起草でも重要な役割を果たしていた。[38] かつては国際政治の合法的な構成要素として人権を認めることを拒否していたカナダが、このように主導するようになったのは、外交政策が大きく転換したことの表れだった。[39]

カナダは、一九七五年のヘルシンキ合意にいたるソビエト連邦との交渉に加わった。わけてもこの合意は、各国を一連の人権原則に関与させるものだった。[40] このような国際的関与は、議員たちにとって、外交問題に自らがかかわる絶好の機会となった。それ以前の時代には、議員たちは、東欧での人権侵害に対して、自決やマイノリティの権利を曖昧にしか主張していなかった。いまや彼らは、家族の呼び寄せ、人の移動の自由、宗教的自由のほか、これらと同じくらい認識の変化がわかるはっきりした改革について、議会で決議を提案するのに、ヘルシンキ合意に盛りこまれた言葉を引用できるようになったのである。[41] 国際連合のカナダ代表の一員として、あるいは、さまざまな海外での監視団の一員として、国際人権会議に参加する議員の数も増加した。[42] 時がたつにつれ、多くの議員たちが、人権問題に関する貴重な経験や専門知識を身につけるようになり、それを議会にもちこみ、人権を外交政策に組みこむよう連邦政府にたえず働きかけるようになった。[43]一九七八年には、ある議員が、人権問題への取り組みが弱い諸外国に対する援助を禁止する法案を提出した。カナダ政府はただちにこの提案を拒否したが、この法案は議会の協議事項として残され、カナダの外交政策の人権的側面に注目が集まることになった。その結果、政府は、公の場で、支援方針の正当性を論じ、くわしく解説せざるをえなくなった。

国際的な状況が国内政策に影響を与えた事例も、数多くある。わけても、政策立案者が、異論の多い国内法を発効する場合、国際的な人権法に訴えることができた。国際人権年は、数多くの人権組織の設立を促したのに加えて、ブリティッシュ・コロンビア、アルバータ、ニューブランズウィック、ニューファンドランド各州の人権法制を刺激した。政治指導者たちは、連邦の権利の章典（一九六〇年）、オンタリオ州人権法典（Ontario Human Rights Code）（一九六二年）、ケベック州人権と自由に関する憲章（Quebec Charter of Human Rights and Freedoms）（一九七五年）、ユーコン準州人権法（Yukon Human Rights Act）（一九八七年）など、人権法の提案を正当化するさいに、国際的な人権条約にしばしば言及した。[44]ブリティッシュ・コロンビア州では、身体や精神の障害による差別の禁止を促すために、国際障害者年を利用しようとした。[45]また、カナダが、女子に対するあらゆる形態の差別撤廃に関する条約に加盟したのに対応して、ほとんどの州が法律改正を行なった。

外交政策での権利革命は、カナダに本部を置き海外で展開する社会運動組織の活動の支援を受けていた。マッチ（ＭＡＴＣＨ）・インターナショナル〔国際女性基金〕は、一九七五年のメキシコ・シティでの国連女性会議の後に設立された。[46]これは、この種の会議として初めてだった――貧困国家の女性と協力しあう女性のための女性の手による会議として。カナダ政府は、海外での人権と人道的活動を促進するため、マッチ・インターナショナルのような社会運動組織を助成した。カナダが世界の人権や人道主義に新たに注目していくうえで、教会の役割も重要だった。一九六八年、カナダ政府は、人道的支援の一翼を教会に担ってもらう方針を打ち出し、手はじめとして、インドで井戸掘り用機械を製造するための一〇万ドルの助成金をカナダ合同教会に交付した。数年後には、カナダ国際開発庁が恒久的な社会運動組織部門を運営するようになった。[47] こうした変化は、カナダの教会が布教活動事業から人道的事業へと転換したことの表れでもあった。教会の側も、政策に影響を与え、人権を基調とした外交政策への社会の支持を求めようとしていた。[48] カナダの教会は、海外での人権を促進するため多数の社会運動組織を設立した――ラテンアメリカ教派間人権委員会（Inter-Church Committee for Human Rights in Latin America）、カナダ・アジア・ワーキング・グループ（Canada-Asia Working Group）、アフリカ教派間連合（Inter-Church Coalition for Africa）、教会連携難民委員会（Inter-Church Committee on Refugees）、人権協議委員会（Consultative Committee on Human Rights）、企業責任対策委員会（Task Force on Corporate Responsibility）。一九七八年にはじまった世界発展のための一〇日間（Ten Days for World Development）というプロジェクトは、人権と人道主義に基づく外交政策への支持を生み出すうえで特に成功をおさめた。[49] こうした成果によって、カナダは、開発援助を人権に結びつける「同じ意見をもった国ぐに」の小グループ（ノルウェーやオランダを含む）の一つとなったのである。[50]

人権が外交政策の特徴になりはじめたことを示す、小さいが注目すべき事例がいくつかあった――一九七六年、カナダ政府が、移民法に難民に関する条項を挿入したこと。一九七八年には、南アフリカでのカナダ企業の活動の禁止や、ウガンダでのアミン体制への援助撤回という一方的措置を講じたこと。一九七七年には、ポーランドとソビエト連邦に対して経済制裁（食糧輸出の禁止や信用貸しの削減を含む）を行なったこと。一九八一年にはグアテマラ、エルサルバドル、スリランカへの支援を停止したこと。[51]これらに関する論争で、当時野党だった進歩保守党は、より権利を基調とした外交政策を求めていた。一九七九年に同党が政権につくと、その姿勢を重視し、たとえば、重大な人権侵害を行なっていたベトナムへの援助撤回などを行なった。[52]一九八〇年代になると、カナダは、二二か国に対して制裁を行なうことになる。[53]

たしかに、人権問題は、経済的や地政学的な関心を引き出す切り札になることはなかった。外交政策における人権を論ずる主要政策演説は、いちじるしく中身が乏しかったし、いかに抑圧的であっても他国への内政干渉には及び腰な姿勢を示すことが多かった。[54]カナダ政府は、ラテンアメリカでの人権が問題視されたときなど、内政に干渉すべきとするカナダ国内の圧力に対して、たとえその国が最も抑圧的な体制に置かれていたとしても、猛然と抵抗した。[55]グアテマラ、エルサルバドル両国への援助の再開については、政府はただちに実行した。[56]ソビエト連邦での広範な人権侵害に加えて、ウガンダではイディ・アミン政権（一九七一～七九年）、赤道ギニアのマシアス・ンゲマ（一九六九～七九年）、一九七四年以降のエチオピアでは社会主義者によって残虐行為が行なわれた。さらに、カンボジアでの大量虐殺（一九七五～七九年）、ブルンジのフツ虐殺（一九七二年）、東チモールでのインドネシア軍による大量虐殺（一九七五年）、毛沢東支配下の中国での飢饉（一九四九～七六年）があった。カナダは、チリに対する制裁も行なわなかった。そうであっても、カナダが人権を外国援助と結びつけようとしたことは、驚くべき転換だった。そう遠くない昔、カナダには人権運動も人権法もなかったし、海外での人権侵害への関心もなく、世界人権宣言には反対していたのだった。一九五〇年代の政策を完全に転換させたカナダは、一九八四年、南アフリカに対するさらなる制裁を決めたコモンウェルスの委員会の議長国を務めたのである。(57)

一九七〇年代は、未曽有の法改正の時代のはじまりだった。カナダの歴史を通して、この時期ほど、政策立案者たちが、権利を法文化しようと徹底的にかかわったことはなかったのである。まさしく法律における権利革命であった。ブリティッシュ・コロンビア州の人権法典は、新しい段階に入ったカナダの権利文化の所産だった。女性たちは、「道理にかなった理由」条項を利用して、妊娠やセクシャル・ハラスメントのような場合での先例をつくることができた。(58) セクシャル・ハラスメントを人権侵害だと主張すること――しかも、それが人権法によって認められていること――は、驚くべきことだった。「道理にかなった理由」規定は、身体的外見、障害、年齢、言語能力、性的指向、移民の地位による差別の禁止にも用いられるようになった。(59) これは、人種、宗教、エスニシティしか認めていなかった初期の法律とは、大きな違いだった。

サスカチュワン州は、すでに一九四八年に権利の章典を可決し、連邦政府は一九六〇年に続いた。一九七一年には、アルバータ州で三六年間政権の座にあった社会信用党を破ったピーター・ローヒードの進歩保守党が、同州初の権利の章典を可決した[60]。四年後には、ケベック州政府が独自の人権法である人権と自由の憲章を可決した。これらの法案のいずれも、差別を禁止するだけでなく、言論、結社、集会、宗教、法の適正手続、投票権といった市民的自由を認めていた。たしかに、これらの法案は、憲法ではなく、制定法であった。しかも、市民的自由に関する立法の権限が州にあるのかどうかが疑わしかった。とはいっても、これらは強力な象徴であった。特にケベック州の人権法は、次の点で新しい基準を設けていた――社会的条件、言語、政治的見解による差別を禁止していたこと。同じ価値の仕事に対する雇用の平等と公平な賃金を確約していたこと。広範な市民的政治的権利（たとえば、生命、安全、宗教、表現、結社）だけでなく、経済的社会的権利（たとえば、教育、文化、社会支援、適切な雇用条件）を認めていたこと。子供、精神障害者、高齢者を特別に保護していたこと[61]。ケベック州はまた、この法律をほかの法律よりも上位に置き、（より独立性を高めるために）調査委員会が議会に直接報告するようにした最初の州でもあった。

トルーディ・アン・ホロウェイの訴訟は、カナダにおける新しい人権法体制の典型だった[62]。彼女は一九七五年にショップ・イージー食料品店のレジ係としてフルタイムで働きはじめた。一九八〇年六月、この店をクラリコ・フーズ会社が買収すると、クレア・マクドナルドが新しいオーナーとなり、新店舗マネージャーとしてロブ・ジョンソンが雇用された。当時、ホロウェイは身ごもっていたが、数週間後、流産した。一九八〇年八月、彼女は再び妊娠した。医師は、また流産しないか心配して、五週間の休みをとるよう勧めた。一一月中旬、すっかり元気になった彼女は、仕事に復帰した。一九八一年一月二日、彼女が二人の後輩レジ係と同じ昇給を要求したところ、断られた。マクドナルドによれば、彼女はじきに退職するだろうし、仕事についていけなくなるからだというのであった。一週間後、ホロウェイはマクドナルドのオフィスに呼ばれ、解雇を言い渡された。

ホロウェイは、人権局のヴァンクーヴァーのオフィスを訪れ、人権法典に基づき提訴した。彼女は、マクドナルドが妊娠を理由に解雇したと申し立てたのである。当時、妊娠は、訴訟理由として法律に記載されていなかった。この訴訟を担当したのが、人権調査官のアラン・アンディソンだった。以後三か月にわたって、アンディソンは、マクドナルド、ジョンソン、ほかのレジ係、そしてホロウェイと数回面談し、書簡や電話でやりとりした。アンディソンに対してマクドナルドは、ホロウェイを解雇したのは、「いずれ彼女がやめていく」し、「妊娠して元気そうにみえなかった」ためだったと語っていた。店舗マネージャーのジョンソンは、もしホロウェイが妊娠していなければ、後輩のレジ係のうちの一人を解雇するつもりだったと説明した（調査によって、アンディソンは、レジ係の一人が妊娠していたが、失職することを恐れてオーナーに言わなかったことを知った）。もしアンディソンがホロウェイの言い分を疑っていれば、ことはすぐに終息していた。ジョンソンは、「俺の妻だったら、妊娠中に働かせないよ」、それにホロウェイは「制服が着られず、特大のシャツを着ていたんだ。どんどん肥っていって、かがむのも大変だったんだ。やめてもらって、（失業保険を）もらうのがベストだったんだ」と、アンディソンに語っていた。マクドナルドは、「トルーディが妊娠を理由にやめるのは当然だよ」、「制服が着られなかったんだよ。みっともないパンツ（イージーパンツ）をはいていたんだぜ」と、ずばりアンディソンに言ったのだった。だが、マクドナルドは、市当局が日曜営業を新たに禁止したため、経費削減のため従業員を解雇しなければならない立場に置かれていた（もっとも、この条例が発効した二日後、つまり、ホロウェイが解雇される九日前に新人レジ係を一人雇っていた）。彼女の仕事ぶりについての不満はまったくなかった。

アンディソンは、ホロウェイが妊娠を理由に解雇されたと結論づけた。そして、損失賃金の補償、謝罪、店の方針変更、推薦状を含んだ非公式な示談でまとめようとした。(63) マクドナルドは拒否した。人権局長だったハン・イェンセンは、審問委員会設置が望ましいとする書簡を労働大臣に送り、この訴訟をほかの訴訟の引き金となるよう利用しようと考えた。「この不服に対する和解に被告が応じようとしないのは、職場での妊娠女性を差別による解雇から守るために、内容をきちんと申し立てる必要があることを示すものである」と。(64) 一九八二年一二月八日、労働大臣によって任命された法律学のウィリアム・ブラック教授を委員長とする審問委員会が、ブリティッシュ・コロンビア大学法学部の模擬法廷教室で開かれた。出席したのは、ホロウェイ、アンディソン、マクドナルド、ジョンソン、それにハン・イェンセンだった。人権局はホロウェイに弁護士をつけ、マクドナルド側は自分たちの法律顧問を連れてきた。二日間にわたる審問の後に、ブラックは、ホロウェイが妊娠を理由に解雇されたと断言した。さらに彼は、それは人権法典にある「道理にかなった理由」条項の侵害であり、性による差別とみなしうると述べたのだった。ブラックの判断は、妊娠を性差別と認めたカナダ史上初の裁定の一つとなった。

人権法は、形式的な平等を越えて、実質的な平等へと進化をとげつつあった。ほかの審問委員会では、制度的な差別は、行動様式とか制度的慣行のような形をとりうることがあり、それが社会の末端に置かれた人びとの不利な状況を悪化させることを認めていた。意思や正直な信条《オネスト・ビリーフ》〔悪意なき信条〕を欠いた弁護は、合法的なものとして受け取られなくなった。任意の身長や体重を条件にするなど、一見中立的にみえるやり方は、差別だと規定された。人権委員会が是認したアファーマティブ・アクションは、数世代にわたって積み重ねられてきた差別的扱いに対して講じられたものだった。

連邦の人権法〔カナダ人権法〕（一九七七年）は、人権を法律に組みこもうとする全国的な取り組みの仕上げとなった。[65] 一世代もしない間に、カナダは、世界で最も洗練された人権法制度を築いたのである。驚くほど、全土にわたって統一がみられた。顕著な例外はいくつかあるものの、連邦と州の法律は、最初のオンタリオ州のモデルを土台にしていた。人権に関する諸法は、サービス、雇用、設備提供、広告、看板における差別を禁止していた。さらに、現行の差別禁止法を一つの制定法として取りこんでもいた。特別な訓練を受けた人権担当官が、不服の調査にあたるのに雇用された。彼らは、できるだけ非公式に不服の和解をはかるよう指示されていた。和解が失敗した場合、政府が公式の調査官を任命できた（調査委員会は、審理では告訴側を代表することになった）。違反者は、罰金の支払い、謝罪、被雇用者の復帰、交渉による和解への合意に応じなければならなかった。審理は裁判ではなかった。調査委員手続き全体が、能率的で利用しやすく、不服解決の費用を引き受けるようつくられていた。調査委員会には、しっかりした人権教育プログラムが行なえるよう資金が与えられていた。これが、カナダ全体の人権法の基本モデルだった。連邦の制定法は、カナダの人権がますます多様になっていることも反映していた。つまり、連邦制定法は、性（セクシャル・ハラスメントや妊娠を含む）、エスニック出自、年齢、婚姻関係の状態、身体的障害といった理由の列挙、有罪の赦免、同じ価値の仕事に対する公平な賃金の指令を含んでいた。このように、連邦制定法は、数十年にわたる州レベルの人権法改正の成果だった。[66]

カナダの人権制度は、世界で最も包括的な部類のものだった。イギリス、オーストラリア、アメリカ合衆国での平等のための委員会には、もっと厳格な機能が与えられていたが、効率的に執行するしくみはずっと弱かった。たとえば、もしホロウェイがアメリカ合衆国に住んでいたとしたら、彼女は、弁護士を雇い、裁判所で賠償を求めなければならなかった。それは、審問委員会とくらべて、はるかに近寄りがたいものだし、金と時間のかかるものだった。しかも、審問委員会の議長を務める人間と違って、裁判官の多くは差別訴訟の専門家ではなかった。[67] 一九七〇年代は、世界じゅうで、特に東欧と第三世界で国内の人権法が数多くつくられた時期でもあった。国際法を専門とする政治学者トマス・ペグラムは、この人権の普及を「伝染効果」と表現している。それは、「伝染の当事者、舞台、形式が、国内、地域、国際で複雑に絡みあった」ために生じた過程であり、その結果、ヨーロッパと北米にはじまる「地域によって濃淡が異なるウェーブ現象」が起きたのだ。[68] しかし、諸外国のなかで、カナダの制度の強み——専門的な人権調査官、公教育、法改正の調査、審問での告訴側の弁護、官民セクターを越えた管轄、訴訟よりも和解の優先、政府からの独立性、裁判所に代わる司法判断手続——をすべて取りこんだところはほとんどなかった。[69] 人権を効力ある制定法ないしは憲法として理解することのなかった一九四〇年代のカナダとは、隔世の感がある。

だからといって、人権政策の改革に異論がなかったわけではない。[70] たとえば、連邦の人権法〔カナダ人権法〕は、多くの点で州の法律よりも進歩的だった。同法は、刑事的有罪の赦免を受けていることや身体に障害があることによる差別を認定したカナダで最初の法律の一つだった。それは、価値の同じ仕事に対する公平な賃金規定を含めた最初の法律でもあった。しかも、同法によって、閣僚に報告しない独立した委員会が設置された。皮肉なことに、法務大臣は、議会において、政府のねらいは、いかなる新機軸も避けることにあると主張していた。「いちばんの目的は、委員会が当初から重い負担を背負うことなく設置されることにあったのです。……指針となる先例がまったくない人権の領域でのあまりにも多くの考えに対処しなければならないという責務を、委員会に初めから負わせるのは望ましくないのであります」と。[71]もっとも、多くの議員は、政府は度を越すほどには動いていないと批判していた。委員会に代表を送った六つの組織全部や反対派の議員は、同法が性的指向や政治志向を含んでいないこと、インディアン法に適用されておらず、女性への差別を終わらせていないこと、定年退職制を禁止していないことを指摘し、政府を批判した。[72]批判者の大半が同じ懸念を共有していたということは、新しい権利要求に対して、コンセンサスが形成されつつあったことを示唆している。

これらの論争のなかで注目すべきは、人権法に原則として反対する者がいなかったことである。三〇年前、差別禁止法に反対していた者は、差別は存在していないとか、道徳的なことを法制化することは不可能だとか、国家による不当な介入だとか主張していたのである。[73]人権法に対する支持は、カナダの権利文化が真に転換したことを意味していた。

権利と自由の憲章に対しても同様に、コンセンサスが形成されていた。一九八〇年代には、議会優越に基づいた権利の章典の妥当性に異議を唱える者はほとんどいなかった[74]。一九八〇年と一九八一年の議会での聴聞会が、一九四〇年代から一九五〇年代にかけての権利の章典に関する聴聞会といかに違っているのかをみれば、カナダの権利文化の進展がきわめて顕著なのがわかる。

カナダ政府は、提案した権利と自由の憲章に関して国民の意見を聴くため、上下両院の憲政に関する特別合同委員会の設置を求めた。数週間で終わるというのが当初の予想だった。結局、終了するまでほぼ一年がかかった。数百人が書簡を送ったり、首都オタワにやってきて意見書を提出したりした。一九七七年には、六つの社会運動組織が、人権法に関して議会で意見表明を行なったのに対し、一九八〇年には、九〇の組織がオタワを訪れた。合計で、三二三の組織、六三九の個人が意見を提出した。カナダの歴史において、政府が人権に関してこれほどまで広範に、カナダ国民に意見を求めたことはなかったのである。

一九四〇年代には、権利の章典をめぐる公共の議論を独占していたのは、人種と宗教に基づく差別であった。社会運動組織は、黒人、日系人、ユダヤ人、そのほかのマイノリティがサービスや雇用を拒否された事例を指摘した。全国黒人連合のような組織は、一九八〇年の論議でも依然として存在感があり、権利と自由の憲章に関する聴聞会では、「歴史的な不利益を補償する」ためには、アファーマティブ・アクションが必要だと主張した[75]。だが、一九八〇年のこの論争には、はるかに多くのエスニック組織が関与していた。カナダ・バルト系連合、カナダ・ポーランド系会議、カナダ・スロヴァキア連盟などが、「建国の民族たち」という考え方〔一八六七年のカナダ連邦結成を主導したイギリス系とフランス系を特別視する見方〕に異議を唱えた[76]。言語の権利には、母語が英語でもフランス語でもない人びとを含めるべきだ、と主張したのである。[77] この論争に彼らが果たした重要な役割の一つは、文化やアイデンティティの保持を人権だとする主張を行なったことだった。

一九四〇年代の宗教や権利の章典をめぐる論争がもっぱら関心を向けていたのは、宗教的マイノリティに対するあからさまな弾圧に対してであった。一九八〇年には論争は拡大し、国家の助成を受けた分離学校〔宗派学校〕や、病院、子供の福祉施設を維持する権利までも含むようになった。[78] 一九四〇年代の主役には、労働者や企業の組織が入っていた。一九八〇年には、論争もやはり転換していた。ブリティッシュ・コロンビア労働連合は、権利と自由の章典には、障害や政治信条を含む、すべての職場での差別が認められるべきだと提言した。[79] 一方、企業を代表する組織は、たくさんの新しい問題を人権の観点から取り上げていた――自由な市場と貿易。生計を立てる人びとの移動。資本や専門技術の移転。財産。商品とサービスの自由な流通。[80]

カナダで主導的な女性権利組織である女性の地位に関する全国行動委員会の代表が意見を述べるため委員会にやってきたさい、（共同議長の）ハリー・ヘイズはおさえきれず、「あなたがた御嬢さんたちがお越しになるのは歓迎ですし、よいことなのですが。それにしても、お子さんは誰が面倒をみているんですかな」と発言したのだった。[81] だが、ヘイズは旧い世代の生き残りであって、女性組織のほうはこの聴聞会を利用して、さらに大胆な人権の定義を提出した。女性のための学習機会を考える全国委員会は、経済的独立、重要な職種、公職への対等な参画を人権だと唱えた。[82] ほかの組織も、学習や訓練に対する人権、年収に対する権利、育児休暇の権利、（特にシングルマザーのための）無償かつ良質な保育・託児所の権利を認めるよう訴えた。[83] 子供たちについても、カナダ青少年評議会やカナダ特殊児童評議会のような組織が代弁しており、障害をもった子供への保育教育を人権として定義していた。[84]聴聞会で特に意見が割れたのは、妊娠中絶が人権かどうかという問題だった。カナダ妊娠中絶権行動連盟などの女性権利組織が、人工中絶反対組織やカナダ・カトリック司教会議と対立したのである。

一九四〇年代の聴聞会では性的マイノリティや障害をもった人びとは不在だったが、権利と自由の章典をめぐる議論では、彼らはきわだっていた。カナダ社会発展評議会は「不利にさせるような条件」、社会経済的地位、婚姻関係の状態、性的指向、政治信条に対する差別を禁止するよう求めた。さらに、雇用、失業に対する保護、健全な労働環境、十分な生活水準、医療、教育、社会保険、プライバシーへの人権に賛成した。[85]カナダ合同教会は、難民、移民、被収容者の権利に加えて、住居、栄養摂取、収入における最低限の水準について請願した。[86]全国貧困撲滅協会は、休息や余暇、有給休暇の権利や、生活保護受給者の移動の権利を含む、労働に関する社会経済的な権利を求めてロビー活動を行なった。[87]ゲイやレズビアンの組織にとって、この聴聞会は、多くの組織がつくられはじめた一九七〇年代以来、新しい権利要求を行なえる初めての重要な全国フォーラムとなった。カナダ・レズビアン・ゲイ協会は、ヴィジブル・マイノリティ、エスニックや宗教的なマイノリティのほか、女性や障害をもった人びとにすでに与えられていたのと同様の、差別禁止の基本的権利を要求した。[88]一方、カナダ視覚障害者評議会と全カナダ視覚障害者協会は、視覚障害のある人びとに対する雇用での差別を力説した。さらに両組織は、ほかのたくさんの実例に注意を引こうとした——目の不自由な人びとが陪審席に座ることが禁止されていたり、厳格な移民政策にさらされていたり、最低賃金を拒否されていると。また、精神に障害のある人びととの結婚が禁止されていることも指摘した。[89]ほかの組織からは、聴覚障害者が、施設、設備提供、雇用で拒否されているのはもとより、日常的に商品提供やサービスが受けられないという指摘がなされた。(90)

憲政に関する特別合同委員会は、カナダの人権史におけるもう一つの重要な出来事であった。聴聞会は、数多くの新しい権利要求に光をあてた。それは、いかにカナダの人びとが過去からの要求を土台にして立ち上ってきたのかを示す機会でもあった。一九七〇年代に特に職場での露骨な性差別を禁止させることを勝ち取った女性たちは、いまや、妊娠中絶から託児所にいたるまで、おびただしい数の問題について権利要求を推進していたのだ。もちろん、こうした問題について、何世代にもわたって女性たちが結集してきた。だが、いまこうして女性たちが、人権という言葉を使って要求するようになったことは、権利革命の衝撃を暗示していた。

しかし、聴聞会で最も衝撃的な瞬間をもたらしたのは、先住民の人びとだった。先住民の組織が重要な人権政策に関与することは、これまで一度もなかった。たしかに、彼らが連邦の人権法〔カナダ人権法〕をめぐる公共議論に参加したことはあった。けれども、それは、同法がインディアン法に適用される規定に反対するためだけだった。ほとんどの先住民組織は、人権法制に取り組む前に、未解決の要求について交渉を完了するよう主張した。人権委員会に寄せられた不服のうち、先住民に関するものは、いつもごく少数だった。ブリティッシュ・コロンビア、アルバータ、オンタリオ、ニューブランズウィック、ニューファンドランドの各州での不服申し立て数の調査によれば、一九八二年までの時点で、人権委員会が先住民に関する申し立てを調査したことはめったになかったのである。(91)『助けあう暮らし《ライフ・トゥゲザー》』と題するオンタリオ州人権委員会の報告書は、一九七〇年代において人権法に関して最も広く参照された文書の一つなのだが、先住民組織が提出した意見書や書簡はほとんどなかった[92]。先住民が人権政策への関与を拒否するのは、権利という文化的伝統が彼らにはないからだとされることもあった[93]。たしかに、一九六九年の白書が大失敗に終わった後、先住民たちには、自分たちの問題を権利という言葉で表現する利点を疑う正当な理由があった。しかも、彼らのほとんどは、明らかにさまざまな理由で、政府の機関に対して不信を抱いていた[94]。

にもかかわらず、聴聞会には、いくつかの先住民組織が参加していた。サスカチュワン・メイティおよび非認定インディアン協会は、保留地での悲惨な生活状況に目を向けさせ、天然資源、経済発展、教育を管理する権利を先住民に認めるよう訴えた[95]。全国インディアン連盟は、自分たちが政治から排除されているのは集団的な差別だと述べるとともに、儀礼に対する禁止の撤廃と狩猟権を要求した[96]。人権には、自治や、条約に対する積極的承認が含まれていなければならないというのが、彼らの主張であった[97]。

結果として、委員会で発言を行なったこうした組織は、権利と自由の憲章に対して大きな影響を及ぼした。先住民組織は、先住民の権利に関する条項を確保したし、女性組織による強力な運動は平等条項を守ったのだった。フランス語と英語の権利を主張する組織は、マイノリティの言語権を憲法に盛りこむよう、重要な賛成意見を弁舌巧みに述べていた。市民的自由のためのグループ、弁護士協会、人権委員会は、いくつかの条項の文言に直接影響を与えた。障害をもつ人びとによる初めての統一的な行動の結果、彼らへの平等な権利が明示されることになったし、エスニック・マイノリティの努力は、多文化主義の条項として実を結んだ[98]。一九五〇年代には、人びとが口にする人権をめぐる言説のほとんどが、市民的自由（言論、結社、集会、出版、宗教、法の適正手続、投票）や、人種、宗教、エスニック集団への差別への言及だった。これに対し、権利と自由の憲章をめぐる論議では、いかにカナダの権利文化が進展し、いかに社会運動がその範囲を広げつつあるのかを示していた[99]。

カナダは、憲法で多文化主義を認めた最初の国になったし、教育、言語、先住民、男女の平等を権利の章典に組みこんだ世界で有数の国にもなった。カナダでは、数多くの新しい人権要求に対するコンセンサスが生まれつつあった。一九八二年の調査では、回答者の六九パーセントが人種マイノリティに対する差別を禁止することに賛成し、六五歳以上の人びとへの差別を権利と自由の憲章が守るべきと思うと答えたのは八九パーセントだった。また、七七パーセントが、性による差別を憲法が禁止することに賛成していた[100]。これに対して、言語に対する権利、学校における宗教への支持は、それぞれ六一パーセントと五八パーセントであり、特に性的指向（三二パーセント）については異論が多かった[101]。世論調査では、経済・社会的権利を組みこむことについてはカナダ人に問うことはしていなかった。ごくわずかな社会運動組織と議員だけが、権利と自由の憲章に経済・社会的権利を入れるよう提案していた。この権利に対する要求がカナダでは依然として曖昧であることについて、カナダ弁護士協会は次のように述べていた。「それゆえ、最低限の生活水準に対する権利や仕事に対する権利のような経済的権利のほとんどは、立法府による積極的な国家的行動によって最大限守られるものである。……権利の章典は、経済や社会福祉政策に司法が介入する可能性を最小限におさえるために慎重に起草されるべきである」と[102]。だが、カナダの権利文化が抱えるこうした欠点ですら、批判をまぬかれることはなかった。ケベック州では、すでに新しい規範を設定していた。同州は、一九七五年、経済・

社会的権利を人権に組み入れていたのである。

一九七四年から一九八四年までの時期に、権利革命がカナダの法律に与えた影響を過大評価することはできない。死刑については、数十年間猶予された後に、一九七六年、議会が廃止した。子供についても、子供自身の権利があることが認められた。たとえば、一九七八年のケベック州の青少年保護法（Youth Protection Act）は、里親を替えるかどうか判断したり、司法手続のさいに弁護士に相談したりできる権利を未成年に保証していた。他方、一九七八年のオンタリオ州児童福祉法（Ontario Child Welfare Act）は、養子となった子供のプライバシーを擁護していた。[103] 精神に障害のある人びとも、権利をもつようになった。管轄区域によっては、最低賃金法に含まれたところもあれば、強制的監禁がかなりきびしく制限されたところもあった。ケベック州では、一九七九年に、囚人に対して初めて投票権を認めた。カナダ政府は、一九八二年に情報の自由に関する法律を導入したが、全州がこれに続いた。[104] オンブズマン局も、カナダ全域に設置された。

このように進展した背景には、国際的な権利革命があった。一九七〇年代には世界じゅうで社会運動が急増し、その多くが、不満を権利という言語ではっきり訴えていた。他方で、宗教団体や労働組合といった基盤のしっかりした組織は、人権を追求することを使命とした方針や委員会を設けていた。歴史家ジャン・エッケルが指摘しているように、「ますます人権は、市民のさまざまな組織の活動を取りこむ統一的な言葉の役割を担うようになった」[105]。国家による犯罪という国内問題を国際運動に転換する役割を特に果たし、広範な公共の論争を生み出したのが、アムネスティ・インターナショナルだった。個々人の生活の身近な問題を取り上げ、論争を起こすこともしばしばみられた。「一九七〇年代と一九八〇年代に、国家による弾圧を受けたおびただしい数の犠牲者たちに関する詳細な情報をこれほどまでにもっていた単一の組織は、アムネスティ以外にはなかった」(106)。カナダでもそうだったが、たとえば、女性組織が何世代にもわたって要求してきた同じ不満をしばしば抱えていた。だが、エッケルが述べるように、「彼女たちが、それを『人権』と呼んだことは、以前にはけっしてなかった」のである(107)。

このころまでには、人権は、権利をめぐる公共の議論のなかで、市民的自由を引き出すための切り札の役目をおおむね果たしていた。けれども、権利革命は万能薬ではなかった。麻薬取締法は、捜索、逮捕の幅広い権限を警官に与えていたし、借家人を家主から守る条例はほとんどなかった。保険政策では、ジェンダーによる差別があったし、定年退職制は、高齢者が収入を得る機会を奪っていた(108)。一〇月危機の教訓から、モントリオール市は集会の自由を制限することをやめなかった。一九七一年、同市は、条例第三九二六条により、再び制限措置を講じたのである。連邦警察は、破壊活動分子と目される者たちを攻撃するための非合法活動に数多くかかわった共犯であった。彼らは、不法にも郵便物を開封したり、新聞社やケベック党《パルティ・ケベコワ》のオフィスを（購読者や党員の名簿をコピーするために）秘密裡に襲撃もした。愚の骨頂は、急進的活動家の集会を阻止しようと、連邦警察がケベックの農村の納屋を焼き払ったことである。一九七七年、カナダ政府は、連邦警察を取り調べる政府調査委員会を設置した。

そして、連邦警察が不法行為を行なっていたと断定した。もっとも、警官の誰一人として訴追された者はいなかった[109]。

危険と判断された時代に、国家が人権を無視する傾向は、一九世紀以来、さほど変わってはいなかった。一九七六年、モントリオールは夏季オリンピックを開催した。これは、カナダで開催される国際大会としてずば抜けて最大のイベントだった。その保安体制もまた、カナダ史上最大だった。一〇月危機の後であり、カナダの国家保安体制は、オリンピック警備のために例外的な措置をとることを決断した。一万七二二四人の治安部隊が、六〇〇〇人のスポーツ選手の警護にあたった。この作戦には、軍隊、五つの警察部隊、そして、港湾警備担当から移民担当まで、少なくとも半ダースの連邦部局が含まれていた[110]。カナダ政府は、特別法を裁可し、オリンピック開催期間中に暴力にかかわるかもしれないと目される者を国外退去させる権限を移民大臣に認めた。これは、異常な法律だった——控訴権のない非市民を国外退去させる無制限の権限を移民大臣に与えるという、たった一文の法律だったのだ[111]。グローバルな基準からしても、モントリオール・オリンピックの保安体制は、莫大だった。それはまた、脅威にくらべても桁違いの規模だった。一件の事件すら記録されなかったばかりか、オリンピック期間中のモントリオールの犯罪率は、通常より二〇パーセント以上も低かったのだ[112]。

にもかかわらず、権利革命は、カナダの社会運動、政治文化、法律を変容させていた。世論調査が示唆するように、一九七〇年代からカナダ人は、人権政策に具体化される原則をますます受け入れつつあった。オンタリオ州が制定した草分け的な人種差別に関する法から三〇年後に行なわれた調査では、移民が差別されることが多いのは「警察や裁判所が差別に対して強い姿勢をとる用意がない」からだとする記述に、四一パーセントが賛成と回答した（反対は三五パーセント）[113]。一九八一年には、人種、肌の色、エスニシティによる差別をやめさせるためのアファーマティブ・アクションの法制化に賛成と回答したのは、八二パーセントだった[114]。一〇年後の一九九一年には、人種主義について、それをカナダで最悪の社会問題の一つと答えたカナダ人は二〇パーセント、かなり深刻な問題と答えたのが四七パーセントだった。また、過去五年間で人種主義がカナダで増えていると思うと回答したのは五〇パーセントだった[115]。

人権はまた、国家が個人のプライベートな生活を侵害することに対する不満を言い表すのに有益な方法にもなっていた。妊娠中絶は、一九六九年以来、法解釈上は合法だったが、病院主導の治療的妊娠中絶委員会（Therapeutic Abortion Committee）の許可を得なければならなかった。一九七七年のカナダ政府の調査によって、法律が抱える深刻な問題点が明るみになった。妊娠中絶措置は、すべての女性が等しく利用できるものでないことが判明したのだ。「この手続きには、かなりの混乱、不透明な基準、社会的不公平があった。……こうした要因のため、妊娠中絶治療サービスの配置や利用しやすさに大きな格差が生じているし、妊娠中絶手術を受けるためにアメリカ合衆国に出国するカナダ人女性が後をたたず、また、カナダでは妊娠中絶を行なうのに時間がかかっている」[116]。ヘンリー・モーゲンテイラー博士は、法律を無視して、オンタリオ、マニトバ、ケベックの三州で妊娠中絶診療所《クリニック》を開業した。病院《ホスピタル》外で妊娠中絶手術をしたことで、ただちに起訴された。モーゲンテイラーは、ケベックでも、三度起訴されたのである。だが、そのたびに陪審は、無罪と評決した。一九七四年、ケベック州だけ州控訴裁判所が、刑法にあるめったに使わない規定を用い、陪審の無罪評決を有罪評決に置きかえるという誰もが驚く判決を下した（一九七五年、最高裁判所は、この判決を支持した）。カナダ政府は、妊娠中絶法を改正することはためらったが、裁判所の大胆さに少なからぬ衝撃を受けたため、陪審評決に代わる判決を裁判所が下すことを認めていた規定を撤廃した。一九七六年、ケベック党が政権をとると、いまや有名になった妊娠中絶医師に対する訴訟手続のすべてを中止すると言明した。

ケベック州は、もう一つ重大な人権法改正でもほかの州に先んじていた。一九七七年、性的指向による差別を禁止したのである。改正が行なわれたのは、主として、トラックスと呼ばれるゲイ専用の脱衣室に警察が容赦のない襲撃をしたことへの対応だった。この襲撃は大々的に報道され、政権についたばかりのケベック党の改革政党としてのイメージを損なった[117]。当時、性的指向を人権とみなす州はほかにはなかった。連邦の人権法も権利と自由の憲章も、性的指向を認めてはいなかった。たとえば、一九七六年にサスカチュワン労働連合が性的指向に対する差別禁止政策を採択したのだが、その後何年にもわたって、これを差別と認めた国内で唯一の労働連合となっていた[118]。とはいっても、ゲイやレズビアンに対する差別は、カナダではめずらしかったわけではない。一九八一年二月、後にこれは一〇月危機以来最大の警官による襲撃事件として知られることとなるのだが、トロントの警官一五〇人が四つの脱衣室を襲撃し、数百名のゲイの人びとを逮捕した。『グローブ・アンド・メール』紙は、この襲撃事件を「醜い行動」であり、同性愛者に対する明らかな差別だととらえていた。「同性愛者に軍隊を差し向けるとは、カナダで起きようもなかったはずの、ラテンアメリカの共和国のどこかの政治ごろのやり方だ」と[119]。だが、となりのケベック州とは異なり、オンタリオ州政府は、同州の人権委員会から勧告が出されていたにもかかわらず、人権法典に性的指向を入れるのを拒否した[120]。

ケベック党が政権を掌握したことは、カナダの権利文化にとってさらにもう一つの重大な挑戦となった。フランス系カナダ人たちが、英語系カナダ人の基本的な権利概念に反発し、集団的権利を認めるよう求めたのである。一九七九年のケベック党による主権＝連合〔フランス語系住民が多数を占めるケベック州のカナダからの分離・独立構想〕の提案は、英語系カナダ人たちが「個人の権利を重視しており、集団的権利に言及することをほとんど無視したがっている」と主張していた。[121] ケベック党が可決した最初の法律は、ケベック州での英語の使用を広範囲に禁止したが、よく知られているのは教育においてであった。同じく、一九八〇年代を通して、人権連盟が、自治に対する権利を容認したばかりか、基本的人権としてケベック州でのフランス語オンリーの教育を要求した。[122] 一九九〇年代に人権連盟の会長だったリュシ・ルモンドは、ケベック州以外にある人権組織が集団的権利を引き出す切り札として個人の権利を認めようという姿勢をとると、彼らとの関係にますますいらだちをおぼえるようになっていた。「それが、英語系で普及している市民的自由の考えなのだ」と。[123] フランス系カナダの集団的権利に関する論争は、州民投票から、憲法交渉、言語権をめぐる法廷闘争にいたるまで、一世代の間、カナダにつきまとうことになる。後に述べるように、この論争は、新憲法で認められる諸権利に対して甚大な影響を及ぼし、カナダの権利文化にとってきわだった特徴になるのである。

けれども、一九七〇年代末にいちばん大きな懸念材料になったのは、権利革命に対する反発による動揺だった。ヴァンクーヴァーでは、『ヴァンクーヴァー・サン』紙のコラムニストだったダグ・コリンズが、一九七七年から一九八三年にかけて、ブリティッシュ・コロンビア州の人権局に対して激しい攻撃を浴びせた。その人権局を「巧みに操る高貴な集団」と呼び、雇用主による雇用方法を政府が規定できるという考え方を批判し、「この愚行は、スーパー・バリュー（スーパーマーケット・チェーンなどを経営する北米の大手会社）の新聞広告に、白人女性だけを載せ、男性は載せないでくれと、（取締役が）馬鹿げた叫びをあげるのと、まったく変わらないものだ」とも指摘した。[124] 人権に関する審問委員会が、リルーエットに住む夫婦が、二人の先住民に森林公園の駐車場を貸さなかったことは差別にあたると裁定を下すと、コリンズはこれに抗議し、「いまやブリティッシュ・コロンビア州で行なわれている人権訴訟は、うそ偽りのない正直な人びとを脅迫し迫害する機会になるほど地に落ちてしまった」と論じた。[125] 六年後になっても、コリンズは攻撃の手を休めなかった。人権局（「悪徳業」と呼んでいた）は、「喉を詰まらせるほど、ものを突っこんでくる……。人権擁護家たちの行きすぎや愚かさは、電話帳には書ききれないほどだ」と。[126] コリンズ以外にも反対派はいたが、彼が最も激しい批判者の一人であることはまちがいなかった。一九八〇年代には、メディアを通して人権法に批判的な声が多く聴かれるようになった。ウェスタン大学の法律学教授イアン・ハンターは、一九七〇年代に人権に関する論文を多数著し、オンタリオ州人権委員会の顧問も務めていた。だが彼は、一九八三年以降、同委員会とのかかわりを断ち、制度的差別やアファーマティブ・アクション計画を検討しはじめた。彼は、それらが雇用主に対して過度の規制を課していると考えるようになったのである。[127]

反発はさまざまな形で現れた。一九七六年にはサスカチュワン王座裁判所が、一九八三年にはマニトバ州審理委員会が、性差別には性的指向は含まれないとする裁定を下した。[128] 裁判では、雇用主たちが、使用者責任《ヴァイケアリアス・ライアビリティ》（代位責任ともいう。使用者は被用者が業務の執行中に不法行為により第三者に加えた損害について、使用者の過失の有無を問わず賠償責任を負うとする原則。ただし、被用者の選任・監督について使用者に過失があったということは、そもそも要件ではない）や正直な信条などに基づいた抗弁を行なうことで、人権法と闘った。前者の裁判では、雇用主には、被雇用者の行動に対する責任はないと主張した。後者の裁判では、被告人たちは、自分たちの行動が差別的だったことは認めたが、それは、正直な信条に基づいており、それゆえ、道理にかなっていて法律侵害にはあたらないと主張した。[129]どちらの裁判でも被告側の抗弁はさしたる影響を与えることはなかったが、後者の裁判では、一部の裁判官から賛成意見が出された。一九七七年の少なくとも一つの訴訟では、裁判官は、正直な信条に基づく論理を絡めることで、差別を正当化していた。「私たちの社会の多くの人びとは、モラル、および／あるいは宗教上の理由で、同性愛の人びとや同性愛に対して偏見、もしくは何らかの特定の見方をもっているだろう。それゆえ、そのような偏見の根拠が、道理にかなっていないと正当化することはできない」と。[130]

もっと重大な異議申し立てを行なったのは、一九八二年のフレイザー研究所の出版物だった。そのきわめて手のこんだ批判は、人権に対して、かなり紛らわしいのだが、哲学的な反論を行なった。同研究所の上級エコノミストは、共著者の一人として著した『差別・アファーマティブ・アクション・平等な機会』という本のなかで、公平賃金法は「ある集団――この場合は女性――が、被りかねない経済的差別に対抗する能力を失わせてしまうものだ」と主張した。つまり、公平賃金法は、もっと安い賃金で働く機会、安価な労働力であることの利点を活用する機会を女性から奪うものだとしたのだ。[131]彼は、アファーマティブ・アクションに対して特に批判的で、同書ではそれを逆差別だと指摘していた（共著者は皆、男性だった）。共著者たちは、一般的に信じられているほどには差別は広がっていないと主張し、人権法は「支援の対象であるはずのマイノリティの集団そのものを害している」と説いた。[132]

人権法に対するこうしたさまざまな批判は、人権に対するもっとしぶとい攻撃の言語となった。一九四四年にオンタリオ州の人種差別に関する法に異議を唱えた議論と似ていたのは皮肉であった。

反発の震源地は、カナダで最も革新的な人権法を備えていたブリティッシュ・コロンビア州だった。同州の社会信用党政権は、人権委員会を撤廃した最初の地域となる不名誉を手に入れた。一九八四年、有名な「道理にかなった理由」条項を備えた人権法典を撤廃し、それに代わって、制度的差別への対応・調停よりも、個人を罰することを意図した法律が提案された。この動きは、州内で激しい反論を巻き起こしたばかりか、カナダや外国でも非難された。この法律を支持する者は、ほとんど誰一人としていなかった。ブリティッシュ・コロンビア州議会では、与党のメンバーすら、それに同調しなかった。カナダ人権委員会委員長のゴードン・フェアウェザーは、この法律改正を「警察国家の象徴」と評した。[133] サスカチュワン州人権委員会委員長のケン・ノーマンは、「人権委員会と人権局のきっちりした制度を解体するのは、まさに時代の逆行だ」と主張した。[134] 国際人権機関協会（International Association of Human Rights Agencies）は、法律改正を非難する決議を採択した。[135] 一方、ダグ・コリンズは、政府の行動を称賛したのだった。[136]

一九八四年のブリティッシュ・コロンビア州での論争は、カナダにおいて人権がもつ対立的性質を示すものだった。以後一〇年以上にわたって、人権の言説が新しい要求にも適用されるようになるにつれて、人権法が及ぶ範囲を広げなければならないという圧力が増大した。だが、そうした要求に強硬に抵抗する反対運動がくりひろげられたのだった。

第5章　人権をめぐる論争

ジル・フォンテーヌは、ヒト免疫不全ウイルス（ＨＩＶ）に感染していた。初めのころは、寝汗をかいたり、ひんぱんに下痢をしたりしていたが、それ以外には症状はなかった。ＨＩＶ感染と診断されたのは、エイズ流行のニュースが世界をかけめぐった一九八五年のことだった。当時、ほとんどの人びとは、この病気についての知識をほとんどもっていなかった。ＨＩＶ患者は中傷にあう一方、その感染経路について根拠のない恐れが人びとを襲っていた。料理人だったフォンテーヌは、他人にうつすリスクがあるのか、医師に尋ねた。この状態なら感染させることはない、と医師は断言した。さらに医師は、雇用主に状態を伝える義務はないと助言した。仕事に差しさわりが出ることはまったくなかった。

二年後、フォンテーヌは、カナダ太平洋鉄道の鉄道員の食事をつくる料理人募集の新聞広告に応募した。すぐ採用が決まり、サスカチュワン州ブロードヴューに派遣され、鉄道員のグループに合流した。彼らの仕事は、ムース・ジョーまで行って、線路を補修することだった。フォンテーヌに任されたのは、一六人のメンバーに一日三食の食事をつくり、厨房を管理し、食材の発注をすることだった。ブロードヴューに到着したフォンテーヌは、鉄道員主任のジェフ・フォーリーに会い、ほかの鉄道員と同じく、鉄道車両の寝台をあてがってもらった。雇われてから一か月、フォンテーヌの勤勉で熱心な働きぶりは誰もが認めていた。だが、鉄道員の一人と何気ない会話をしているとき、自分はＨＩＶにかかっていると話してしまった。このニュースはまたたく間に、グループ全員に伝わった。翌日、メンバー全員が、フォンテーヌがつくった食事を食べるのを拒んだ。さらに翌日の朝食も拒否したフォーリーは、フォンテーヌに対し、メンバーはうつされるんじゃないかと恐れているのだと伝えた。フォーリーは町まで車で行き、配膳会社のリタ・バーサレットに電話をかけ、メンバーの皆がフォンテーヌをやっつける覚悟を決めようものなら、メンバーをまとめられなくなると訴えた。詰所に戻ったフォーリーは、メンバーたちが町まで行けないよう、彼らの車のドアをふさぐようにして自分のトラックを停めた。そして、フォンテーヌに詰所を出るよう勧めた。フォンテーヌは、すぐ近くの町に逃げ、ホテルの洗濯室に隠れ、ウィニペグ行きのバスの到着を待った。翌日、フォンテーヌが事務所でバーサレットに会うと、彼女は、病気なのだから料理人として働くのをやめてはどうかと言ったのだった。後の報告書によると、フォンテーヌが解雇されたのか、退職したのかは不明である。だが、彼が（失業保険をもらうため）雇用記録を受け取りに再び事務所に行くと、バーサレットは、フォンテーヌは「エイズにかかっていたために、鉄道員主任によって解雇された」と書類に書きこんでいた。[1]

フォンテーヌは、カナダ人権委員会に対して、不服の申し立てをした。一九八九年、審問委員会は、ＨＩＶは、法律上の障害にあたると結論づけた。審問委員会は、損害賠償二万三一六〇ドルと、苦痛と屈辱に対する賠償二〇〇〇ドルを、フォンテーヌに認めた。さらに、カナダ太平洋鉄道に対して謝罪するよう命じた。この裁定は、人権侵害としての障害の定義を広げる重要な先例となった。[2]しかし、新しい権利を主張する試みには、しばしば異論が唱えられた。一九九〇年代、カナダの権利文化の境界をめぐる対立は、ますます顕著になったが、特に性的指向をめぐってはそうだった。しかも、後に述べるように、人権がもつ対立的性質とは、現行の権利に対する攻撃が、新しい権利要求に対する攻撃と同じくらい一般的であることを意味しているのだ。人権の歴史は、単線的な物語ではない。過去の要求を守る話であるとともに、新しい要求を主張する話でもあるのだ。

これまでみてきたように、人権とは、社会的実践の特別な様式である。カナダの人権の歴史において権利文化が変容する契機は、社会の広範な変化によって引き起こされることが多い。たとえば、一九七〇年代までは、差別禁止法に基づく異議申し立てのほとんどは、人種に関するものだった。このように、法律は、その当時の社会での権利をめぐる言説を反映していた。性差別は、よく起きてはいたが、法律に組みこまれることはなかった。ましてや、差別禁止法制の要求運動の一部にもならなかった。高等教育や職場への女性の進出や、第二波のフェミニズム運動の勃興を受けてようやく、性差別は人権法に付け加えられたのである。その結果は、劇的だった。性差別が人権法に含まれるようになると、どの年も、女性に対する性差別が、申し立て件数全体の半分以上を占めるようになった（ほとんどの管轄区域では十数項目もの申し立て理由を認定していたのだが）[3]。同様に、連邦政府による一九七七年の人権法〔カナダ人権法〕も、重要な先例となった。この法律は、禁止すべき差別理由として身体的障害と精神的障害を含めていた。[4]これにオンタリオ州（一九八一年）とブリティッシュ・コロンビア州（一九八四年）が続いたが、ほどなくして、ほかの地域も、障害を人権法に含めるようになった。[5]このような進展と重なっていたのは、国際障害者年（一九八一年）、障害をもった生徒のための公立学校プログラムの普及、公共サービスの改善運動、障害者の権利運動の出現だった。[6]新しい問題の一つとして、障害は、一九八〇年代のカナダの人権に関する用語に入ってきたのである。やがてそれは、人種や性を上回り、カナダで最も多くの人権申し立てになった。[7]

影響が大きかったもう一つの出来事は、一九八四年に判事ロザリー・アベラが提出した雇用の平等に関する委員会報告書だった。[8]この報告書は、実質的な平等という原理を大幅に認めていた。アベラは、現状の人権法制モデルには批判的だった。

集団よりも個人の救済を基礎とし、意図的な差別に対する異議申し立てにおそらく限定されているような、現在の人権施行のやり方では、拡大する差別やとらえにくいような差別に対処することはできない。……教育も同じである。教育は、偏見的態度を根気強く改めさせることができるという、従来からの私たちの願いの支えであった。しかし、教育は、動くにも影響を与えるにもひどくゆっくりとしていて、あてにならないし、扱いにくい考えに対してまったく無力であることもしばしばである。権利侵害には緊急性があるにもかかわらず、教育はただちに救済を約束するものではない。[9]

アベラの報告書は、権利をめぐる裁判に対してより広範なアプローチをという訴え、つまり、制度的な差別に取り組むべしという要求からはじまっていた。

体系的なアプローチが認めるのは、私たちが習慣的に——ときにはうっかりということもあるが——とっている方法や行動が、社会のある集団には、不当に不愉快な影響を与えているかもしれないということなのである。正当な救済策かどうかを判断する決め手になるのは、個人や集団の志向が生み出す原因よりも、社会のしくみが個人や集団に与える影響のほうなのである。[10]

彼女は、割り当て《クオータ》制度を推奨してはいなかった。それよりも、周辺に追いやられている集団に対する制度的な壁を取り除くために、官民の雇用方法を大幅に改革することを要求したのである。[11] 一年後、カナダ最高裁判所は制度的差別禁止という見方を支持し、いくつかの州では、それに応ずる権限を人権法に盛りこんだ。[12] 同じころ、ブリティッシュ・コロンビア、サスカチュワン、ニューブランズウィックの各州は、機会の平等を促進するプログラムを立ち上げた。一九八六年には、連邦政府が、アベラの主勧告を実施し、被雇用者が一〇〇人以上の政府管轄企業での女性やマイノリティの割合を高めるための雇用衡平法（Employment Equity Act）を可決した。[13]

この当時、フェミニストたちは、交差性《インターセクショナリティ》という差別のもっと微妙な理解を要求する最前線に立っていた。人権法は、これまでみてきたように、特定の状況に対する反応のなかで進展することがほとんどだった。ブリティッシュ・コロンビア州の「道理にかなった理由」条項を例外として、これらの人権法は、特定のタイプの差別に対処することが意図されていた。[14] 交差性に対する検討は、差別を性のような一つの要因に限定してしまうと、さまざまな人びとがどのように差別を経験したのかを説明できないという認識に立っていた[15]。ある者が差別されたのは、その人が、女性あるいは障害者だったからではなく、障害をもった女性だったからということもありうるのだった[16]。差別はまた、人種とジェンダーが重なることで連想される固定観念によって起きることもあった。だが、人権法では、長年、その都度組みこまれていった個々の理由を列挙したリストに基づいて差別を定義してきたのだった[17]。裁定を下す者は、その時点での一つの理由に照らして訴訟を審理することが求められ、訴えを起こす者は、条件をせばめ、争点を明確にすることが必要だった[18]。問題は、理論的なことにとどまらなかった。もっと現実的な影響があったのである。一九九四年から二〇〇四年までの連邦での人権法訴訟を調査したニーチャ・デュクロは、人種的マイノリティの女性の割合が低いという衝撃的な結果を見いだした[19]。しかも、人権法は、刑法ではなく、その主たるねらいは、処罰しないことにあった。それよりも、犠牲者たちが、不服を認定されることで恩恵を受け、罪を犯した者たちが、自分の行為が差別だったことを認め、行ないを改めることが期待されたのである。たとえば、セクシャル・ハラスメントの認定では、何がどこで起きたかだけでなく、それがなぜ起きたのかという動機やハラスメントの性質をはっきりさせることが求められた。デュクロは、食料品店で働いているときに受けたセクシャル・ハラスメントについて異議申し立てをした、一〇代の東アジア系女性の事例を引いている。おそらくこれは、アジア系女性は言いなりになるという固定観念に一部起因するハラスメントだった。だが、人種とジェンダーの交差性を考慮しない調査官だったら、もし被告が店内でほかの（白人）女性を襲ったという証拠がなければ、セクシャル・ハラスメントはなかったと判断しただろう。このような場合には、人種的差別と性差別を交差させて考慮することが絶対に必要である。[20]

アレクサンダー対ブリティッシュ・コロンビア州訴訟の先住民女性は、酒屋で、店主から酔っ払いと思われ、サービスを断られた。実際、彼女は目が少し不自由で運動障害があったため、アルコール中毒という印象を与えたのだった。[21] 人権審問委員会は、彼女は障害を根拠に差別されたと裁定を下し、この差別が人種に基づいていたとする申し立てを却下した。もしアレクサンダーが人種差別だけを訴えていたとすれば、彼女の訴えは失敗していたのだろうか。同じような審問によって、差別の原因や危害の性格を誤解してしまったり、解決策に影響が出たりすることもありえた。犠牲になった者が、実際に受けた経験とは異なる形で不服を言い表さざるをえないこともあるし、裁定を下す者が、根底にある原因を解明できなかったために、申し立てが却下されることもありえたのだ。[22] たとえば、家主が、黒人にも白人にもアパートを貸すが、異人種間カップルに一室を貸すことは拒んだかもしれない。裁定を下す側が、性と人種の交差性を根底にある差別要因だと判断しないかぎり、申し立てはたやすく却下されうるのだ。[23] 実際、旧来の裁定のやり方では、人権侵害の性質を誤解し、支配的な判断基準を強めることがあった。[24] 人権法は、差別を単一で不変な特質としてみるのではなく、さまざまな関係の寄せ集まりとして定義する必要があった。こうした理由から、一九九八年のカナダ人権法の改正では、差別の定義が拡大し、交差性の検討を含むようになった。[25]

権利と自由の憲章は、カナダの法律に甚大な影響を及ぼした。[26] その存在自体、注目に値するものだった。第一章で述べたように、かつてカナダの権利文化は、議会優越の原理のうえに成り立っていた。権利は裁判所よりも議会によって最大限守られるというのが、カナダ国家の根本的原理だったのだ。わけても、憲法のなかに権利を成文化しようとする一九世紀の試みは、激しい抵抗にさらされた。だが、ほぼ一五〇年後のカナダの人びとは、裁判所を使って成文化された権利の章典を施行できるという考えを、たとえそれが議会の意向に反するものであっても、受け入れている。[27]

政府が平等条項に合致するよう法律を改正するのに数年を要したことは、新しい憲法がさまざまなものと関係をもっていたことを表している。〔権利と自由の憲章〕第一五条〔平等権の規定〕の発効は三年遅らせられた。たとえば、ブリティッシュ・コロンビア州では、四九の制定法の改正が必要だった。長年存続していた法律のうちの二つ——理髪師法（Barber's Act）と美容師法（Hairdresser's Act）——は、七歳未満の子供の髪を女性が切ることを禁じていた。[28] 以後数年かけて、家族法、刑法、雇用法のほか、性的指向から貧困、障害にいたる幅広い問題に関する法体系で、平等条項が定義し直された。さらに、最も論争を呼んだ権利と自由の憲章をめぐる裁判も引き起こされた——同性愛結婚。差別禁止の理由としての性的指向。コモン・ローによる結婚の承認と同性カップル（その一つであるM対H訴訟によって、四八の連邦法と数百の州法が改正されるにいたった）。囚人の投票権。少年スポーツ・リーグで少女がプレーする権利。病院での手話。女性への公平賃金。これらの事例は、昔であればモラルの問題として言い表されていた不服が、時間がたつにつれ、人権という言葉で表現されるようになったことを示している。[29] 法廷はまた、先住民の人権に関する論争の場にもなっていた。最も重要な判決の一つとして、過去において政府がその権利を無効にしたという主張が出されないかぎり、先住民の土地の権利を認めるとするカナダ最高裁判所判決があった。[30]

権利と自由の憲章が長年にわたってカナダ人の価値観に影響を及ぼしたことは、まちがいなく重要である。もっとも、それをきっちり測ることは不可能である。法律上の意義については、もっと容易にわかるし、それだけでも圧倒的である。[31] 最初の争いの一つは、言語権をめぐるものだった。カナダ最高裁判所は、ケベック党が署名した法律である法案一〇一号の重要項目――そのなかには子供にフランス語による教育を強制することが含まれていた――を無効とした。[32] 権利と自由の憲章は、ケベック州外のマイノリティに対する新しい権利を設けてもいた。最高裁判所は、(一定数住んでいる) フランス語マイノリティには、教育に対するある程度の管理に加え、教育の権利があるとする裁定を下した。「運営や管理は、彼らの言語や文化の繁栄を保証するのに不可欠である。……マイノリティの言語集団は、彼らの言語や文化の問題すべてについて、多数派が考慮してくれることに頼ることはできない」という理由からだった。[33] 一年後、最高裁判所は、英語とフランス語で公表されていないことを理由に、マニトバ州法すべてを無効とした。法律の混乱が避けられなくなるのを回避するため、この判決は、マニトバ州が法律を翻訳し終えるまで猶予された。[34]

カナダ最高裁判所は、法の適正手続の範囲を広げることには特に積極的だった。たとえば、警察による取り調べでの黙秘権は、権利と自由の憲章から意図的に除かれていたのだが、最高裁判所は、同憲章は弁護を受ける権利の一部としてこの権利を保証していると解釈した。[35] 一九八三年から二〇〇三年までの同憲章をめぐる裁判の半数以上が、警察官の行為に関するものだった。最高裁判所がおもに検討したのは、弁護を受ける権利、立証責任、適切な時間内での公判、聴聞の権利、証拠能力のある証拠についてであった。これらの判断によって、権利をめぐる法の適正手続が新たにつくられた。警察は、拘束した者に対して、弁護を受ける権利と、選任した弁護士と接触できる権利があることや、法律支援を受けられることを伝えなければならなくなった。さらに被告側には、迅速な公判を受ける権利（遅延によって、数万件の刑事告訴が取り下げられた）、公判前の取り調べでの黙秘権、自己負罪を拒否する権利――これに関連して、血液標本、DNA、酩酊時の取り調べを含む（ある訴訟では、自白を強要するため独房に入った覆面係官が提出した証拠を、最高裁判所が却下した）――が与えられた。[36] 囚人には、懲罰審問で弁護士の弁護を受ける権利があり、難民資格要求者には、口頭弁論の権利が与えられた。最高裁判所は、（麻薬に関与した者は、不正取引者ではないことを立証する必要があった）麻薬取締法（Narcotics Control Act）の立証責任破棄条項を無効とし、麻薬の輸入に対して、その行為が邪悪で尋常ではないという理由で科していた最低限度の拘留刑も無効とした。最高裁判所はまた、強姦事件での女性の性的記録（および医療記録）を禁止しようとしていた議会の企てを制した。これは、公正な裁判を受けるという被告の権利を侵害するとの理由からだった。さらに最高裁判所は、議会に対し、一四歳未満の未成年との性行為を禁じていた法律を改正するよう求める一方、強姦の被害者の氏名を公表させない権利を認めた。[37] 数年にわたって、最高裁判所は、強要や警察の職権濫用という証拠があった場合、供述書を却下したり有罪判決をひっくり返すことも辞さなかった。同時に、一九九〇年以降、権利と自由の憲章に照らして無効になる法律の数もはっきりと減少していった。最高裁判所は、同憲章の下での公共政策と権利のバランスをとろうとした。[38] たとえば、裁判官たちは、善意によって過失がなされてしまった場合や、証拠を採用しないことで司法行政の評判が悪くなりそうな場合には、証拠を認めることもあった。[39]

権利と自由の憲章は、プライバシーに関する権利も変えた。妊娠中絶を違法とする法律は、一九七〇年代、何度も異議申し立てを受けたものの、存続していた。だが、一九八八年、カナダ最高裁判所は、この法律が、プライバシーの権利を侵害しており、訴訟手続における遅延は当人の安全に対する権利も侵害しているとの理由で、無効だと言明した（その後、女性が妊娠中絶を受ける権利を制限しようとする企てが数度あったが、これらも最高裁判所は却下した）。[40] その四年前、最高裁判所は、プライバシーの権利に基づき、捜索や盗聴には制定法またはコモン・ローの下での許可が必要だとの判断を下していた。訴訟となった事件として、警官が、とある男のトレイラーに入ったところ、男はソファで眠っていたが、血のついたシャツのほか、靴、煙草入れ、お金を見て、その男が殺人したと断定したケースがあった。最高裁判所は、裁判のやり直しを命じるとともに、いくつかの証拠を無効とした。さらに、個人にはより多くのプライバシーが保証されているという理由から、取締機関の捜索権限を制限し、強要によって得た（あるいは、被告が意識を失っている状況でとられた事案もあった）DNAや血液標本を証拠として取りあげなかった。[41] 警察が、交通違反だといって、ヘロインの売買を疑われている容疑者の身体検査を行なう事例もあった。最高裁判所は、再審を命じ、証拠を却下したのだった。[42]

これらの諸権利――平等権や言語権、プライバシーや法の適正手続に対する権利――は、権利革命の所産である。[43] 法の適正手続で（人身保護権のような）基本的な事がらを明らかな例外とすれば、それらは、歴史的にみて、カナダの権利文化の一部ではなかった。権利と自由の憲章の下で、カナダ最高裁判所は、次のような事例において、言論の自由の範囲を大幅に拡大させた――二次ピケ。一三歳未満の子供向け広告。選挙前三日間の世論調査の公表。歯科医の広告。住民投票中の行政支出。猥褻図書の輸入。ケベック州での英語の看板。ヘイト・スピーチの扇動。[44] 宗教の自由を守るため、最高裁判所は、連邦の日曜安息日法や、在宅教育の教師に教育委員会発行の免許状を義務づけた要件も無効とした。さらに、一〇代の少年が学校にキルパン(シク教の儀礼用の短剣)を着用していく権利を設けたり、障害のある人たちへの設備提供を雇用主に義務づけたりすることで(過度の苦痛を引き起こさない程度が基準とされた)、設備提供の義務の見直しをした。[45] 出版の自由に対する権利に関しては、結婚争議や公判前の審問についてメディアが報道することを規制していた法律を取り消した。最高裁判所はまた、病院での手話通訳を受ける権利があると判断した。[46] 非市民も権利をもつことができた。平等条項を建設的に解釈したり、類似的な根拠をあてはめることで、ゲイやレズビアン、非市民、未婚のカップルなど、新たな集団にまで平等権を広げたのだった。[47]

奇妙なことに、カナダ最高裁判所は、当初、権利と自由の憲章による結社の自由の保証にはストライキ権や団体交渉の権利が含まれるとする提案に敵対的だった。最高裁判所は、賃金管理、ストライキ禁止、組合承認、認証取り消しに関する労働組合側の一連の異議申し立てを却下した。カナダ最高裁判所長官ブライアン・ディクソンは、「結社の役割は、労働者の最重要な要求や利害を守る手段としてつねに欠かせない」と認めたにもかかわらず、最高裁判所は、結社の自由にはストライキをする権利は含まれないと判断した。[48] だからといって、最高裁判所が、結社の自由を宣伝や二つの会社の統合する権利にまで拡大しなかったわけではなかった。実際、そのわずか一年前に、オンタリオ州の判事は、専門機関や会社にはこの制限は適用されないが、労働組合の場合、組合員の会費を政党の支持に使うことはできないとする裁定を下していた（最高裁判所は、一九九一年にこの判決を破棄した）[49]。だが、二〇〇七年、最高裁判所は、結社の自由には、団体交渉のような手続きに関する権利が含まれると判断した[50]。さらに二〇一五年には、当初の立場を完全に否定し、結社の自由にはストライキ権が当然含まれると言明したのだった[51]。

明らかに権利と自由の憲章は、新たな権利の要求を行なう装置となっていたのである。カナダ最高裁判所の判決について計量的な分析を行なった法学者のグループによれば、権利に関する訴訟の数は、一九七五年以前は判決記録の二〇パーセントだったのが、一九八二年以降は六〇パーセント以上に増加していた[52]。最高裁判所での権利に関する訴訟がピークとなった一九八二年から二〇〇三年の間に、六四の制定法が無効とされたが、このうちの四四パーセントが法の適正手続、二七パーセントが市民的自由に関するものだった[53]。一九八二年以前の大半の時期には、最高裁判所が一つの制定法を無効と判断することはほとんどなかったが、一九八二年以降になると、毎年少なくとも一つを無効としたのだった[54]。権利と自由の憲章の下で、司法審査の割合は激増した。それゆえ、最高裁判所の影響は甚大だった。最高裁判所は、ストライキ権をめぐる重大な判決に加え、売春の勧誘（売春）と自殺幇助を禁止した刑法を無効とした[55]。数年前にはそのような人権は存在しないと言明していた最高裁判所が、これら三つの訴訟で人権をつくりだしたのである。

同時にこれが社会的変化でもあったことを、私たちは認識しなくてはならない。こうした訴訟の多くは、社会運動組織がはじめたものだった。社会運動組織は、調査と最高裁判所への趣意書提出をくりかえすことで、最高裁判所判決に影響を与えたのである。女性のための法律教育行動基金とカナダ市民的自由協会は、一九八二年以降の最高裁判所での権利と自由の章典をめぐる訴訟に主導的にかかわった組織だった。こうした組織の多くは、一九七〇年代以降、連邦の国務省や遺産《カナディアン・ヘリテージ》省から寛大な助成を受けていた。連邦政府はまた、法廷訴訟プログラム（Court Challenges Program）も創設した。このプログラムは、言語権や平等権に関する訴訟をめざす社会運動組織に数十年にわたって助成していた。一九八五年から二〇〇六年までの間に、平等権だけでも五八六件の訴訟に助成金を支給しており、そのうち十数件は最高裁判所まで行ったのだった。[56] 権利と自由の憲章の歴史は、権利文化が社会的変化であり、権利濫用の犠牲になった人びとによって変化が引き起こされたことがいかに多いのかを示している。

権利と自由の憲章は、カナダにおける人権法の唯一の源ではなかった。[57] 連邦や州の人権法もまた、人権をめぐる公共の議論を反映していた。セクシャル・ハラスメント、障害、社会的状況、麻薬中毒、収入源、家族の地位は、この時期になって、人権法に加えられた（地域によって違いはあるが）。[58] ブリティッシュ・コロンビア州が人権法典に障害をもった人びとを含める決定を下したことに、異を唱える議員はいなかったし、ほかの地域でも、同種の改正に対して事実上全会一致の支持を得ていた。他方、性的指向を人権として認めるよう求めた草の根運動に対しては、激しい反論が浴びせられた。一九世紀に宗教がそうだったように、性的指向は、カナダの人権の対立的性格の象徴であった。

長年、カナダの政治家たちは、性的指向を人権と認めることを拒んできた。一九七四年、ブリティッシュ・コロンビア州が、世界で最も革新的な人権法の一つを生み出したのだが、政府は、性的指向を含めることは拒否した。(59) 連邦議員や社会運動組織は、性的指向を連邦の人権法〔カナダ人権法〕や権利と自由の憲章に含めるようロビー活動を行なったが、結局、拒否された。一九七〇年代中葉、オンタリオ州人権委員会が人権法典の改革に関して州全域で公聴会をはじめたさい、ずば抜けて多く異論が出たのは、性的指向についてだった。(60) 一九七七年、報告書『助けあう暮らし』で、同委員会は、政府は性的指向を人権法典に含めるよう勧告した。すぐさま辛辣な反論が出た。メディアは、この問題を過剰に取り上げた。住民の反応があまりにも批判的だったために、オンタリオ州政府は、審議の最初からこの勧告を却下したのだった。(61) むしろ、性的指向に基づく差別を禁止する法制化を初めて行なったのは、ケベック州であった。オンタリオ州が同種の措置をとるのは、約一〇年後である。それでも当時は、端緒についたばかりだった。一九九三年、オンタリオ州の判事は、婉曲的な論理を用い、同性婚の禁止は性的指向に基づく差別だとする主張を退けた。「本法律は、結婚が異性どうしで行なわれるのであれば、同性愛者の結婚を禁止するものではない」と。(62) とはいえ、性的指向に基づく差別を禁止したことは、重要で象徴的な第一歩となった。

一九九〇年代には多くの州が、性的指向を人権と認めることを拒否しつづけた。ニューファンドランド州では一九八八年に人権法典の大規模な再点検が行なわれたが、性的指向をめぐる論争に政府が巻きこまれてしまうと、改正案すべてが廃棄同然となった。(63) 一九九〇年、同州の法務大臣は、改正案によって小児性愛者が擁護されてしまうと懸念を表明する一方で、性的指向に基づく差別はニューファンドランドには存在しないと力説した。ニューファンドランド州人権委員会の記録によると、一九九三年以前には、ゲイやレズビアンに対する差別について一件も調査が行なわれてはいなかった。もっとも、ニューファンドランド人権協会は、数件の事件を記録していた(64)。一九九七年、ニューファンドランド州政府は、態度を軟化させ、法律を改正した。これによって、残るはプリンスエドワード島州とアルバータ州だけになった。アルバータ州政府は、人権法の改正を特に激しく拒絶していた(65)。

かねてよりアルバータ州は、性的マイノリティの権利をめぐる主戦場の一つになっていた。ゲイの権利を求める初めての組織がカナダの大都市で立ち上がった一九七〇年代初頭、エドモントンには、一九七一年に平等を求めるゲイ連合（GATE）が設立された。GATEは、禁止すべき差別として性的指向を含めるよう最初の運動を企画した(66)。GATEとカルガリーのピープルズ・リベレーション（人民の解放）（People's Liberation）（一九七三年創設）は、電話相談を開設し、仲間によるカウンセリングを提供した。また、ときにはイベントを開いたり、くだけたパーティ《ドロップ・イン》も主催した(67)。一九七七年にカルガリーにできたウィミンズ・コレクティヴ（「女性」同盟）（Womyn's Collective）〔womyn は wimmin と同様に、women や female のような性差表現を拒否したフェミニストの用語〕は、その年、初めての女性だけのダンス・パーティを開いた。気軽に立ち寄れるドロップ・イン・センターやレズビアン情報ライン（Lesbian Information Line）を開設したのに加え、集会、交流イベント、意識高揚のためのグループ集会も開いた(68)。カルガリーでは、一九八〇年代にレズビアンの母親を守る基金が開設され、一九八三年には、アルバータ州初のレズビアンの権利に関する会議が開かれた。そのころ、エドモントンでは、初のレズビアン組織であるウーモンスペース(「女性」の場)(Womonspace)〔womon は、woman のような性差表現を拒否した綴り〕が創設された。一九九〇年代には、同種の組織が、レッド・ディア、グランド・プレーリー、メディシン・ハット、レスブリッジに誕生した。[69] ゲイやレズビアンの権利要求組織が増大したことは、いかにマイノリティの人びとが自分たちの要求を前進させようと権利の言説を利用するようになったのかがわかる。一九九〇年代には、アルバータ州では、ゲイの権利運動が活発だった。

アルバータ州での性的マイノリティへの平等権をめぐる闘いのほぼすべてが成功したのは、活動家たちの尽力によるものだった。たしかに、同州の政治家たちは、ほかの州にならって、ゲイやレズビアンの平等権を法制化することには前向きではなかった。進歩保守党政府は、法律を改正すべきだというアルバータ州人権委員会による一九七六年の勧告にもかかわらず、性的指向に取り組むことを拒絶したのだった。同党は、この問題にいっさいの譲歩もしなかった。活動家たちは、趣意書を書き、書簡を送る運動を行ない、議員との集会を開き、一九七九年には、アルバータ・レズビアン・ゲイ権利協会(Alberta Lesbian and Gay Rights Association)という州レベルの組織を創設した。政府は、躊躇することなく、ゲイやレズビアンに公然と敵対的な人物を人権委員会の委員長に任命した。委員長は、性的指向は選択であり、自分の性的指向をひけらかす者は差別をまぬかれないと主張した。[70] 一九八九年には、閣僚の一人が、差別禁止が、同性愛者が学校で教えるのを認めることを意味するのならば、アルバータ州は差別を禁止しないと言明していた。別の閣僚は、「同性愛者の二人では、家庭はできない」と主張した。[71] 一〇年後には、州政府は、コモン・ローの結婚を異性間カップルに限定するという法律までも提案した。[72]

政治を別にしても、アルバータ州の社会状況は、ゲイやレズビアンの権利運動にとってもう一つの障害だった。宗教団体が、全国テレビ放送を使って、一九九五年にカルガリーで開催されたレズビアンとゲイの映画祭（四〇〇〇ドルの連邦政府助成を受けていた）を「ポルノ映画の乱交パーティ」だと攻撃した。聖職者の一人は、「私は、同性愛者や両性愛者を批判しているのではないのです。私が批判するのは、彼らが、税金の助成をもらって、ポルノ映画を上映していることに対してなのです」と力説した。[73]二年後、福音主義派のキリスト教徒のグループが、カルガリーの公立教育委員会の委員長に対し、同性愛を扱った図書二点を、「親ゲイ」であるという理由で、学校図書館から撤去するよう要求した。[74]世論も分裂していた。一九九九年の世論調査では、ケベック州と大西洋カナダの住民の大多数（八七パーセント以上）が、またオンタリオ州の七五パーセントが、性的指向を人権に含めることに賛成していた。平原諸州では、支持が最も低く、六五パーセントだった。[75]

このように敵対的な状況のなかで、裁判所が介入するのはほとんど避けられなかった。一九九八年、アルバータ州は、ゲイやレズビアンに対する差別を合法としていた唯一の地域（北西準州を除く）だった。エドモントンのキングズ・カレッジ教授デルウィン・ヴライエンドは、ゲイであることを理由に解雇された。同カレッジによると、「同性愛の行為は、聖書と本カレッジの信仰声明に反するもの」であった。[76]人権委員会は当初、ヴライエンドの申し立てを聴取することを拒否していた。だが、委員長が代わり、活動家たちの運動が激しくなると、同委員会は、性的指向に関する訴訟に対する態度を変えた。その間、ヴライエンドは、アルバータ州最高裁判所に訴え、同委員会が自分の申し立てを当初拒否したことは、権利と自由の憲章の下での権利侵害にあたることを認めさせた。アルバータ州控訴裁判所は、この裁定を破棄したが、一九九八年、カナダ最高裁判所は、アルバータ州の人権法が性的指向を省いていることは、同憲章第一五条〔平等権の規定〕を侵害しているとする裁定を下した。カナダ最高裁判所は、アルバータ州政府に対し、人権法には性的指向も含まれると解釈するよう命じた。一九九八年、アルバータ州の歴史において初めて、性的指向に基づく差別が非合法だとされたのである。二か月後には、プリンスエドワード島州が正式に法律を改正した。他方、アルバータ州は、カナダ最高裁判所が求めるような法律の施行を行なったが、正式な法改正は、かたくなに拒否した。

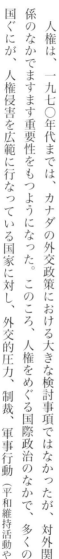

人権は、一九七〇年代までは、カナダの外交政策における大きな検討事項ではなかったが、対外関係のなかでますます重要性をもつようになった。このころ、人権をめぐる国際政治のなかで、多くの国ぐにが、人権侵害を広範に行なっている国家に対し、外交的圧力、制裁、軍事行動〔平和維持活動や人道的介入〕を行なわなくてはならなくなっていた。しかし、権利革命のあらゆる面がそうであるように、これは論争を呼んだ。政策決定者たちは、海外での人権を促進すると同時に、国家主権や不干渉の原理を尊重するのか、悪戦苦闘していた。

一九七六年から一九八〇年までアメリカ合衆国大統領だったジミー・カーターは、人権をアメリカ外交の中心的基調とした。これがどこまで受け継がれているのか判断するのは難しいが、国際政治の舞台での人権の位置を引き上げるのに、彼が重要な役割を果たしたことは明らかである。ノルウェー、オランダ、スウェーデン、スイスは、人権を人道支援に結びつけた最初の国家だった。いずれの国も、人権が外交政策の重要な構成要素だと言明し、海外での人権普及を支援した。[77] ソビエト連邦の崩壊、アジア、ラテンアメリカ、アフリカでの民主運動の台頭は、人権を外交政策に組み入れる新たな機会をもたらした。[78] ソビエト連邦の影響下に落ちるかもしれないという恐怖から、アルゼンチンのような残虐な独裁政治を支援せよという圧力を西側の諸国にかけることは減った。アメリカ合衆国、イギリス、フランス、ドイツは、民主主義や人権を促進しようとしている諸国を援助し、支持を公言した。世界銀行と経済協力開発機構（ＯＥＣＤ）は、貧しい国家に借款するさいの基準として、よき統治《ガバナンス》を入れるようになった。だが、これに抵抗する国もあった。アフリカとアジアの国ぐにの多くは、当初は、植民地主義打倒のために人権に訴えていたが、西洋諸国が国内政治を批判するようになると、開発の権利を主張するようになった。経済発展を確保するには、自由はある程度制限しなければならないのだと主張する国家もあった。また、人権は西洋諸国による支配の存続を覆い隠すための西洋諸国によるでっち上げだとして、それを拒否する国家もあった。

一九八四年に書かれた人権と外交政策に関する報告書のなかで、ヒュー・キンリーサイドとパトリシア・テイラーは、トルドー政府の人権に対する偽善的で首尾一貫しない方策を酷評した。彼らが特に指摘したのは、カナダと通商関係が緊密な国ぐにでの人権侵害に対して、政府が行動を躊躇している点だった。[79] 三年後、常設対外関係国際貿易委員会とカナダ国際開発庁が、ブライアン・マルルーニの進歩保守党政府に対して、人道支援を、政治的、市民的、社会的な諸権利の発展とより密接に結びつけるよう要求した。[80] だが、政府の外交政策は、地政学的や経済的な利害を引き続き優先させていた。

政府は、一九八九年の天安門での虐殺直後には、いくつかの支援プロジェクトをとりやめ、政府高官の訪問を禁止してはいた。けれども、これがカナダと中国の関係に重大な影響を及ぼしたわけではなかった。それどころか、中国との相互援助は一九九一年に現に増大し、一九九四年には中国はカナダの主要援助国になっていた[81]。実際、ある歴史家が指摘したように、「当時のカナダの援助は、人権の扱いが比較的よい国よりも、かんばしくない国に流れるほうがわずかに上回る傾向があり、援助と人権の結びつきはまったくといってよいほど誇張であった[82]」。

とはいえ、マルルーニ首相は、政権陥落後のユーゴスラヴィアやハイチへの介入へとただちに動いた。これは、他国の国内政治への干渉を避けてきたこれまでの政策とは、明らかに異なっていた。カナダは、リビア、セルビア、モンテネグロ、ハイチ、リベリア、アンゴラへの制裁に参加した[83]。だが、カナダ外交において最もはっきりと人権に介入したのは、南アフリカに対する国際制裁への参加であった。カナダ政府は、いくつかの新しい人権政策を実行した。開発援助を国家の人権状況と結びつけたし、対外関係省とカナダ国際開発庁では、人権にかかわる要員の養成計画が実施され、後者には人権担当の部局が設置された。また、人権に関する報告を行なうためのマニュアルを作成し、それを海外に駐在する職員に配布したほか、財政援助を受けている国の人権状況に関する年次報告書を発行した[84]。インドネシアへの援助は、東ティモールでの虐殺が報告されると、一九九一年に中止された[85]。同じころ、一九八九年に設置された国際的人権に関する議会小委員会が、弁護団と議員のフォーラムとなり、外交政策を批判していた。議会には、一九八八年に人権と民主的発展のための国際センターも設置された。これは、世界でも数少ない国家の支援による人権機関の一つであり、政策提言を通して人権を促進することを使命としてきた。カナダはまた、一九九〇年代には、少なくとも六つの国際的人権機関の主要援助国でもあった。[86]

いまや、人権は、外交政策の言説のなかで重要な構成要素になったのである。歴代の首相はきまって、演説のなかで、この原則を尊重し他国での人権擁護を支持すると発言したのであった。たとえば、一九九一年、マルルーニ首相は、コモンウェルス首脳会議の席上、次のように言明した。「個人の自由と人権の尊重ほど、国際関係で重要なものはないのであります。カナダにとって、将来とるべき道は明白です。国民の基本的権利や個人の自由に敬意を表する国ぐにに、私たちの開発援助がもっと行き渡るようにすることなのであります」と。[87] 一九九二年には、カナダは、ユーゴスラヴィアやソマリアをはじめとする海外での平和維持活動の一四のミッションに四四〇〇人の軍隊を送っていた。総選挙で自由党が進歩保守党を破って二年後の一九九三年、カナダ政府は、白書のなかで、人権へのかかわりについて、人権の促進を安全やよき統治に結びつけることを再確認していた。引き続きカナダは、人権の促進に寄与する国として海外での信用を高めていた。たとえば、一九九七年に、カナダは、インドネシアと人権対話を行なった最初の国となり、まもなく他国もそれに続いたのだった。[88] カナダは、地雷禁止に関する記念碑的な国際条約の策定に重要な役割を果たしたし、後には、ジェノサイド、戦争犯罪、人道に対する罪を訴追する国際刑事裁判所の創設を決めた一九九八年のローマ規程の最初の調印国の一つとなった。[89] また、国連人権委員会の積極的なメンバーでもありつづけている。さらに、カナダが国内の人権の諸制度を世界じゅうに普及させるのに主要な役割を果たしてきたことを指摘することは意味がある。これには、財政援助のほか、スタッフ養成を支援するために専門家を海外に派遺する形がとられてきた。たとえば、カナダは、南アメリカでの人権諸委員会――いちばん知られているのは、米州人権委員会（Inter-American Commission on Human Rights）である――の主要な財政援助国の一つであった。(90)

外交政策は、カナダの権利革命と最も弱い関係にある。と同時にそれは、カナダ権利革命のなかで最も異論を受けない関係にある。一九八六年以降、輸出に関するガイドラインによって「市民に対して甚だしい人権侵害を続けている」国ぐにへの武器の売却を禁止してきた。(91) しかし、この政策は、カナダ政府が、一九八〇年代にチリ、グアテマラ、パキスタン、フィリピン、韓国、インドネシアに、二〇〇五年と二〇一五年にサウジアラビアに、武器を売却することを妨げたわけではなかった。(92) さらに、中国との関係では、マルルーニもジャン・クレチエンも、中国側の指導者らとの私的会合では人権について協議したかもしれないが、それは国内問題だと暗黙裡に認めていた。(93)

政府の政策が国家の安全や経済的利益を損なわないかぎり、人権という政策課題が論争を引き起こすことはなかった。むしろ、権利革命に否定的な人びとを反対運動に向わせたのは、国内政策をめぐってであった。

一九九〇年代には、権利革命に対する反発は、国内で強まった。ある著者の言葉を借りれば、一九九八年にカナダ最高裁判所が性的志向に関して下した判断は、ラジオ番組での攻撃から州議事堂前での抗議運動にいたるまで、「同性愛に対する憎悪の激発」を招いた。アルバータ州の財務大臣だったストックウェル・デイは州政府に対して、権利と自由の憲章にある「にもかかわらず条項《ノットウィズスタンディング・クローズ》」〔司法審査権が及ばない法律を期限付きで制定することを認めた条項。逸脱条項とも訳される〕に訴えるよう要求した。[94] カナダ最高裁判所判決から一〇年たっても、アルバータ州は性的志向に基づく差別との闘いを続けていた。二〇〇八年、アルバータ州に住むダレン・ランドは、同州人権審問委員会において、憂えるキリスト者の同盟（Concerned Christian Coalition）のスティーヴン・ボイソン師に対する申し立てが認められた。ボイソンは同性愛を邪悪で危険だと非難する書簡を書き、『レッド・ディア・アドヴォケート』紙に掲載されたのだった。審問委員会の裁定は、同性愛の権利を支持しただけでなく、ランドが人権委員会と州政府の双方から支持されたという理由で、人権の勝利だった。だが、不幸にも、王座裁判所が、ボイソンのヘイト・スピーチは言論の自由にあたるという理由で裁定をひっくり返した。ランドはアルバータ州控訴裁判所に控訴したが、二〇一二年に退けられ、ボイソンの法定費用を支払うよう命じられたのだった。

通例、私たちの権利文化への異議申し立てでは、恵まれない人びとが、権利という言語を使って承認や平等な権利を求める場合が多かった。けれども、それは、恵まれない人びとと恵まれた人びとの対立であったわけでは必ずしもない。たとえば、一九九〇年代末のキンバリー・ニクソンの訴訟は、ゲイの権利運動と女性の権利運動の分裂をきわだたせるものだった。エガル・カナダ〔権利要求組織。「平等のカナダ」の意〕は、性差別は、ジェンダー、性的指向、人種、そのほかの要素に基づくさまざまな権利侵害が交差した結果だという立場をとっていた。エガル・カナダによれば、「さまざまな社会運動は、それぞれの側からみて輪郭がはっきりしているわけではない。きっちりと終わってから、次がはじまるわけではないのである」。キンバリー・ニクソンは、男性から女性へと転換した性自認《トランス・アイデンティファイド》をもつ人で、同居する男性パートナーから被害を受けていた。ヴァンクーヴァー・レイプ・リリーフ（ヴァンクーヴァー・レイプ被害者救援）の被害女性支援サービス部の支援を得て、彼女はボランティア活動に身を投じた。彼女が転換していることがわかると、女性として生きていた者だけしかレイプは理解できないという理由で、そこを出ていくよう言われたのだった。これに対して、彼女は人権の申し立てを行なった。ニクソンの申し立てを支援したエガル・カナダは、ヴァンクーヴァー・レイプ・リリーフのやり方は女性の人権を軽んじていると主張した。リリーフ側は、誰が女性かという自分たちなりの定義を下せる権利が自分たちにはあるのだと反論した。また、女性の保護施設には、たとえ個人の権利が犠牲になろうとも、女性の集団的権利を主張する権利があるのだと力説した。さらに、本件は、権利や権利申し立てに対する十分な解釈や背景的理解が必要であるとも指摘した。[95]この訴訟は、二〇〇三年、ブリティッシュ・コロンビア州最高裁判所がヴァンクーヴァー・レイプ・リリーフを支持する判決を下して、最終的に決着した。[96]

　しかし、はるかに厄介なのは、特権的な立場にある人びとが、自分たちの利害のために、権力の言説を利用するようになったことである。これは、近年の傾向である。たとえば、これまで女性は、妊娠、未婚、シングル・マザー、レズビアンのほか、セクシャル・ハラスメントを受けた女性を守るために人権を用いてきた。だが、男性は、自分たちのために権利と自由の憲章の平等条項を曲解し、この憲章を利用して、育児手当、シングル・マザーのための社会支援、アファーマティブ・アクション・

プログラム、強姦、女性が子供の命名をしたり里親に預けたりする権利を規定するさまざまな法律に、異議を唱えるようになったのである。[97]

父親側の権利運動は、いくつか勝利をおさめている。最も知られるのは、二〇〇三年のトロチク判決である。カナダ最高裁判所が、最終的な子供の命名権を母親に与えていた法律は、血縁の父親の権利を侵害していると判断を下したのである。[98] 集団比較《コンパラトール・グループズ》を行なう傾向がみられ、それに基づいた判断が下されるようになっている。たとえば、産休をとっている女性への手当が否定されたのは、同種の休暇をとった男性労働者とくらべられたためなのだ。この方法は、女性だけが出産という重責を背負っているという明らかな現実を無視してしまっている。[99] 集団比較というやり方は、個々のケースの特殊な状況よりも普遍的な（たいていの場合、男性の）基準に焦点をあてており、真の平等を否定することがしばしば起こるのである。[100]

さらに、グールド訴訟もある。ホワイトホースに住む女性が、ユーコン地方の活性化と伝統遺産の維持を目的とした民間組織への入会を断られた。ユーコン準州人権委員会は、この組織は、公共への奉仕を通常業務としているため、入会拒否は性差別にあたると裁定した。ユーコン準州最高裁判所は、この裁定を無効とした。控訴・上告が行なわれたが、控訴裁判所もカナダ最高裁判所も却下した。カナダ最高裁判所は、この組織は、公共への奉仕を行なわない（経済的というより）社会的組織であるため、入会拒否は差別にはあたらないと判断したのだった。[101] 女性たちが、女性運動の歴史において最も重要な勝利の一つを手に入れたというのに、権利と自由の憲章第一五条〔平等権の規定〕を利用しようとする男性たちから、現在の権利を守るのに今後数十年を費やさなければならないかもしれないのは、皮肉である。

特権的な立場にある者が権利に訴えるようになったことで生じる対立は、女性だけでなく、先住民や労働者の懸念も引き起こしている。労働者が不満を人権という形で訴えることができるのは、労働者の要求が経済発展を損なうという批判を受けることがほとんどないからである。労働者の権利は、すべての人権がそうであるように、経済的動向に左右されるべきではないのだ。労働者たちは、結社の自由といった原理に基づき不服を申し立ててきた。もっとも、ごく最近まで、このやり方は、法廷で勝利することはほとんどなかった。他方、雇用主側も、権利に訴えることで、労働者の権利を否定しようとしてきた。それは、女性の権利に異議を申し立てる男性のやり方と同じだった。この傾向は、アメリカ合衆国でもっと顕著になっている。同国では、一九九〇年代と二〇〇〇年代初頭に、雇用主側が労働者の権利を抑制しようと闘っていた。雇用主たちは、さまざまな方法で権利に訴えた。被雇用者に労働組合への加入を思いとどまらせたり、秘密投票をやめるように提案したりする雇用主側の権限を制限しているのは、雇用主の言論の自由を侵害するものだと主張していた。さらに、強制的な利益仲裁《インタレスト・アービトレーション》は、雇用主が合意を拒否する権利を制限することで、雇用主側の集団交渉権を侵害しているとも主張した。このように権利に訴えることは、労働者保護の法律に対する効果的な抵抗手段になっている(102)。

同じような対立は、先住民の権利と普遍的な人権原理の間にもある。カナダが二〇一〇年に調印した国際連合の先住民族の権利に関する宣言は、先住民の権利を進展させた画期的な出来事だとされている。たしかに、多くの点でそうである。だが、人権の観点から先住民の不満にアプローチするやり方は、国際連合条約で示されたように、先住民の権利を蹂躙して彼らを不利な立場に追いこんでしまうかもしれないのだ。人権が、人間であるがゆえに誰もがもつ権利であるならば、先住民の権利は、先住民の人びとに特有の権利であるのだ。女性の権利や労働者の権利と同様に、先住民の権利は普遍的ではない[103]。このことが最も明らかになったのは、連邦政府がインディアンの地位の廃止の勧告を正当化するために普遍的な人権の原理に訴えた一九六九年の白書をめぐる論争だった。不利な立場にある人たちの要求を打ち負かすために、文化の均質化を人権の訴えに取りこもうとする傾向がみられる。これをよく示しているのは、一九七四年、女性権利省の創設を拒否した理由を問われたブリティッシュ・コロンビア州前首相が、「私が信ずるのは人類の権利であって、女性の権利ではない」と言明したことだった[104]。今日、先住民たちは、自治を要求し、連邦や州の諸政府当局と対立している。彼らの要求には、非先住民カナダ人が自分たちの土地だと主張している先住民の土地での漁労、伐採、狩猟の独占的権利がある。先住民側の要求とカナダの国家や民間事業との対立は、激しい衝突を生んできた。一九九〇年にカネサタケ（ケベック州オカ）で起きたものが最も知られているが、それ以降、グスタヴソン・レイク（ブリティッシュ・コロンビア州）からカレドニア（オンタリオ州）まで、同種の衝突が数多く起きている。先住民の権利要求の対立的性格は、おそらくは終わりのない暴力の連鎖をもたらしている。私たちはこうした不満に対してどのように対応すべきなのか。私たちは二一世紀を生きながら権利文化を定義していくことで、対立しあう権利要求の間に妥協点を見いだしていくのだ。

結論

カナダの権利文化は、適正な法手続なしにジャーナリストを投獄したり人びとを拘束したりしたプレスコット、クレイグ両総督の時代から、明らかに変貌した。二〇世紀以前には、私たちの権利文化は、政府の行動の規制という観点でもっぱら定義されていた。今日では、人権が、私たちの社会ではとんどの不満を言い表すのに用いる主要な言語になっている。もはや権利は、市民権や国民国家との関係を前提としていない。人権とは国家を越えて普遍的で集合的に与えられたものというのが、今日の私たちの権利に対する考え方なのである。しかし、権利が出てくるのは社会からであって、抽象的な原理からではない。世界じゅうの社会は広範な諸原理には同意しているのだが、人権が社会で意味をもつには、それを個々の社会にあてはまるよう解釈し、適用する必要があるのだ。[1] この過程で、個別の権利文化が生み出されるのである。

権利は、歴史的に変化する。権利は時とともに変わり、新たな権利要求を生み出す下地となる社会状況しだいで変化をとげる。社会状況が、暴力とはいわないものの、対立に根ざしていることもしばしばある。わけても、一八三〇年代の反乱は、代議制の要求であり、フランス系カナダ人の宗教と文化を弾圧しようとする企てに対する否認であった。連邦結成では権利の章典は含まれてはいなかったが、制定された憲法〔英領北アメリカ法〕では、フランス系カトリックのマイノリティの言語・宗教に対する権利を承認していた。これは、一九世紀末から二〇世紀初頭にかけてくりひろげられた宗教教育をめぐる闘いのきっかけとなった。同じころ、国家は、先住民のあらゆる権利を排除していた。差別は激しかった。だが、市民的自由を求める運動をもたらしたのは、戦時に国家が行なった市民的自由に対する——反乱を引き起こした時代を思い起こさせるような——露骨な妨害であった。市民的自由を求める運動は、拘束力の弱い一九六〇年の連邦の権利の章典という、微々たる勝利しかおさめなかった。とはいえ、それは、一九八二年にもっと実態のある成果を生むたしかな先例となった。だが、この章典の基盤となる原理は、つねに激しい批判にさらされた。先住民たちは、権利に基づいた法制度を導入しようとする一九六九年の試みに対し、それが自分たちの不満を無視するものだとして拒否したのだった。このことは、先住民の権利を結集させる重要な契機となった。しかも、先住民たちは孤立していたわけではなかった。一九六〇年代から、差別禁止の原理の法的承認といった要求を行なう組織が、かつてない規模で誕生したのである。女性や宗教的マイノリティがこうした基本的権利を獲得するようになると、ほかのマイノリティ集団、特に性的マイノリティが、権利という同じ言葉を用いて不満を言い表すようになった。最終的に彼らは権利を獲得したが、歴史ではつねにそうであるように、根の深い反対に直面するようになった。こうした勝利はどれも、永遠に保証されているわけではなかった。今日ですら、それらは反論にさらされているのである。

抽象的原理を社会で実践するには、これまでの権利要求のうえに重ねていくため、その歩みはゆっくりであった。当初の差別禁止法は、実効性をほとんど欠いていたものの、さらなる権利要求のための土台となった。オンタリオ州の一九五一年の公平雇用実施法は、人種、宗教、エスニックに基づく差別禁止を認めたし、ブリティッシュ・コロンビア州の一九七三年の人権法典は、性、婚姻関係の状態、出身国による差別禁止を認めていた。また、一九七七年の連邦の人権法〔カナダ人権法〕は、赦免された有罪、プライバシー、婚姻関係の状態、身体的障害を認めるとともに、性差別に、妊娠、同じ価値の仕事に対する公平な賃金、セクシャル・ハラスメントを含めていた。さらに、権利と自由の憲章は、言語権、教育や先住民に対する権利、それに多文化主義を承認した。二〇世紀末までに、カナダの人権の言葉には、性的指向、家族の地位、身体・精神的障害のほか、設備提供の義務といった考え方まで含まれるようになっていた。同憲章の平等条項が発効して長年たっているカナダは、障害をもった人びとに対する平等を規定した憲法を有する世界でただ一つの国となった[2]。今日の人権をめぐる公共での言説が、清潔な水供給や遺伝的差別の禁止に対する要求など、ちょっと昔なら想像すらつかない範囲へと広がっているのだ。

新しい人権を思い描いたり、それを果敢に要求する最前線に立ってきたのが、社会運動であった。一九六〇年代にセクシャル・ハラスメント反対や公平な賃金を求める広範な運動をはじめたのが、女性グループだった。一九九〇年代には、平等な結婚を権利として訴えて勝利したのは、LGBT組織だった。今日では、先住民たちが、清潔な水供給や教育という人権の承認を要求している。歴史的にみて、社会運動は、広範な活動――教育から、政治的主張、社会慣行の変容にいたるまで――にかかわり、新しい権利要求を行なうのを円滑にしてきた。もう一つ、カナダでの人権の変容を示すのが、外交政策である。カナダが海外での人権の促進にますます積極的になるにつれて――制裁を行なったり、条約を批准したりするなど――、その発展は国内での活動を刺激し、活動家たちが政府に対して主張を行なう手段を提供した。一方でそれは、国家が海外でより積極的な行動をとることも促した。一九四八年、カナダ政府は世界人権宣言に反対したが、時代をへるにつれて、国際的な人権法を声高に唱えるようになった(3)。

政治と法律は、私たちの権利文化をはかるもう二つの尺度である。一九四〇年代のカナダの政治文化は、イギリスの伝統を受け継いだ市民的自由と議会の優越の原理に深く根づいていた。憲法をめぐる論争は、新しい権利要求への主張を促進し、人権委員会や裁判所は、こうした要求を合法化するための討議の場となった。市民は、権利という言葉を使い、人権諸機関をとおして政府に要求を行なうようになった。人権委員会が存在する以上、市民は、自分たちが不公平に扱われていると思った場合には、補償を求めて人権委員会に申し立てるのである。初めて差別禁止法が可決した当時は、ゲイの権利をめぐって公共で議論することはなかった。一九七〇年代には、連邦政府も州政府も、人権法に性的指向を認めるべきだという要求を拒絶せざるをえなかった。一世代後には、性的指向に基づく差別は、カナダ全体で法律によって禁止されるようになった。政府は、性的マイノリティには平等な扱いを受ける権利があるという論理に抵抗することはできなくなったのだ。

一九七〇年代は、人権の歴史において重要な時期であった。歴史家のジャン・エッケルとサミュエル・モインは、人権という考え方が、なぜこの時期から世界じゅうに広範に広がったのかについて、いくつかの要因をあげている――脱植民地化、緊張緩和《デタント》、マスメディア、政治的左翼の変容、教会の変容(4)。これまでみてきたように、これらの要因の多くは、カナダにもあった。長年にわたって海外での福音主義の伝道活動を支援してきたカナダの教会の多くは、その活動から、人道主義や人権の海外への普及活動へと転換した。[5]同様に、政治的左翼は、一九七〇年代——ちょうどカナダでは冷戦の最悪の事態が解消されていたころに——、人権を完全に取りこむようになっていた。[6]しかし、人権が社会的意味をもつようになるかどうかは、社会状況しだいであった。たとえば、カナダでは、権利に関する組織は、市民的自由を求めるものと人権を求めるものに分裂していた。[7]オーストラリアやアメリカ合衆国（ほかにもあるが）では、これと同じような理念上の違いで権利に関する組織が割れることはなかった。それと同時に、アメリカ合衆国では共和党が人権にはおおむね消極的だったのに対して、カナダの保守主義者たちは、人権を外交に取りこんでいた。これに対して、オーストラリアの保守党政権は、同種の人権法を拒否していた。オーストラリアでほぼすべての人権法を提案したのは、労働党だった。しかも、カナダは、権利の章典を憲法に取りこむために議会優越の原理を脇に置いたのだが、こうしたやり方は、オーストラリアではばっさり拒否されたのである。[8]

本書で試みたのは、人権がいかにカナダに重大な影響を及ぼしたのか、そして、私たちには独特の権利文化があることを示すことにあった。私たちが集団として経験を共有していることで、権利に訴えて不服を裁く対話が生まれたのである。この意味で、人権は、私たちの歴史の産物なのである。私たちの権利文化の範囲を理解し、その範囲の限界に挑むには、過去を知らなければならないのである。たとえば、アメリカ合衆国の権利文化の中心にあるのは、憲法の起草者たちのもともとの意図や憲法の文言に関する議論である。カナダの人権の歴史には、このような傾向はまったくみられない。むしろ、カナダでは、権利文化がたえずつくり直されているように思われる。一八六七年、連邦結成の父祖たちは、市民的自由について議論していた。それ以来、カナダの人びとは集団としてこの議論を何度も再検討してきた。これらの議論をとおして明らかになったのは、カナダの権利文化の中心には対立が内在していることだった。この対立は、国民統合の神話不在の結果であり、単一国家のなかで権利についてそれぞれ独自の考えをもつ多民族を調和させようと努力してきた結果だった。昨今のカナダが、先住民の自治やケベック州の分離運動を取りこむほど自決の原理に深く関与しているのは、私たちの権利文化が歴史によって形づくられていることをはっきり示す一例である。先住民に対する私たちのやり方には誤りがあるかもしれないが、先住民の集団的権利についての合意は高まっている。加えて、私たちは、フランス系カナダ人の言語と文化を守る集団的権利を認めている。カナダは、州が分離する場合の規則までも法制化しているのだ。私たちが、国家を分裂させる権利までも認めているのは、カナダの権利文化がいかに変化しているのかを――しかも、カナダの権利文化がいかに独特なのかを――示す証拠なのである。

　私たちの権利文化について、まだまだある。私たちは、死刑を認めていない。女性の選択する権利は認めている。宗教的多様性にも寛容である。また、カナダでは、ほかのほとんどの国よりも、性的マイノリティが自由を享受している。法律によって、言論、集会、結社、出版、宗教のほか、（注目すべき限度はあるが）法の適正手続も保証している。権利と自由の憲章は、この一つの法律のなかで、多文化主義、マイノリティの言語、教育の権利、男女平等、先住民の権利を人権として認めている点で世界のなかでも独特である。医療や教育については人権とは公式には認めていないものの、そうしたサービスに平等にアクセスできる権利は法制化している。[9] 法律扶助《リーガル・エイド》を要求する一般的な権利はあるが、それを受ける権利はない。市民には、投票や、国の社会・経済・文化的生活に差別を受けることなく参加する権利が与えられている。だが、物質的平等という人権は認めていない。私たちの権利文化は、明らかな緊急事態になると、私たちの権利が国家によって一時的に妨げられることもありうるという歴史的な前提のうえに成り立っている。

私たちの権利文化を大きく特徴づけたのは、カナダがイギリスの植民地であったことだった。と同時に、エスニックや宗教的なマイノリティがいたことが、カナダが多文化主義を憲法で承認することになった。自由主義や資本主義もまた、カナダの権利文化を形づくるのに多大な影響を与えた。たとえば、経済や社会の権利に対して、深い関与はなかった。不満を権利に訴えることは、真に物質的な平等を生み出さなかったのである[10]。私たちの権利文化は、すべての人びとを同一に扱い、平等な機会を与えることをおおむね前提としているため、富の構造的不平等がはびこるのを許してしまったのだ。このように、カナダの権利革命は、自由主義秩序に対抗するのではなく、むしろ、その基本的原理を美化してきたのだ。女性やマイノリティの人びとは、権利に訴えることで、公式な法的平等を獲得するのに成功したが、こうした改善が変容力をもっていたわけではなかった。それらは、私たちの社会の根底にある不平等の原因に取り組んだわけではなかったのだ。制度的な差別に向きあうことを意図した法律もいくらかはあるが（その意図が無視されることも多かったが）、人権法が関係してきたのは、差別に対する個人の訴えへの対応であった。

さまざまな権利をまとめてみたり、認定されていない権利をみてわかるのは、カナダの権利革命が象徴するのは、自由主義秩序の勝利であるということである。この枠組のなかで、カナダ人は、新たな、そして未知の権利要求に向きあいつづけるのである。私的財産に対する権利に天然資源の管理が含まれるかもしれないし、あるいは、国家が自然保存地を創設するのを阻止することも含まれるかもしれない。また、汚染は、平等権の侵害とみなされるかもしれない[11]。さらに、この一世代の間に、普遍的な（人類の）権利から特定の権利要求へと、権利の言説の微妙な転換があった。フェミニストたちは、人権に加えて（あるいは、それよりもむしろ）女性の権利を口にしている。カナダの権利文化に対するおそらく最大の挑戦は、先住民の台頭である。彼らが生活条件の改善、自決、文化的権利を要求するために権利の言説を用いていることは、彼らが自由主義秩序に適応することが容易ではないだけに、私たちを動揺させているのだ。

権利に訴えることが、不服を言い表す手段としてこれまで利用されてきたのは、権利の語りが流行していることを示している。いまから一世代後にカナダの権利文化を記述するとしたら、人権の構成内容がまったく異なっている可能性は大いにありうる。であるからこそ、私たちの権利文化の範囲をはっきり示すことは難しいのだ。私たちの権利文化は、権利の網羅的なリストではない。人権が対話であるのは、いまもそうだし、つねにそうであるべきなのだ。つまり、私たちの権利文化を理解することは、対話の土台を支える原則をつきつめることなのである。しかし、逆にいえば、私たちの権利文化に対するはっきりとした見通しを示せないという危険もあるのだ。もし、私たちが人権が自分たちにとってどういう意味をもつのかはっきりわからないとしたら、どうやって海外に人権――諸外国で人権を守るために組織や国家機関を物質的に支援することも含めて――を適切に普及させることができるだろうか。私たちの権利文化への理解なくして、人権を行使することは難しいし、不正に操られるかもしれないのだ。私たちの権利文化を馬鹿にする者は、これまでいかに巧みに権利の言説を使って平等や自由を打倒してきたかを示してきたのだ。おそらく最もそれを表しているのは、言論や宗教の自由の原理に訴えることで、同性愛者に対する激しい攻撃を正当化する人びとの姿である。人権は、権力をもった人びとに立ち向かう手段――本来そうあるべきだが――というよりも、権力をもつ人びとの手段になりうるのである。権利という語りを守るには、権力の濫用をおさえるための言葉として、長い歴史がたどった軌跡のなかで人権をとらえ直さなければならない。もっと大切なのは、私たちの権利文化を正しく理解するには、私たちが認めている権利だけでなく、私たちが認めていない権利をも想定しなければならないことなのである。

訳者あとがき

二〇一八年、国際女性デーにあたる三月八日、カナダでは新しい一〇ドル札がお披露目された。ポリマー製で、カナダ初の縦長の紙幣である。表には、黒人女性ヴァイオラ・デズモンド（Viola Desmond）の肖像、裏には、二〇一四年にウィニペグに開館したカナダ人権博物館、一九八二年に発効した「権利と自由の憲章」、先住民の権利要求闘争を象徴する鷲の羽が描かれている。まさに、人権や市民的権利をテーマとした紙幣である。

ヴァイオラ・デズモンドは、一九一四年にノヴァスコシア州都ハリファクスの黒人コミュニティに生まれた。父は黒人、母は白人だった。美容師になった後、黒人女性のための美容化粧品の開発・販売や美容院・美容学校の経営など、ビジネスパーソンとして成功をおさめていた。一九四六年一一月八日、会合のため同州のシドニーに赴く途中のニューグラスゴーで車が故障。部品交換をともなう修理には時間を要するため、同地での滞在を余儀なくされた。その夜、映画を観ようと訪れた劇場の一階席に座ったところ、黒人専用のバルコニー席に移るよう求められた。それを拒否したため、逮捕・留置された。翌日の裁判では、一階席とバルコニー席の差額料金の娯楽税分の一セントを支払わなかったという脱税の罪で、罰金刑を受けた。これを不当とみて、ノヴァスコシア有色人種向上委員会の支援を受けて法廷闘争を試みたが、敗北した。彼女は一九五〇年に亡くなったが、その後、黒人差別に立ち向かった功績が称えられるようになり、二〇一〇年、恩赦が与えられた。

デズモンドは、しばしば「カナダのローザ・パークス」と呼ばれるが、ローザ・パークスがアメリカ合衆国アラバマ州モントゴメリーでバス・ボイコット運動の引き金となる事件（バスの白人専用席からの移動を拒否した）を起こしたのは、一九五五年一二月のことであり、デズモンドのほうが一〇年ほど早かった。また、公的に人種隔離政策をとったアメリカ合衆国とは異なり、カナダの人種隔離は曖昧な形で進められていた。本書には彼女に関する記述はないが、黒人が不当な扱いを受けていたことは随所に指摘されている。なお、彼女の生涯や事件の詳細、加米における人種隔離の実態などについては、次の文献を参照されたい。Graham Reynolds, *Viola Desmond's Canada: A History of Blacks and Racial Segregation in the Promised Land*, Fernwood Publishing, Halifax & Winnipeg, 2016; Wanda Robson, *Sister to Courage: Stories from the World of Viola Desmond, Canada's Rosa Parks*, Breton Books, Cape Breton, 2010. なお、著者のワンダ・ロブソンはデズモンドの妹で、新一〇ドル紙幣のお披露目式に立ち会っている。

カナダの通常紙幣で女性の肖像が載るのは、女王を除いて今回が最初であるし、黒人が描かれるのも初めてである。新一〇ドル紙幣の登場は、成熟しつつある多文化共生社会カナダを象徴しているといえようか。

さて、グローバル化が進む今日、日本でも多文化共生が重要な課題となっている。こうした課題に対して、多文化共生の先進国としてのカナダの事例に学ぼうと、さまざまな分野で研究が進んでいる。だが、現実的な課題解決が優先されるためか、今日的視点に立った実践例の分析が多く、それまでカナダがどのようにマイノリティを扱ってきたのかについて、長期的に考察する研究は少ない。カナダの多文化共生の試みは、人権をめぐる数多くの歴史的経験をふまえて実践されているのであり、そうした歴史を理解することは、多文化共生の課題を考えるうえできわめて有益ではないだろうか。先に述べたデズモンドの事例など、数多くの負の歴史を乗り越えてきた（乗り越えようとしている）からこそ、カナダは多文化共生力を高めてきたのであり、それを理解しなければ、近視眼的な解決策しか生まれないのではなかろうか。

植民地期から今日まで、カナダでは人権をめぐる争点がどのように移り変わってきたのか。それを豊富な事例に基づいてコンパクトに解説したのが、本書（原著はDominique Clément, *Human Rights in Canada: A History*, Wilfrid Laurier University Press, Waterloo, 2016）である。

著者ドミニク・クレマンは、現在、アルバータ大学社会学部教授。一九七五年生まれで、オンタリオ州キングストンにあるクィーンズ大学で学士号を取得した後、太平洋岸ヴァンクーヴァーのブリティッシュ・コロンビア大学で修士号、大西洋岸のニューファンドランド・ラブラドル州都セントジョーンズにあるメモリアル大学で博士号を取得した。歴史社会学（人権、社会運動、法と社会、女性、ジェンダー、労働）を専門とし、アルバータ大学では歴史社会学のほか、歴史やカナダ研究も講じている。主著に *Canada's Rights Revolution: Social Movements and Social Change, 1937-82*, University of British Columbia Press, Vancouver, 2008（カナダ社会学協会ジョン・ポーター賞）、*Equality Deferred: Sex Discrimination and British Columbia's Human Rights State, 1953-84*, University of British Columbia Press, Vancouver, 2014（オズグッド協会カナダ法制史叢書として刊行。カナダ歴史協会クリオ賞）、近刊予定として、*Debating Rights Inflation in Canada: A Sociology of Human Rights*, Wilfrid Laurier University Press, Waterloo がある。受賞歴からもわかるように、著者は社会学（歴史社会学）だけでなく、歴史学でも高い評価を受けている。また、カナダ人権委員会委員やカナダ人権博物館委員を歴任したほか、政府やＮＧＯなどからも委嘱されており、メディアでも活発に発言している。

カナダにかぎらず、人権をめぐる研究は、法学や政治学の分野で先行しており、歴史学が本格的に取り組むようになったのは比較的最近のことである。たとえば、フランス史家リン・ハントは『人権を創造する』（岩波書店、二〇一一年）（原著は二〇〇七年）において、アメリカ独立革命とフランス革命という大西洋世界の歴史展開のなかで普遍的な人権が生み出されたことを指摘した。これに対して、本書では、人権の起源を問うのではなく、カナダ社会での人権の歩みに焦点をあてた具体的な分析を行なっている。

本書は、五つの時期に分けて考察している――イギリスからもたらされた政治制度の下でいかにして自治を獲得するかが争点となった植民地～連邦結成期から、移民（非白人およびユダヤ人）に対する差別（人種差別）が争点になった第一次世界大戦までの時期（第1章）、最初の差別禁止法が制定されたものの、人権問題の解決には効果がなかった一九六〇年代までの時期（第2章）、「権利革命」が胎動しはじめた一九六〇年代～一九七〇年代中葉（第3章）、「権利革命」の展開とそれに対する反発がみられた一九八〇年代まで（第4章）、昨今の人権をめぐる論争（第5章）。

本書は、法の適正手続、投票、言論、宗教、結社、集会、出版の自由といった植民地期から論じられてきた「市民的自由」と、それよりも広範な権利概念としての「人権」とを区別し、時代が進むにつれ、権利の語りが「市民的自由」から「人権」へと移り変わっていくのを描いている。つまり、それぞれの時代においてどのような権利の語りがなされていたのかを具体的に分析しているのが、本書の特徴の一つである。

本書は、法学・政治学研究とも一線を画している。カナダの人権問題に関しても法学や政治学の分野で研究が盛んであるが、そこでは法律判断の観点から人権規定や個々の事例を考察したり、国際的な人権問題の進展を重視したりする傾向が強い。これに対して本書は、人権問題が社会とのかかわりから発しているとの立場から、カナダ社会の歴史的考察を重視しており、国際的展開に配慮しつつも、カナダ社会固有の歩みの分析に重点を置いた記述をしている。たとえば、一九四八年の世界人権宣言への署名にカナダが消極的だったという事実を指摘することで、国際的展開とカナダでの人権問題が連動していなかった（世界人権宣言〔この起草にはカナダ人ジョン・ハンフリーがたずさわっていた〕への署名はカナダの人権の歴史の画期ではなかった）ことを明らかにするとともに、やがてカナダ国内で「権利革命」が展開するなかで、対外的にも積極的姿勢に転じていくことが描かれる。つまり、本書は、一九四〇年代よりも、一九七〇年代における社会変化のほうが人権の歴史にインパクトを与えたとする見方をとっており、これは、アメリカ合衆国の人権史研究者サミュエル・モインの修正主義の立場に近い。

歴史社会学的アプローチをとる本書は、社会を俯瞰的に理解できる社会学の分析と実証的な歴史学の手法を見事にブレンドしており、カナダ人権研究の新しいアプローチとして注目に値しよう。さらに、本書がすぐれているのは、これまで個別に進められてきた移民史、先住民史、女性（および性的マイノリティ）史を、人権を切り口として分野横断的につないでカナダの歴史を描き出していることである。移民に対する差別が争点となった時期から、女性差別がクローズアップされる時期をへて、先住民や性的マイノリティへの差別が課題となっている今日まで、それぞれの時代においてどのような人権問題が争点となったのかを解説することで、移民、先住民、女性、性的マイノリティすべてを視野に入れており、総合的なカナダ史理解にとってもきわめて重要である。なお、カナダ人権史にさらに関心をもたれた方には、次のような書がある。Janet Miron (ed.), *A History of Human Rights in Canada: Essential Issues*, Canadian Scholars' Press, Toronto, 2009; David Goutour & Stephen Heathorn (eds.), *Taking Liberties: A History of Human Rights in Canada*, Oxford University Press, Don Mills, 2013.

今日の人権問題にも精通した気鋭の歴史社会学者による平易な解説である本書を、カナダに関心をもつ人びとはもちろんのこと、多文化共生や人権・移民・先住民・女性・性的マイノリティ全般に関心のある多くの方々に手にとっていただければ幸いである。

最後になりましたが、企画に理解を示され「世界歴史叢書」に加えてくださった明石書店、とりわけ編集部の兼子千亜紀、田島俊之の両氏には心から感謝を申し上げます。

二〇一八年八月

細川道久

た地域の現実のなかで意味をもつようになる——あるいは、地域の現実のなかで否定される——いわば方言のようなものである」。Goldstein, "Whose Vernacular?," 112.

(2) Vanhala, *Making Rights a Reality?*, 57 .

(3) ふりかえれば、レスター・B・ピアソンが1948年に連邦内閣に対して発した警告は、先見の明があったと思われる。「私たちが世界人権宣言に賛成票を投ずるならば、平議員のなかには、本文を具体化したり、あるいは、同宣言への賛成を表明するような決議案を提案する者が出てくるかもしれないのです。世界人権宣言に賛成することで、すべての議員が、宣言の条文ひとつひとつに対しての立場を示すようになりかねないのです」と。MacLennan, *Toward the Charter*, 78-79からの引用。

(4) Eckel, "The Rebirth of Politics"; Moyn, *The Last Utopia.*

(5) 次も参照。Brouwer, "When Missions Became Development."

(6) 次も参照。Clément, *Canada's Rights Revolution.*

(7) Ibid.

(8) Clément, "The Rights Revolution in Canada and Australia."

(9) ガーティは、法律のなかで認められた諸権利と人権法の違いについて、有益な見方を示している。「法的な諸権利は、法令集に入れられたりそこから削除されたりするのは、難しくない。というのは、それが、たとえ法制化を求める初期の人権要求であっても、当時の社会の意向を政治的に表現した結果であることにまちがいないからである。法的な諸権利を人権と呼ぶことはできなかっただろう。実際、そうした政治制度においては、それが最初は人権であるかどうかに関係なく、法律になった時点で、(単なる) 法的諸権利になるのであり、道義的な目的は、法律施行の成功や実践を理由にして、都合よく変わっていったのである。〔これに対して〕一般的に人権法は異なるものである。国際的な動きにならって、人権の理想がもつ力を法律の形で獲得しようとするが、そのやり方は抽象的なのである」。Gearty, *Can Human Rights Survive?*, 68-69.

(10) アーウィン・コトラーが1993年に記したように、「現在、不釣り合いなほどの数のNGOが政治的市民的権利に関する事がらを扱っているのに対し、社会的文化的権利のほうは、NGOのなかでわずかしかないようである」。Cotler, "Human Rights as the Modern Tool of Revolution," 19.

(11) Shelton, "The Environmental Jurisprudence."

resources/duelling-rights. Retrieved 18 April 2013.

(96) *Vancouver Rape Relief Society v Nixon et al.* [2003] BCSC (B.C. Supreme Court) 1936. ブリティッシュ・コロンビア州控訴裁判所は下級審の判決を支持し、2007年には、カナダ最高裁判所が、ニクソンの訴えを棄却した。

(97) 男性たちが権利と自由の憲章の平等条項をいかに不当に利用してきたかについての、数多くの研究がある。多くの場合、訴訟は、女性の平等性を高めるよりはむしろ、フェミニストたちを守勢に立たせたのだった。たとえば、次の研究を参照。Wiegers, "Gender, Biology, and Third Part Custody Disputes"; Chambers, "'In the Name of the Father'" and "Newborn Adoption"; Boyd, "Is Equality Enough?"; Brodsky, *Canadian Charter Equality Rights for Women*; Lessard, "Mothers, Fathers, and Naming."

(98) Lessard, "Mothers, Fathers, and Naming."

(99) たとえば、次を参照。A. Wright, "Formulaic Comparisons." 職場での男性の行動に基づく基準への異議申し立てが成功した例として、次を参照。Fudge and Lessard, "Challenging Norms and Creating Precedents."

(100) アンドリア・ライトが指摘するように、「集団比較アプローチは、比較できる『他者』を理論的、形式的に探すものであり、予想外の結果を導くことになる。というのは、比較の根拠となるものを適切に示す方法は無数にあるし、このアプローチでは、申し立ての最重要点や実質的平等の目的を無視してしまうことがよくあるからである。はっきりいえば、集団比較の選択は簡単に間違ってしまうし、いくつかの異なる集団比較の選択をそこそこに正当化するのは簡単である。さらに、同一と差異の形式的評価に基づいて比較対象を探していると、実質的平等の目的を簡単に見失ってしまう」。A. Wright, "Formulaic Comparisons," 417.

(101) *Gould v Yukon Order of Pioneers* [1996] 1 SCR 571.

(102) Compa, "Framing Labor's New Human Rights Movement."

(103) 先住民の権利と人権に関する論争については、次を参照。Kulchinsky, *Aboriginal Rights Are Not Human Rights*.

(104) Brown, *Being Brown*, 131. 次も参照。UBC RBSC, VSW, v. 2, f. 1, male chauvinist pig awards, 1972. だが、新民主党は、1991年にカナダ初の独立省庁である女性平等省を創設した。

結論

(1) 国際人権法に関して、ダニエル・M・ゴールドスタインは、この過程を土着化（ヴァナキュラリゼーション）として描いている。「土着化はむしろ、受容と変容の過程を言い表している。国家横断的な概念が、経済、政治、文化の国家横断的な枠組のなかに広く包摂されることにすでに慣らされてき

Trotter, "The Evolution of Human Rights in Canada"; Lui, *Why Canada Cares.*

(79) Keenleyside and Taylor, *The Impact of Human Rights Violations*.

(80) Bonser, "Human Rights in Canadian Foreign Policy," 84-85.

(81) Paltiel, "Negotiating Human Rights with China."

(82) Webster, "Canada and Bilateral Human Rights Dialogues," 45.

(83) Bonser, "Human Rights in Canadian Foreign Policy."

(84) Keenleyside and Taylor, *The Impact of Human Rights Violations*, 3-4.

(85) Wood, *Direct Action, Deliberation, and Diffusion*; Schmitz, "Human Rights, Democratization, and International Conflict."

(86) Brysk, *Global Good Samaritans*, 73.

(87) Scharfe, "Blood on Their Hands," 20 からの引用。

(88) Webster, "Canada and Bilateral Human Rights Dialogues," 52.

(89) Lui, *Why Canada Cares*, 78-80.

(90) Cardenas, *Chains of Justice*, 45; Hillebrecht, "The Domestic Mechanisms of Compliance." カナダはまた、インドネシアの人権委員会と公式提携した最初の国であり、1997 年に 50 万ドルの助成がはじまった。カナダは、教育プログラムを発展させるため、インドの人権委員会にも財政援助をした。Bonser, "Human Rights in Canadian Foreign Policy," 92-93; Brysk, *Global Good Samaritans*, 74.

(91) Brysk, *Global Good Samaritans,* 75 からの引用。

(92) インドネシアについては、次を参照。Scharfe, "Blood on Their Hands,"; Webster, *Fire and the Full Moon*.

(93)「この見方に立てば、国境を越えて人権を要求しようとするのは、ほぼ不可能になる。それゆえ、せいぜいカナダができるのは、人権が中国の大地でどんなことを引き起こすかには触れないで、カナダの文脈での人権の意味を説明することだ。このような外交では人権がもつ普遍性を否定してしまうし、カナダが影響を与えうるところでのみ人権を強力に推し進めるというクレチエン首相の政策決定によって、外交の実効力は下がってしまう」。Paltiel, "Negotiating Human Rights with China," 179.

(94) Warner, *Never Going Back*, 211.

(95) "Women of the world, unite ... with LGBT people" (2006), Egale Canada, http: //www.egale.ca/index.asp?lang=E&menu=1&item=1300; "Background on *Nixon v Vancouver Rape Relief*" (2005), Egale Canada, http://www.egale.ca/index.asp?lang=E&menu=1&item=1147; "B.C. Rights Case Asks: What Is a Woman?" (2001), Vancouver Rape Relief & Women's Shelter, from http://rapereliefshelter.bc.ca/learn/news/bc-rights-case-asks-what-woman; "Duelling Rights"(2005), Vancouver Rape Relief & Women's Shelter, http://rapereliefshelter.bc.ca/learn/

すべきだという勧告に、特にゲイに対する保護の拡大に熱心でした。そこで私は、政治戦略として、2段階のアプローチをとろうと決めたのです。第1段階は、私がしたことですが、手続きを変えるために法典を改正することだったのです」と主張していた。Newfoundland House of Assembly [hereafrer NHA], *Hansard*, no. 8 (1990), 30; NHA, *Hansard*, vol. 16, no. 88 (1990), 22-24. 次も参照。NHA, *Hansard*, vol. 1, no.75 (1983); 9577; NHA, *Hansard*, no. 8 (1990), 30.

(64) NHA, *Hansard*, vol. 16, no. 88 (1990), 22-23. 1990年にセント・ジョーンズで起きた性的指向による差別の事例として、同性愛者の居住を望まない家主にアパートからの退去を命じられた男性の事例と、地元のスーパーで買い物運搬係をしていた男性が、オーナーにゲイと知られたため解雇された事例があった。NHA, *Hansard*, no. 8 (1990), 4-7. 1993年、ニューファンドランド州人権委員会は、カナダ最高裁判所による最近の判決（ヘイグ対カナダ訴訟）に基づき、性的指向にかかわる訴訟について調査をはじめると宣言した。

(65) 1987年から1993年にかけて、同様の改正が数州で行なわれた。ニューファンドランド州では1997年に法律を改正し、プリンスエドワード島州では1998年に改正案を提案した。アルバータ州は、1998年からカナダ最高裁判所が性的指向を適用するよう強制されたにもかかわらず、2010年まで正式には法律改正をしなかった。

(66) Warner, *Never Going Back*, 309.

(67) Ibid., 86-87.

(68) Ibid., 181.

(69) Ibid., 309.

(70)「人権委員会を所轄する大臣は、性的指向は自由意志で選んだものであるから、人種のように意志によらない性質ほどには、差別からの保護に値しないと主張して、この任命を擁護した。自分の性的指向をひけらかすことで、他人の権利を侵害するかもしれないのであり、自分の性的指向を明らかにする者が差別を受けることは予想されるのだ、と主張した」。Ibid., 153.

(71) Ibid., 209.

(72) Ibid., 241.

(73) Ibid., 335.

(74) Ibid., 339.

(75) Fletcher and Howe, "Public Opinion and Canada's Courts," 275.

(76) Warner, *Never Going Back*, 209.

(77) Eckel, "The Rebirth of Politics," 231-32.

(78) カナダ外交政策における人権の事情については、次を参照。Gecelovsky and Keating, "Liberal Internarionalism for Conservatives"; Clément, Silver, and

らせた。*Mounted Police Association of Ontario v Canada (Attorney General)* [2015] SCC 1.

(52) Songer, Johnson, and Bowie, "Do Bills of Rights Matter?," 313-14.

(53) Kelly, *Governing with the Charter,* 144.

(54) Songer, Johnson, and Bowie, "Do Bills of Rights Matter?," 315-16.

(55) *Carter v Canada (Attorney General)* [2015] SCR 5; *Canada (Attorney General) v Bedford* [2013] 3 SCR 1101.

(56) Epp, *The Rights Revolution*, 182. 次も参照。Court Challenges Program of Canada, *Annual Report, 2005-2006* (Winnipeg: 2006).

(57) ジェームズ・ケリーは、私たちが、司法に訴える行動にあまりにも焦点をあてすぎていることに慎重になるべきだと主張している。彼によれば、権利革命は、連邦政府内に――特に顕著なのは、法務省内に――権利の文化のようなものを生み出した。官僚たちは、法案が成立する前に、権利侵害にならないか法律を吟味することに精通しているのである。Kelly, *Governing with the Charter*, Chapter 7.

(58) カナダのすべての区域で、性による差別を禁止しているが、法律に記載される理由としてセクシャル・ハラスメントを明記している例はひと握りしかなかった。だが、1989 年、カナダ最高裁判所は、セクシャル・ハラスメントを性差別の一つの形態とみなすべきだと判断し、セクシャル・ハラスメントに対する保護を全域に拡大した。*Janzen v Platy Enterprises Ltd.* (1989) 1 SCR 1252.

(59) 性的指向をめぐっては、ブリティッシュ・コロンビア州の「道理にかなった理由」規定が人権審問委員会で初めて適用された。だが、この裁定は、カナダ最高裁判所によってくつがえされた。GATE 対『ヴァンクーヴァー・サン』紙訴訟を含む、ブリティッシュ・コロンビア州の人権法典と性的指向の歴史については、次を参照。Anderson,"The Development of Human Rights Protections in British Columbia," Chapter 5; Clément, *Equality Deferred.*

(60) Tunnicliffe, "'Life Together," 57-58.

(61) オンタリオ州における性的指向と人権法の歴史については、次を参照。Herman, *Rights of Passage*; Warner, *Never Going Back.* オンタリオ州人権委員会は、早くも 1977 年に、性的指向を人権法典に加えることを勧告していた。Ontario Human Rights Commission, *Life Together.*

(62) Iyer, "Caregorical Denials," 198.

(63) 1990 年、ニューファンドランド州のかつての法務大臣リン・ヴァージは、1988 年に政府が性的指向を含めないとする決定を下したことに対して委員会による聴聞を受けたさいに、それを含めなかったのは、「私の望むように、内閣を導けなかったからなのです。基本的には、総じて内閣は、保護を拡大

Chapter 4.

(43) 最高裁判所長官ベヴァリー・マクラクラン〔カナダ最高裁判所初の女性長官〕は、権利と自由の憲章の影響をまとめたさいに、似たような優先事項を列挙していた。「国家によって拘束された人びとの権利が、同憲章によってより守られるようになった。同憲章によって、より公正な刑法制度がつくられた。同憲章は、少数言語の権利に対する保護を強化し、多様な集団が共生できるよう国家を支える体制を強固にした。人びとの平等と安全というお題目の下で、医療や病院サービスの規定のなかで説明責任の穏当な措置を保証したのも、この憲章によるものだった」。McLachlin, "The Charter 25 Years Later," 366.

(44) 13歳未満の子供向け広告の禁止、二次ピケ、ヘイト・スピーチに関する刑法規定をめぐる訴訟において、刑法は言論の自由を侵害しているが、権利と自由の憲章第1条（ある状況では権利の制限を認めている）の下では合法だと裁判所が判断したいくつかの事例がある。

(45) *Maltani v. Commission scolaire Marguerite-Bourgeoys* [2006] 1 SCR 256. カナダにおける宗教と法律については、次を参照。Waldron, *Free to Believe*.

(46) 裁判所は、次のような法律も無効とした――罪を犯していないのに精神障害を理由に不定期に拘束することを認めた法律。有罪となった性犯罪者が公共の場所をうろつくことを禁止した刑法。連邦選挙で政党は少なくとも50人を立候補させなければならないとした要件（この法律は、民主的な権利の侵害にあたるとされた）。

(47) Dixon, "The Supreme Court of Canada."

(48) *Reference Re. Public Service Employee Relations Act (Alta.)* [1987] 1 SCR 313.

(49) マイケル・マンデルは、「権利と自由の憲章をつらぬく思想とは、カナダ社会の基底にある不平等の合法化だといってよい。労働のビジネスへの従属は、その最も基本の一つである」と主張している。Mandel, *The Charter of Rights*, 260.

(50) *Health Services and Support-Facilities Subsector Bargaining Assn. v. British Columbia* [2007] 1 SCR 391. 2011年、裁判所はまた、オンタリオ州政府が農業労働者の組織化を禁止したことに対して、結社の自由の侵害にあたると判断した。農業労働者を明記した法律を制定するよう、同政府に強制したのである。*Ontario (Attorney General) v. Fraser* [2011] 2 SCR 3. 次も参照。Tucker,"The Constitutional Rights to Bargain Collectively."

(51) *Saskatchewan Federation of Labour v Saskatchewan* [2015] SCC 4. 同じような裁判で、カナダ最高裁判所は、連邦政府が連邦警察の構成員の組織化やストライキの権利を制限しているのは、結社の自由の侵害であるとする裁定を下した。裁判所は、政府が手続を改定する時間を与えるために1年間決定を遅る要求は、裁判所によって退けられた。

(35) Kelly, *Governing with the Charter*, 111.

(36)無償の法的支援を受ける権利はない。だが、子供を親から切り離すことは、親と子供の精神・身体的安全を損なうものであり、身体的安全に対する権利の侵害にあたると、裁判所は判断した。こうしたケースの場合、親に対して法的支援を行なうことが国家に義務づけられている。

(37) 裁判所は、被告が少女が14歳未満だったことを知らなかった可能性の余地を同法が考慮していないことを憂慮していた。議会は法律を改正し、性的暴行で訴えられた者が、被害者の年齢を断定しようとしたことを示さねばならないとした。改正された同法では、性的暴行訴訟では酩酊は弁明にならないことも再確認していた。さらに、守秘権法が改正され、証拠能力のある証拠に対して、司法の自由裁量を認めた（ただし、同意の定義はせばめられた）。加えて、下級審では、個々の訴訟において、近親相姦や未成年者との性行為に関する刑法典の条項は、それが女性のみにしか適用されておらず、したがって、平等条項を侵害しているという理由で、違憲と判断した。これらの判決は、後にくつがえされた。Fudge, "The Effect of Entrenching."

(38) このほか、法の適正手続をめぐっては、医療専門職が不法に手に入れた血液標本や、マリファナ栽培の証拠を探し出すために住居外で行なった強制捜査を証拠としてとりあげないとする訴訟があった。自白にかかわるある訴訟では、警察が、尋問中の男の友人に対し、その男との私的な会話中に盗聴器を使うよう依頼していた（裁判所は、この証拠を採用しなかった)。最高裁判所はまた、暴行訴訟で子供が証言する場合、ビデオを介するか、被告が近づけないよう離れた場所で証言できるようにした。さらに裁判所は、死刑を認めている管轄区域に、死刑が適用されないという保証なしに送還することは、基本的正義の原理の侵害にあたると判断した。Kelly, *Governing with the Charter*, Chapter 4.

(39) 裁判所は、刑務所での訴訟手続に対する異議申し立てを、権利と自由の憲章の侵害にあたるとして却下することも数多くあった。Mandel, *The Charter of Rights*, 219.

(40) 裁判所はまた、妊娠中絶を承認する基準が恣意的であり不公平だと判断した。しかも、妊娠中絶を受けられる施設は、州によって偏りがあり、すべての市民が公平に受けられるわけではなかった。*R v. Morgentaler* [1988] 1 SCR 30.

(41) 個人の住宅での令状なしのビデオによる監視も、プライバシー権の侵害であった。たとえば国境検問所のように、プライバシーをほとんど望めない場所もある。

(42) Mandel, *The Charter of Rights*, Chapter 4; Kelly, *Governing with the Charter*,

ことが認められた。

(26) ここで述べたカナダにおける権利と自由の憲章をめぐる判決の研究は、次を参照。Kelly, *Governing with the Charter*; Knopff and Morton, *The Charter Revolution*; Mandel, *The Charter of Rights*; Manfredi, *Feminist Activism in the Supreme Court*. 同憲章の遺産について論じた数編の論文を収めた次の特集号もある。*Osgoode Hall Law Journal* 50, no.3, 2013.

(27) 権利と自由の憲章には、諸政府がこの憲章にもかかわらず法律を通すことができるという不適用の宣言（オーバーライド）条項が含まれている（第33条）。投票や官職に就く権利や移動や言語に対する権利といった民主的な権利を含むいくつかの条項は、この条項の適用をまぬかれている。

(28) Clément, *Equality Deferred*, Chapter 1.

(29) ミリアム・スミスが述べているように、「かつてはモラルの問題として定義されていた多くの論点が、権利の問題として定義されるようになっている。……裁判所の判決やレズビアンやゲイの運動の政治的動員によって、レズビアンやゲイの問題を個人の良心や宗教的信念の問題というよりも権利の問題として定義するような別の見方が認められるようになった」。M. Smith, *A Civil Society?*, 85.

(30) *R v Sparrow* [1990] 1 SCR 1075.

(31) 権利と自由の憲章をめぐる重要な判断を概観したものとして、次を参照。Mandel, *The Charter of Rights*; Manfredi, *Feminist Activism in the Supreme Court*; Knopf and Morton,"Canada's Court Party"; Sharpe and Roach, *Brian Dickson*; Kelly, *Governing with the Charter*; James, *Misrecognized Materialists*.

(32) フランス系民族主義者（ナショナリスト）たちは、権利と自由の憲章に教育が含まれていることに激怒した。やはり、1867年の連邦結成時の〔フランス系とイギリス系との〕契約（コンパクト）というもともとの原則では、教育は州の管轄であったので、ケベック州は、新しい憲法の承認を拒否した。1984年には、裁判所は、いまや同憲章は英語とフランス語による教育の権利をカナダ全域で保証しているとの判断を下した。法案第101号は、教育に関する規定の例外として、ケベック州にある英語系学校に在籍する学生を含めていた。つまり、ほかの州からやってくるカナダ人は、子弟をフランス語の学校に通わせなければならなかった。*Attorney General of Quebec v. Quebec Association of Protestant School Boards et al.* [1984] 2 SCR 66; *Ford v. Quebec (Attorney General)* [1988] 2 SCR 712.

(33) *Mahe v Albeta* [1990] 1 SCR 342.

(34) *Re Manitoba Language Rights* [1985] 1 SCR 72. もっとも、言語権には限度があった。たとえば、判事はバイリンガルでなければならないとか、学校のみならず教育委員会においてもフランス語を憲法によって保証すべきだとす

"Disappearing Women," 38. コリーン・シェパードも、ケベック州の人権申し立てにおいて、有色人種の女性の比率が低いことを指摘している。Sheppard, "The Promise and Practice."

(20) Duclos, "Disappearing Women," 34-35.

(21) Ibid., 44-45.

(22)「平等に対して、機械的で分類的、つまり、カテゴリー分類に基づいたアプローチでは、そのような構造〔権利をカテゴリーとして分類するしくみ〕に根ざしているため、保護すべき理由や特徴をどれほどたくさん、あるいは、どれほど網羅的に列挙したとしても、社会におけるアイデンティティの複雑さを曖昧にしてしまい、特定の権利を申し立てる者に対しても、不平等な関係を是正するというもっと大きな目標に対しても、害を及ぼすことになる。平等に対するカテゴリー的なアプローチでは、複雑な社会的アイデンティティを理解できない。それゆえ、このアプローチでは、特定の権利侵害をただすための、そして、社会改革というもっと大きなプロジェクトを成功させるための前提として、不平等な関係を正確に描くことができない。本質的に、平等的権利のカテゴリー的構造では、不平等な関係によって損害を受けた人びとが、法的要求を勝ちとるためには、自分自身や自分が受けた不平等の経験を戯画化することが要求される。法律は、社会的アイデンティティや社会的関係に関するこのような戯画を認識し受容するために、不平等に対して適切に向き合うことができない」。Iyer, "Categorical Denials," 181.

(23) Duclos, "Disapparing Women," 36.

(24) ニーチャ・アイアーが述べているように、「複雑な形で差別を受けた原告側は、自分自身と自身が被った不平等な扱いについて説明を単純化できなければ、負けてしまう。支配的な集団の側は、原告の主張理由がどのカテゴリーにあたるのかをかなりせばめて理解してしまうからである」。Iyer, "Categorical Denials," 179.

(25) 女性権利を求める活動家たちは、交差性の分析手段を使って、「同居人を配偶者とみなす」方針を攻撃し、1986年、オンタリオ州政府にこの規定を削除させた。後に、ノヴァスコシア、オンタリオ両政府は、この規定を再び導入しようとしたが、裁判所によって却下された。これは、ジェンダーと貧困の交差性の認識から引き出された意義深い勝利であった。男性同居人規定に関するこの法律訴訟は、「1985年に女性グループが力説したように、貧困と性差別の交差性を認めた重要な訴訟であった。……公営住宅の居住者を不動産保有の保証規定によって除外することは、人種、性、貧困による差別であった」。*Falkiner v Ontario* [2002] 212 DLR (4th) 633. 次も参照。Porter, "Twenty Years of Equality Rights," 174. 1988年には、カナダ人権法が改正され、「禁止される理由が組みあわさったために……起きた行為も、差別行為に含まれる」

(16) この点について、ダイアン・ポティエは、自分自身を語ることでもっとくわしく説明している。Portier, "Connecting Grounds of Discrimination," 64. ニーチャ・デュクロが記しているように、「人種とジェンダーの特定の組み合わせから生まれるステレオタイプが、しばしば差別的扱いの原因となって不満を引き起こすと考えるのは難しいことではない。……人種とジェンダーを結びつけるステレオタイプは、日常的な経験としてありふれている。人種とジェンダーは同じくらい明らかであり、ほかの見てわかる特徴と合わされば、私たちが最初に人を見るときの判断材料になりやすい。われわれが法律の世界に浸かるようになってはじめて、すべての人びとから人種とジェンダーが抽出され、それが相互に排他的な差別のカテゴリーとなるのである」。Duclos, "Disappearing Women," 33.

(17) 「この（交差性という）概念は、誰もが多種多様な集団が交わる交差点に立っている様子を言い表している。すべての女性は、ある人種でもある。すべての白人は、あるジェンダーでもある。個々人は、ジェンダーと人種をめぐる政治が収束、分岐するようなさまざまな場所に立っている。さらに、ジェンダーのもつ意味合いは、人種によって変わったり特徴づけられるし、同じく人種的アイデンティティも、ジェンダーのイメージに影響を受けるのである」。Minow, *Not Only for Myself*, 38.

(18) 「本質的に、平等的権利のカテゴリー的構造〔権利をカテゴリーに分類してとらえること〕では、不平等な関係によって損害を受けた人びとが、法的要求を勝ちとるためには、自分自身や自分が受けた不平等の経験を戯画化（カリカチュライズ）すること〔権利の分類にしたがって表現すること〕が要求されるのである」。Iyer, "Categorical Denials," 181. アイアーは、モソップ訴訟を手がかりに、自説を示している。連邦政府に務める公務員であったモソップは、パートナーの父親の葬儀に出るため忌引休暇を申請したが、彼のパートナーが男性であったために、申請を却下された。アイアーによれば、モソップはカナダ最高裁判所に上告したものの、判事らは、家族という地位を異性間でつくられる家族のさまざまな形態として定義し、モソップのケースは、当時のカナダ人権法では認めていなかった性的指向のカテゴリーに入ると主張したため、敗訴した。つまり、裁判所は、差別をカテゴリーに分類してとらえ、想定した基準からみてそれぞれのカテゴリーがどのくらい異なるのかを判断しており、モソップが差別をどのように経験したのかについては理解しようとはしなかったのである。 Ibid., 194-97.

(19) デュクロは、連邦の人権訴訟において人種的マイノリティの女性の比率が低いのには、少なくとも四つの理由があるとする――法律に対する不信。移民制度への不快な経験。人種的マイノリティ（特に、家族や友人）に対する警官の虐待の観察。生活実態に対応していない申し立て制度。Duclos,

エイズが認められた。*Biggs v. Hudson* [1988] 9 CHRRD/5391 (British Columbia Human Rights Commission); *E. (ST) v. Bertelsen* [1989] 10 CHRRD/6294 (Alberta Board of Inquiry).

(3) オンタリオ、ノヴァスコシア両州は、例外であった。両州とも、性差別に関する申し立ては2番目に多かったが、人種に関するものが依然としてきわだっていた。

(4) この時点ですでに、ノヴァスコシア州と連邦政府は、身体障害に基づく差別を禁止していた。

(5) 1977年に委員会が勧告した時点では、オンタリオ州人権法典に障害も含めることに対して「市民からの多くの支持」もあった。Tunnicliffe,"'Life Together,'" 458.

(6) 国際障害者年の期間中、カナダの大半の政府は、障害者権利組織を公共サービスの見直し事業に招致した。Vanhala, *Making Rights a Reality?*, 54-57; Neufeldt, "Growth and Evolution".

(7) 福祉国家の正当化を支えているのが、カナダ人には基本的生活水準に対する権利があるという見方である。レイモンド・ブレイクは、家族手当の歴史に関する自著のなかで、この意識を描いている。ブレイクによれば、カナダ人が家族手当を金銭的必要性と結びつけるようになったのは1980年代に入ってのことだった。福祉国家に不可欠だった家族手当の制度は、1930年代から1970年代まで、市民にとっての権利（ないしは資格）とみなされていた。Blake, *From Rights to Needs.*

(8) Canada, *Report of the Commission.*

(9) Andiappan, Reavley, and Silver, "Discrimination Against Pregnant Employees," 8.

(10) Ibid., 9.

(11) アベラの勧告が扱っていたのは、訓練、保育、同じ価値の仕事に対する公平賃金、マイノリティのための教育機関やプログラムの創設、新移民の統合を支援するプログラム（たとえば、言語訓練）、雇用の実態や傾向の監視、といった課題だった。

(12) Howe and Johnson, *Restraining Equality*, 25.

(13) *Employment Equrity Act*, S. C. 1986, c. 31.

(14) Réaume, "Of Pigeonholes and Principles."

(15) マーサ・ミノウが述べているように、「人は誰でも、それぞれの集団が横断する交差点というユニークな場所にたった一人でいる。私たちのおのおのが、果てしなくグループ化されるさまざまな集団――人種であれ、ジェンダーであれ、障害であれ、家族であれ、エスニシティであれ、出身国であれ、私たちに関係するもの――のユニークなメンバーなのである」。Minow, *Not Only for Myself,* 39.

ルの補償を裁定するほど、われわれは頭を狂わせないといけないのだ」と主張した。実際には、尋問では経費と賃金損失の補償を裁定したにとどまった。コリンズは、人権局のキャスリーン・ラフをたびたび攻撃した。結局、彼は『ヴァンクーヴァー・サン』紙を去り、『ノース・ショア・ニューズ』という小さなコミュニティ新聞に移った。1984年、コリンズは、彼のコラム記事が人種差別だというかどで、ブリティッシュ・コロンビア新聞評議会（BC Press Council）の尋問に出頭を余儀なくされた。Collins, "Human Wrongs Bunch? Good Riddance!," *Vancouver Sun*, 28 July 1983. 次も参照。Collins, "Come On and Kiss Me, Kate," *Vancover Sun*, 21 October 1977; Collins, "Aye, Aye, M'am: Ruff Strikes Again," *Vancouver Sun*, 15 October 1977.

（127）Hunter, "Liberty and Equality."

（128）Howe and Johnson, *Restraining Equality*, 23.

（129）正直な信条の弁護についてのより詳細な議論は、次を参照。Knopff, *Human Rights and Social Technology*, 111-14; Tarnopolsky, *Discrimination and the Law in Canada*, 387-89.

（130）*Vancouuer Sun v Gay Alliance* [1977] 77 *Dominion Law Reports* (BCCA) 487.

（131）Block and Walker, *Discrimination, Affrmative Action and Equal Opportunity*, 107.

（132）「差別がなければ、さまざまな人種の集団（および両性）は、収入、富、職業選択、さらには、ほかの経済、社会上のいかなる点においても同列になるのだという主張は、支持されない。したがって、不平等な賃金、専門職や管理職の割合の不均衡、そのほかの不均衡な数字があるからといって、必ずしもそれらは差別の証拠ではない。……善悪の観点からみれば、差別は中立的なのである」。Ibid., xv.

（133）"Critics Rap Socreds over Rights Record," *Vancouver Sun,* 22 September 1984; "B. C. Rights Move Rapped in Ottawa," *The Province*, 9 September 1983.

（134）Ken Norman to William Bennett, 2 July 1983, UBC RBSC, Solidarity Coalition Papers, v. 19, f. 1.

（135）UBC RBSC, Solidarity Coalition Papers, v. 19. f. 1, Press Release, CASHRA, 14 July 1983.

（136）ブリティッシュ・コロンビア州での改革についてのさらなる情報については、次を参照。Clément, *Equality Deferred.*

第5章

（1）*Gilles Fontaine v Canadian Pacific Limited and Canadian Human Rights Commission* [1989] 11 CHRR D/288 (CHRT).

（2）フォンテーヌの訴訟に加えて、次の裁判で、人権法制の下での障害として

要空港でのテロ行為を抑制、鎮圧するために迅速に行動する要員が必要である。オタワやヴァンクーヴァーなど、カナダのほかの空港には特別の注意を払い、地域の状況や治安調査の勧告に沿った基本的要件に基づいて安全性を高める必要がある」。LAC, RG 146, vol. 4358, f. Wallet, RCMP National Security Plan, 1976.

（112）Comité d'Organisation des Jeux Olympiques, *Montréal 1976: Offcial Report,* vol. 1, 572.

（113）York University (1977), *Social Change in Canada*, poll retrieved 5 November 2011 from the Canadian Opinion Research Archive/Queen's University [hereafter CORA/QU].

（114）Decima Research (1991), *Decima Quartery 8, December 1981*, poll retrieved 10 November 2011 from CORA/QU.

（115）Ipsos-Reid (1991), *National Angus Reid Poll, July 1991* [Canada], poll retrieved 5 November 2011 from CORA/QU.

（116）Canada, *Report of the Committee [...] Abortion Law*, 17.

（117）Warner, *Never Going Back*, 148-49.

（118）Korinek, "The Most Openly Gay Person," 589.

（119）No author, "Heavy Hand of the Law," *Globe and Mail*, 9 February1981.

（120）Ontario Human Rights Commission, *Life Together,* 81-82.

（121）Quebec, *Québec-Canada.*

（122）またしても、人権連盟は、カナダ人の権利に対する考え方の進展をみる理想的な事例研究の対象である。1970 年代、人権連盟は、自決やフランス語をケベック州の主要言語とする同州民の権利を熱心に主唱していた。だが、これらは人権連盟の創設原則にはなかった。次を参照。Clément, *Canada's Rights Revolution*, Chapter 4; Clément, "Generations and the Transformation." 以下も参照。Igartua, *The Other Quiet Revolution*; Ignatieff, *The Rights Revolution*, Chapter 3; Mandel, *The Charter of Rights*, Chapter 3; Berger, *Fragile Freedoms*, Chapter 7.

（123）Jean Chartier. "Décès tragique de l'artisan de la Chatre québécoise des droits de la personne," *Le Devoir,* 12 November 1998.

（124）Doug Collins, "Big Sister Ruff Is Watching You," *Vancouver Sun*, 1 October 1977.

（125）Doug Collins, "The Ruff Penalty for Being Innocent," *Vancouver Sun*, 17 December 1977.

（126）コリンズは、英語が第一言語でないという理由で大手製材会社に雇用を拒否されたインド人男性の訴訟に言及して、「彼が差別されたかどうかはどうでもよい。だが、誰かが彼を雇いたくなかったために、その男に 10 万ド

Constitution.

(97) 先住民の権利については、カナダ・アングリカン(聖公会)教会、ブリティッシュ・コロンビア市民的自由協会、女性権利を求める諸グループが提出した声明文のなかでも、大々的に取り上げられていた。LAC, RG 14, session 1, box 60, wallet 4; box 60, wallet 6, Special Joint Committee on the Constitution.

(98) サリー・チャイバーズが指摘するように、「憲法をめぐる政治は、これまでカナダ社会の脇に追いやられてきた人びとの政治・社会的権利を主張する未曽有の政治的機会となった」。Chivers, "Barrier by Barrier," 314. 次も参照。M. Smith, "Identity and Opporrunity," 189.

(99) 1950年代、最初の差別禁止法をめぐる議会など立法機関による公聴会では、性差別ですら、議論にのぼることはめったになかった。当時の主要な社会運動組織は、性差別の禁止を主張しなかった。Clément, Silver, and Trottier, "The Evolution of Human Rights in Canada"; Frager and Patrias,"This Is Our Country"; Clément, *Canada's Rights Revolution*, 158-60; Fudge, "The Effect of Entrenching a Bill of Rights," 445-48; James, *Misrecognized Materialists*, Chaprer 6; Kelly, *Governing with the Charter*, 63-23.

(100) CROP Inc./Canadian Human Rights Commission, *Selected Tables from a Survey of Public Opinion on Human Rights* (Ottawa: Canadian Human Rights Commission, 1981).

(101) 別の調査では、カナダ人の65パーセントが人権を守るための最良の方策は、人びとに気づかせることだと答えたのに対し、政府は特定の差別行動を禁止すべきだと答えたのは、22パーセントにすぎなかった。Ibid.

(102) Canadian Bar Association, *Towards a New Canada*, 16-17.

(103) *Youth Protection Act*, S. Q. 1977, c.20; *An Act to revise The Child Welfare Act*, S. O. 1978, c.85.

(104) *Access to Information Act*, S. C. 1980-83, c.111.

(105) Eckel, "The International League," 204.

(106) Ibid., 202-3.

(107) Ibid., 119.

(108) これらの問題について、次の文献でかなり詳細に論じている。Clément, *Canada's Rights Revolution*.

(109) Canada, *Security and Information*, vol. 1; Canada, *Freedom and Security under the Law*, vol. 2; Canada, *Certain RCMP Attitudes*, vol. 3.

(110) Comités d'Organisation des Jeux Olympiques, *Montréal 1976: Offcial Report*, vol. 1, 566.

(111) *Temporary Immigration Security Act*, S. C. 1976, c. 91.「最近の世界規模のテロ活動は、空港および/あるいは航空機に関連するようになっており、主

(83) 学修や訓練に対する権利を認めよという要求は、貧困の女性化や女性の不平等な社会・経済的地位に対する反応であった。LAC, RG 14, session 1, box 68, wallet 26; box 68, wallet 26; box 73, wallet 37, Special Joint Committee on the Constitution.

(84) LAC, RG 14, session 1, box 62, wallet 10, Special Joint Committee on the Constitution.

(85) LAC, RG 14, session 1, box 62, wallet 10, Special Joint Committee on the Constitution. これらの多くにくりかえし要求していたのは、カナダ人権委員会、カナダ教員連合 (Canadian Teachers' Federation)、カナダ合同教会であった。LAC, RG 14, session 1, box 62, wallet 10; box 72, wallet 35, Special Joint Committee on the Constitution.

(86) LAC, RG 14, session 1, box 62,wallet 10; box 72,wallet 35, Special Joint Committee on the Constitution.

(87) LAC, RG 14, session 1, box 68, wallet 26, Special Joint Committee on the Constitution.

(88) LAC, RG 14, session 1, box 61, wallet 8, Special Joint Committee on the Constitution.

(89) LAC, RG 14, session 1, box 62, wallet 10, Special Joint Committee on the Constitution .

(90) LAC, RG 14, session 1, box 62, wallet 10, Special Joint Committee on the Constitution.

(91) ニューブランズウィック州の人権委員会は、1982 年、「先住民デスク (部局)」を設置した。だが、1967 年から 1997 年までの間に先住民から受けた申し立ては 70 件を上回らなかった。S. Williams, "Human Rights in Theory and Practice," 63. アラン・マチェスニーは、人権担当官との一連のインタビューに基づいて、先住民の人びとがめったに差別禁止法を使わない理由について、有益な説明を行なっている。McChesney, "Aboriginal Communities," 224-26. ピーター・カルチンスキーは、場合によっては、人権は先住民の権利と矛盾すると主張する。Kulchinsky, *Aboriginal Rights*.

(92) Tunnicliffe, "'Life Together,'" 454.

(93) これは、カナダの先住民にかぎられるわけではなかった。次を参照。Vincent, *The Politics of Human Rights*, 139-46; Freeman, *Human Rights*, Chapter 6.

(94) Williams, "Human Rights in Theory and Practice"; McChesney, "Aboriginal Communities."

(95) LAC, RG 14, session 1, box 60, wallet 4, Special Joint Committee on the Constitution.

(96) LAC, RG 14, session 1, box 68, wallet 26, Special Joint Committee on the

評議会（Advisory Council on the Status of Women)、女性の地位に関する全国行動委員会、カナダ市民的自由協会、カナダ市民的自由・人権協会連合。議員のなかで、最も声高に主張したのが――特に、性的指向に基づく差別の禁止について――、後に委員会委員長となるゴードン・フェアウェザーだった。House of Commons, *Hansard*, nos. 3 and 6 (1976/7), 2975-3412, 6143-6226; Canada, *Standing Committee on Justice and Legal Affairs*, 1977, 6A to 13A.

(73) たとえば、サラ＝ジェーン・マチューが指摘したように、多くの政治家たちは、カナダには隔離はないし、移民政策でも差別はないと主張していた。Mathieu, *North of the Color Line*, 74-75.

(74)「振り返ってみて、われわれの旧来からのイギリス性の象徴である議会の優越に対する支持が、権利と自由の憲章にいたる最終討論のなかでいかに限定的に出てきたかは、注目に値する。……後になって考えてみると、同憲章に対する支持が示唆するように、議会の優越に対する支持は、イギリス帝国の絆から出てきたものであり、カナダの土着性はなかったように思われる」。Cairns, "The Past and Future," 334.

(75) LAC, RG 14, session 1, box 68, wallet 26, Special Joint Committee on the Constitution.

(76) LAC, RG 14, session 1, box 62, wallet 10; box 60, wallet 5; box 62, wallet 10, Special Joint Committee on the Constitution.

(77) カナダ多文化主義諮問評議会が主張していたのは、自分たちのメンバーは公用語の地位に異議を唱えるつもりはなく、単に、あらゆる文化の自由と平等を人権として促進させることで、公用語を補完することであった。 LAC, RG 14, session 1, box 62, wallet 9, Special Joint Committee on the Constitution.

(78) たとえばカナダ・カトリック学校評議会（Canadian Catholic School Trustees）は、カトリックの学校が被雇用者に対してカトリックの生活態度を望むことを、学校の権利として確保することを要求した。RG 14, session 1, box 62, wallet 9, Special Joint Committee on the Constitution.

(79) ブリティッシュ・コロンビア労働連合は、場合によっては、年齢による差別を禁止することは意味があるが、定年退職制には、合法的な社会目的があると進言した。LAC, RG 14, session1, box 60, wallet 6, Special Joint Committee on the Constitution.

(80) LAC, RG 14, session 1, box 61, wallet 7; box 62, wallet 9; box 62, wallet 10, Special Joint Committee on the Constitution.

(81) Rebick, *Ten Thousand Roses*, 148 からの引用。

(82) LAC, RG 14, session 1, box 62, wallet 9, Special Joint Committee on the Constitution.

規模な委員会であり、政府の活動や失敗行動を批評、非難するが、カナダにある諸委員会がするように、個人の申し立てを扱うことはない」。Yalden, *Transforming Rights*, 143.

(68) Pegram, "Diffusion Across Policical Systems," 731-32.「124の(国家レベルの人権機関)の普及に関する調査ではっきり示されているのは、地域によって波の強弱があるものの、特に地域レベルで伝染効果がみられることである。すべての地域で1970年代中葉にきわだった増加があり、アフリカと南北アメリカでは1990年以降急増したが、最も一定した伸びを示しているのがヨーロッパである。興味深いことに、国家レベルの人権機関の萌芽が、人権委員会を設置したアラブ連盟諸国——モロッコ(1990年)、パレスチナ(1993年)、カタール(2002年)、エジプト(2003年)、ヨルダン(2006年)、サウジアラビア(2006年)——でもみられることである。Ibid., 737.

(69)「私の考えでは、国家レベルの人権機関の実効性を規定するのは、次の要素すべてである——国家の民主主義的統治構造。当機関の政府からの独立度。当機関の管轄範囲。調査権限を含む、当機関に与えられる十分な権限。大衆の当機関へのアクセスのしやすさ。当機関のほかの団体との協力の度合い。当機関の機能の効率性。当機関の説明責任能力。当機関の長に任命された人物個人の性格。当機関を政治化せず、その活動に対して受容的姿勢をもつ政府の行動。業務に対する大衆の信頼」。Reif, "Building Democratic Institutions," 24. 次も参照。Mertus, Human Rights Matters; International Council on Human Rights, "Performance and Legitimacy."

(70) オンタリオ州では、「障害」の定義をめぐって関係者の間で意見が割れていた。この分裂は、1970年代中葉、人権委員会が行なった公聴会で明らかになった。身体障害に基づく差別を禁止することには大筋で合意がみられたが、精神障害に基づく差別も禁止対象に入れるかどうかははっきりしなかった。「このような議論は、改正される人権法典にどの権利を入れるべきかという具体的事項だけでなく、『人権』という言葉の理解をめぐっても、社会が依然として分裂していることを示していた」。Tunnicliffe, "'Life Together,'" 455.

(71) Canada, Standing Committee on Justice and Legal Affairs, 1977, Appendix JLA-1, Statement by the Minister of Justice to Justice and Legal Affairs Committee, 6A: 1.

(72) 議会や委員会での議論のほとんどは、連邦裁判所に控訴するためのしっかりとしたしくみがないことをめぐってであった。もう一つの争点は、情報アクセスへの個人規定の免除事項に関してであった。代表を送った組織のなかには、公平賃金に関する文言に批判的なところもあったが、最終的にこの件は第3読会で修正された。常設司法法務委員会には次の6組織が代表を送っていた。カナダ労働会議、カナダ弁護士協会、女性の地位に関する諮問

した」。Shelagh Day, "Recent Developments in Human Rights," *Labour Research Bulletin* (June 1977): 21. 次も参照。British Columbia, "Human Rights Boards of Inquiry: Rights of Pregnant Women," *Labour Research Bulletin* (July 1976): 69-71; British Columbia, "Human Rights Boards of Inquiry: *Warren v Becket, Nadon & Creditel of Canada Limited*," Labour Research Bulletin (January 1977): 62-63; Peter Comparelli and Glen Schaefer,"Two Women Sexually Harassed, Inquiries Rule," *Vancover Sun*, 28 July 1984; *Julie Webb v. Cyprus Pizza* [1985] 6 CHRRD/2794.

(59)「道理にかなった理由」条項から引き出される判決の論評については、次を参照。Howe, "Incrementalism and Human Rights Reform," 35-36. 性的指向に関する判決は、性的指向が「道理にかなった理由」にあたらないことが根拠ではなかったが、後に法廷でくつがえった。

(60) アルバータ州の権利の章典は、基本的な自由を扱ったのに対し、個人的権利保護法（Individual Rights Protection Act）は、差別を禁止していた。

(61) ケベック州の人権と自由の憲章は、カナダで最も広範な人権法であった。Clément, *Canada's Rights Revolution*, 121-23; Morel, " Le Chatre québécoise"; Sheppard, "The Promise and Practice."

(62) Universiry of British Columbia, Rare Books and Special Collections, Renate Shearer, v. 2, f. 7, *Trudy Ann Holloway v Claire McDonald and Shop Easy*, 1982.

(63) ヒューマン・ライツ・ウォッチへの報告書のなかで、アラン・アンディソンは、この訴訟は「被雇用者である妊娠女性が、妊娠中に働くという当然の権利をいかに否定されたのかを明らかに示す事例である。平等な機会を否定したことは、ブリティッシュ・コロンビア州人権法典第 8 条違反である。こうした行為が続けば、子供を連れて働きつづけるという女性の権利や欲求を害することになる」と主張した。British Columbia Archives, G 85 168, box 4, f. case summaries, Alan Andison Final Report Trudy Ann Holloway case, 7 August 1981.

(64) British Columbia Archives, G 85 168, box 4, f. case summaries, memorandum Hanne Jensen to Jack Heinrich, 17 March 1982.

(65) *Canadian Human Rights Act*, S. C. 1977, c. 33.

(66) カナダにおける人権法の歴史や社会運動の役割については、次を参照。Clément, *Equality Deferred.*

(67) カナダ人権委員会の元委員長で国際連合人権委員会の代表であった人物によれば、カナダ・モデルをとる国はほとんどなかった。「注目すべきは、それは特別なタイプの委員会である。オーストラリアやニュージーランドのような国には似たような姉妹機関があるが、たとえば、フランスやそのほかのヨーロッパ諸国には、このようなものはまったくない。これらの国が求めているモデルとは、広範な（通例は大勢の）代表メンバーからなる大家横断的な人権ネットワークの台頭については、次を参照。Snyder, *Human Rights Actitism.*

（41）Nolan, “The Influence of Parliament,” 387-88.

（42）Ibid., 380,87.

（43）1975 年、人権への取り組みが弱い諸外国への援助を禁止するための議員提出法案が提案された。同法案は、カナダの外交政策の人権分野の注目を引いたため、政府は公の場で、政府の援助政策を擁護し、内容を詳述せざるをえなかった。「ここで最も注目すべきは、政府は議員提出法案に反対したものの、議題として上程されたことで、公の場で政策を説明せざるをえなくなり、それによって、カナダの援助プログラムにおける人権分野の対象を前向きに拡大させることになった点である。このように、人権が開発援助を制限するという全般的な原則を策定、公表するために、議会の特権が用いられた。後に、この原則は、議会委員会報告書というもっとはっきりした形で明記されるようになった」。Ibid., 382.

（44）Clément, “Human Rights,” 765.

（45）British Columbia, *Debates of the Legslative Assembly* (4 December 1980), 4219.

（46）MATCH International Centre, *History*, http://matchinternational.org/about/history.html.

（47）Brouwer, “When Missions Became Development.”

（48）Gecelovsky and Keating, “Liberal Internationalism,” 203.

（49）1970 年代における外交政策に対するカナダの教会の影響についての詳細な研究は、次を参照。Gardiner, “Building a Counter-Consensus,” 63, 65.

（50）これら 3 か国の 1980 年代における外国援助と人権に関する詳細な比較については、次を参照。Gillies, *Between Principle and Practice,* 119. アメリカ合衆国については、次を参照。Donnelly, *International Human Rights*, 108.

（51）Keenleyside and Taylor, *The Impact of Human Rights Violations*.

（52）Nolan, “The Influence of Parliament,” 383.

（53）Brysk, *Global Good Samaritans,* 73.

（54）Blancherre, *Canadian Foreign Policy, 1945-2000* and *Canadian Foreign Policy,1977-1992.*

（55）Pries, “Repression, Freedom, and Minimal Geography.”

（56）（人権に関する）カナダ外交政策に対する批判は次を参照。Nossal, “Cabin’d, Cribb’d, Confin’d,”; Gillies, *Between Principle and Practice.*

（57）Black, “The Long and Winding Road.”

（58）「これは、妊娠女性に対する雇用差別を扱ったカナダ初の訴訟であり、ブリティッシュ・コロンビア州人権法典は、第 8 条で『道理にかなった理由』のない差別を禁じているため、疑いもなく、妊娠女性を保護できると実際、記事の一つは、ヴァンクーヴァー総合病院が1971年の公平賃金裁定をいかにすり抜けることができたのかを調べており、その筆者は、公平賃金を実現するには、人権法制ではなく、「ストライキ、順法闘争、あるいは、尋問中の委員会の内外でのデモによるしかない」と結論づけていた。ヴァンクーヴァー・レイプ・リリーフは、現行の人権法の改正を要求するさまざまな連合体を応援することはあったが、せいぜいのところ、優先順位の低い活動として位置づけたままだった。社会運動と人権の主張に関するくわしい議論は、次を参照。Clément, "'I Believe in Human Rights.'"

(30) Eckel, "The Rebirth of Politics," 233.

(31) Eckel, "The Inernational League."

(32) Eckel, "The Rebirth of Politics," 229-31.

(33) Eckel, "The International Human Rights Campaign Against Chile."

(34)「アムネスティが政治的な実効力を備えている要因は二つあるが、その一つは、事務局が尽力して立ち上げ、徐々に改善してきた新しい情報政策にある。アムネスティは、NGOの活動を――当時としては甚だしかったが、いまからみれば単純に思える方法で――刷新し、人権侵害に関する情報を系統的に収集しはじめた。国際事務局は、多数の国ぐにの、さらに1980年代中葉には事実上全世界の国ぐにの人権侵害を(アムネスティの「定款」に明記されているように)定期的に監視していただけではない。アムネスティは、情報ルートを構築し、調査を遂行し、申し立てを検証することで、実情を示すことにも着手した。信用や情報の有意性を上げる高度な調査は、アムネスティの政治資本にとって不可欠であった」。Eckel, "The International League," 194-95. 事例研究を含む国家横断的な人権活動については、次を参照。Risse, Ropp, and Sikkink, *The Power of Human Rights.*

(35) Nossal, Roussel, and Paquin, *International Policy and Politics in Canada.*

(36) 連邦政府は数年をかけて、州との協議機構を構築した。カナダは、人種差別と女性権利に関する協定国になった。多年にわたってカナダは、人権委員会の会期やほかの国際フォーラムの場で、人権促進のため介入する姿勢をたびたび示してきた。Nolan, "Human Rights in Canadian Foreign Policy," 109.

(37) Ibid.

(38) Foster, "UN Commission on Human Rights," 83.

(39) カナダ政府はまた、非先住民男性と結婚した先住民女性はインディアンの地位を放棄しなければならないとしたインディアン法に対するサンドラ・ラブレースの申し立て――これは認められた――のような、国際連合人権委員会での申し立てに対応せざるをえなかった。Berry and McChesney, "Human Rights and Foreign Policy-Making," 60.

(40) Donnelly, "Genocide and Humanitarian Intervention," 98. ヘルシンキ合意と国

(18) この条項の例外の一つは、借家人だった。同条項は、借家人には適用されなかった。British Columbia, *Debates of the Legilative Assembly* (5 November 1973), 1260.

(19) ハワード・ラモスは、1960年代は、先住民の権利運動にとって分水嶺だったと述べている。政府助成、新しい政治的機会、先住民の汎アイデンティティの出現によって、先住民の動員が促されたのだった。さらに、「先住民の広範な利害を代弁するきちんとあらたまった主張は、1950年代には、常態というよりも、例外になっていた」。Ramos, "What Causes Canadian Aboriginal Protest?"; Ramos, "Aboriginal Protest," 59.

(20) Pal, *Interests of States*, 14.

(21) Brouwer, "When Missions Became Development."

(22) このようなイデオロギー的分裂は、カナダの活動家に実際に起きていた。長年、カナダを代表する全国的な権利組織は、カナダ市民的自由・人権協会連合というぎこちない名称で呼ばれた上部組織であった。これはカナダ独特の組織であった。

(23) Ligue des droits de l'homme, *Les Droits de l'Homme dans la Société Actuelle*, 27 September 1972 (published report).

(24) カナダにおける社会運動と人権については、次を参照。Ramos, "What Causes Canadian Aboriginal Protest?"; "Aboriginal Protest," 59. Clément, *Equality Defferred.*

(25) これらの組織には、ヴァンクーヴァー島多文化協会（Vancouver Island Multicultural Association）、女性への暴力に反対する女性たち（Women Against Violence Against Women）、カナダ・キリスト教・ユダヤ教評議会（Canadian Council of Chrisitians and Jews）、ブリティッシュ・コロンビア障害者の仲間たち（Associated Disabled Persons of B.C.）、サーベイ・デルタ移民サービス協会（Survey Delta Immigrant Services Society）、人種的正義のための委員会（Committee for Racial Justice）、ヴァンクーヴァー先住民警察関係プログラム（Vancouver Native Police Liaison Program）、ヴァンクーヴァー・ゲイ・コミュニティセンター協会（Vancouver Gay Community Centre Society）が含まれていた。Clément, *Equaly Deferred.*

(26) Women Unite! *An Anthology of the Canadian Women's Movement* (Toronto: Canadian Women's Educational Press, 1972), 9.

(27) Warner, *Never Going Back*, Chapter 3.

(28) Pam Blackstone to Nina Lopez-Jones, 30 November 1984, University of Victoria Archives [UVA], Women Against Pornography, v. 1, f. 9.

(29) 公平賃金についての記事数編を除けば、ヴァンクーヴァー女性推進会議のニューズレター（『ペデスタル』）は、人権法制については沈黙していた。

(49) CIPO/G (1962), *Canadian Gallup Poll 298*, retrieved 2 from November 2011 CDC; CIPO/G (1965), *Canadian Gallup Poll 312*, *Elections/Life*, retrieved 2 November 2011 from CDC; CIPO/G (1972), *Canadian Gallup Poll 355*, retrieved 2 November 2011 from CDC.

(50) 条例第 3926 条は、皮肉にも、「市民的自由の自由な行使を擁護し、公共の場での使用を制限し、騒擾や、秩序、平和、公共の安全に対するほかの侵害を阻止するための例外的措置に関する条例」というタイトルであった。この条例は、公的秩序を危険にさらす集会を禁じ、デモに参加する個々人には、他人を妨害することをやめさせ、他人と「争う」ことを違法とし、平和を脅かす集会を禁止した。同条例は、非合法の集会の定義をしていなかったため、2 名以上の人びとの非合法な集まりは、この法律の対象になった。条例第 3926 条に関する詳細な分析は、次を参照。Marx,"Notes and Comments."

(51) *Dupond v City of Montreal et al.* [1978] SCR 770.

第 4 章

(1) Doris Anderson, *Rebel Daughter*, 124.

(2) Ibid., 173.

(3) Backhouse and Cohen, *The Secret Oppression*. セクシャル・ハラスメントがどのようにして人権問題として進展してきたのかについての詳細は、次を参照。Epp, *Making Rights Real*, Chapter 8.

(4) Brirish Columbia Human Rights Commission, *I'm Okay*, 43.

(5) Ibid.

(6) Anderson, *Rebel Daughter,* 89.

(7) *Julie Webb v Cyprus Pizza* [1985] 6 CHRR 444 (BC BOI).

(8) Rabinovitch, "Teaching the Personal Is Political," 284.

(9) Full-Time University Enforcement, by Sex, Canada and Provinces, Selected Years, 1920) to 1975 (Table W340-438), in Statistics Canada, *Historical Statitics of Canada*, Cat. no. 11-516-XWE (Ottawa: Statistics Canada 1983).

(10) Graydon, "I Was a Slow Learner," 160.

(11) Frager and Patrias, *Discounted Labour*, 153; Cohen, "Paid Work," 85.

(12) Ibid., 83 からの引用。

(13) Brockman, *Gender in the Legal Profession*, 8-9.

(14) Burt, "The Changing Patterns of Public Policy," 228.

(15) 高等学校卒業資格しかもたない男性でも、大卒女性と同じくらいの給与がもらえた。Prentice *et al.*, *Canadian Women*, 379; Cohen, "Paid Work," 86-87.

(16) Canada, Status of Women, *The Royal Commission*, 312, 12.

(17) *Human Rights Code of British Columbia Act*, S.B.C. 1973, c.119.

(34) Canada, *Special Joint Committee [...] Minutes of Proceedings and Evidence*, 74: 33-87.

(35) Ibid., 88: 6-35.

(36) Ibid., 62: 29-34.

(37) Ibid., 62: 33.

(38) Behiels, “Canada and the Implementation.”

(39) Canada, Depatment of Exrernal Affairs, *Foreign Policy for Canadians*, 3: 26-27.

(40) Black, “The Long and Winding Road,” 84.

(41) ジェームズ・ストラザーズによれば、「遺棄女性部の業務」の大半は、「逃げた男性よりも、残された女性の生活を監視することにあった。実際、夫のほとんどは見つけ出せなかったため、家族崩壊によって増大する福祉コストへの地域住民の怒りの矛先は、手当を求める母親のほうに直接向けられた」。Struthers, *The Limits of Affluence*, 198.

(42) No author, “Appeal court upholds decision that woman should get welfare because man not spouse,” *Globe and Mail*, 2 April 1975; Mary Gooderham, “Ontario drops ‘spouse’ welfare rule,” *Globe and Mail*, 26 June 1987; No author, “Ontario drops ‘spouse in the house’ appeal,” *CBC News*, 2 September 2004.

(43) ブリティッシュ・コロンビア州は例外だった。第2章を参照。

(44) レスリー・パルは、1970年代、連邦政府は、さまざまな助成プログラムを通して、権利に基づく社会運動組織の出現を促す重要な役割を果たしていたと主張する。政府は、権利という言葉で不満を言い表すよう運動を奨励し、政府助成を与えることで、そうした組織に特典を与えた。Pal, *Interests of State*, 252.

(45) 1970年に行なわれたカナダの英語系大学生に対する調査では、圧倒的多数が、共産主義者の言論の自由に対する権利を支持し、政府に批判的な組織の禁止には反対していた。この調査では、法の適正手続やヘイト・スピーチを禁止する法律に対する賛成が多かったことも示された。W. B. Devall, “Support for Civil Liberties Among English-speaking Canadian University Students,” *Canadian Journal of Political Science/ Revue canadienne de science politique* 3, no. 3 (1970): 434-51.

(46) Canadian Institute of Public Opinion/Gallup [hereafrer CIPO/G] (1955), *Canadian Gallup Poll 243*, retrieved 1 November 2011 from Carleton Data Centre/ Roper Center for Public Opinion Research [hereafter CDC].

(47) CIPO/G (1960), *Canadian Gallup Poll 281*, retrieved 1 November 2011 from CDC.

(48) CIPO/G (1968), *Canadian Gallup Poll 331*, retrieved 2 November 2011 from CDC.

(25) British Columbia Archives, Department of Labour, Memorandum from D.H. Cameron to W. Mitchell. G85 168, Acc. 880057-3714, box 4, f. H-5-L, 1981; British Columbia Archives, Satus of Women Action Group, Report on discrimination in the retail trades. v. 3, f.32, 1972; LAC, Dan Hill, Victoria Human Rights Council Brief to the Human Rights Commission, MG 31 H1555, vol. 16, file 17, 1979; UBC RBSC, Vancouver Status of Women, Day of mourning for the human rights code. v. 6, f. 15, 1976.

(26) カナダの人権運動の歴史については、次を参照。Clément, *Canada's Rights Revolution.*

(27) アメリカ合衆国でも同様の分裂が起きた。もっとも、アメリカ合衆国の場合は、(市民的自由と人権というよりも)「市民的権利」と「人権」との概念的な分裂だった。次も参照。Soohoo, Albisa, and Davis, *Bringing Human Rights Home.*

(28) 連邦の権利の章典をめぐる議論の歴史をきちんと整理したものとして、次を参照。Clément, *Canada's Rights Revolution*, Chapter 1; MacLennan, *Toward the Charter.*

(29) Frank Scott to Gordon Dowding, 20 September 1964, LAC, Frank Scott Papers, MG30 D211, vol. 47.

(30) Canada, *Special Joint Committee [...] Final Report, 18-19.*

(31) 委員会に対してそれぞれの州が提出したが、それには言語権に対する新たな力点が加えられていた。Ibid., 3-68 to 3-133.

(32)「マニトバ州政府は、憲法が、すべてのカナダ人の社会福祉やほかの重要な社会・経済的手当が人道的水準に達していることを確実にする義務が諸政府にあることを認めないかぎり、不十分だと考えている。もちろん、手当の必要性や諸政府がそれに応じられる能力は、時代によって変化する。だが、憲法の前文では、この義務がカナダ連邦主義の目的の一つだと言明すべきである」。Canada, *Special Joint Committee [...] Minutes of Proceedings and Evidence*, 3:112, 3:33.

(33) 委員会の新民主党のメンバーであるアンドルー・ブルーインとダグラス・ローランドは、私有財産の保護に関する提案に対して、それが労働者の権利を損なうために使われるかもしれないとの懸念から、異議を唱えた。ケベック州選出の議員であるピエール・ドゥバネとマルシアル・アスランは、自決権を認めるべきとする勧告をつけた少数意見報告書を作成した。LAC, RG 14, Acc. 1991-92/138, box 49, Special Joint Committee on the Constitution of Canada, Statement by Andrew Brewin and Douglas Rowland on the Report of that Committee, 16 March 1972; A Minority Report by Pierre DeBané and Me Martial Asselin, 7 March 1972.

あおるいかなる者も、訴追すべき犯罪であり、2年の投獄か略式有罪とされる」。Rosen, "Hate Propaganda."

（18）Canada, *Statement of the Government of Canada on Indian Policy*, 5.

（19）Ibid., 6-8.

（20）「先住民出自の個人が、主流社会の民主主義的な権利や経済的機会への完全で平等なアクセスをもつこと――統合主義的（インテグレーショニスト）アプローチ――は、却下されるべきものではなかった。といっても、このアプローチが、ポストコロニアルな関係〔植民地以後の社会関係〕の一部となりうるのは、伝統的な土地や水域と結びついた別個の自治共同体を先住民が存続させ発展させたりする集団的権利を認める自律（オートノミスト）アプローチと結びついた場合にかぎられていた。……合意に基づいて先住民を取りこむ土台としての自由主義的な市民的権利（シヴィル・ライツ）アプローチが不十分であることは、1969年のカナダでは明白になっていた」。Russell,"Colonization of Indigenous Peoples," 76.

（21）1970年、アルバータ州のインディアン首長らが、『シティズン・プラス』（『赤書（レッド・ペーパー）』）というタイトルの挑発的な批判文書を発表した。彼らは、『白書』が「希望というよりも、絶望を提示し」、先住民の将来の世代に対して「絶望や、ゲットーに棲む都市の貧困という醜い妖怪になることを運命づけようとしている」と主張した。1970年にハロルド・カーディナルが書いたベストセラー『不公平な社会』は、先住民の不満をさらに明確にし、将来構想を示していた。『白書』は、「文化的なジェノサイド」の手段だと、彼は記していた。カーディナルは、先住民たちの貧困な生活状況、教育機会の欠如、構造的な失業を批判していた。Indian Chiefs of Alberta, 1970. Citizen's Plus; Cardinal, *The Unjust Society*, 5.

（22）『白書』が出た後に、全国レベルの先住民組織4つと州レベルの先住民組織33が、つくられた。これらの組織の多くは、ローカルなレベルを越えて先住民を組織した先駆けとなった。たとえば、アルバータ州では、1968年から1972年にかけて、アルバータ先住民連合（Alberta Native Federation）、アルバータ先住民青少年協会（Alberta Native Youth Society）、アルバータ・トリーティ・ボイス（アルバータの条約への発言）（Treaty Voice of Alberta）、先住民人権協会（Native Human Rights Association）が創設された。全国的にはインディアン友好センター（Indian Friendship Centres）が増加した。Whiteside,"Historical Development,"; Ramos, "What Causes Canadian Aboriginal Protest?" and "Aboriginal Protest." 先住民の権利運動と『白書』については、次を参照。Ramos,"Divergent Paths."

（23）Long, "Culture, Ideology, and Militancy," 121.

（24）*Statute Law (Status of Women) Amendment Act*, S.C. 1974-76, c.66.

"Genocide and Humanitarian Intervention," 94, 97; Risse, Ropp, and Sikkink, *The Power of Human Rights*; Keck and Sikkink, *Activists Beyond Borders*; Olzak, *The Global Dyanmics*.

(8) 国内での冷戦政治の最悪の状況は、1970 年代には解消していた。労働組合や市民サービスでの共産主義に対する粛清は衰退していたし、基本的権利を制限する、より過酷な法律のいくつかは撤廃されていたし、政治論争は冷戦のレトリックに過度に依存しなくなっていた。カナダの共産主義運動は、かつての形に戻っており、権利に関する組織はもはや、国内のイデオロギー対立に翻弄されることはなかった。

(9) 歴史家サミュエル・モインは、人権が 1970 年代になって国際政治で注目されるようになったのは、共産主義といったほかの理想が評判を落としたからだと主張する。「むしろ、人権をめぐる純粋な社会運動が頭角をあらわし、公的な政府機関——特に国際的な機関——を越えて前面に出るようになったのは、1970 年代になってのことだった」。Moyn, *The Last Utopia*, 8.

(10) Risse, Ropp, and Sikkink, *The Power of Human Rights*, 266. リスたちの研究は、人権の原理が国際政治の重要な一部となる「常態化」あるいは「社会化」の過程がいかにして起こったかを示している。彼らは、一連の事例研究によって、権利要求を否定、却下した人権侵害者たちが、時代をへるにつれて、人権の実態に関する対話を受容したり関与せざるをえなくなった（あるいは、孤立や制裁の危険を冒さざるをえなくなった）様相を描いている。時とともに、この対話は、それぞれ国内で権利侵害に向きあううえでの土台となった。

(11) *The Ontario Human Rights Code,* S. O. 1961-62, c.93. 実際には、人権委員会は、人権法典が可決して法律となる前の 1961 年、差別禁止の法律を執行するために設置された。

(12) 次の研究は、カナダにおける人権法の進展に関して洞察力のある分析をしている。James St. G. Walke, in "The 'Jewish Phase.'"

(13)「実質的平等アプローチでは、実際の同一の扱いが平等か不平等の結果を生んでいるかを問うている。……実質的平等では、影響や結果における平等を確保するために、社会における個人どうしの根底にある違いや、その違いの受容のされ方を考慮しなければならない」。Cornish, Faraday, and Pickel, *Enforcing Human Rights in Ontario*, 39.

(14) Ontario, *Report of the Royal Commission*; Quebec, *Commission of Enquiry*.

(15) *Official Languages Act*, S.C. 1969, c.54.

(16) *Criminal Law Amendment Act*, S.C. 1968-69, c.38.

(17)「刑法第 318 条により、ジェノサイドを主張、喧伝するいかなる者も、有罪となり、5 年間の投獄に処せられる。……刑法第 319 条第 1 項では、公共の場で声明を出すことで、平和を侵害するほどに特定の集団に対する憎悪を

国家が個人の権利を制限することに賛成する意見が底流にあることを示している。Canadian Institute of Public Opinion/Gallup (1949), *Canadian Gallup Poll 191*. Poll retrieved 1 November 2011 from Carleton Data Centre/Roper Centre for Public Opinion Research. 次も参照。Axelrod, *Scholars and Dollars*.

（81）Clarke, "Debilitating Divisions," 182.

（82）Bagnall, "The Ontario Conservatives," 122.

（83）Marshall, "The Cold War."

（84）マーガレット・ヒリヤード・リトルは、母親年金（マザーズ・ペンションズ）（とその州では呼ばれていた）は、法律によって定められた権利として提示され、権利をめぐる言説は、年金をめぐる公共の議論に浸透していたと主張する。だが、リトルが述べるように、この権利の語りは、市民権と結びついており、（たとえば）人種的マイノリティを排除していた。Little, "Claiming a Unique Place." 次も参照。Marshall, "The Language of Children's Rights."

第3章

（1）10月危機における人権侵害については、次を参照。Clément, "The October Crisis of 1970."

（2）Claude Ryan, "Les retombées de la crise d'octobre au Canada Anglais," *Le Devoir*, 1 February 1971 (translated by author).

（3）Lauren, *The Evolution of International Human Rights*.

（4）これらは、世界で最も卓越した人権組織であった。もっとも、唯一ではなかった。アジア人権組織連合（Asian Coalition of Human Rights Organizations）やアフリカ間人権ネットワーク（Inter-African Network for Human Rights）のような地方組織も、人権侵害を報告していた。ヒューマン・ライツ・ウォッチ（人権監視）（Human Rights Watch）は、1978年に創設された。

（5）1996年の時点では、世界全体で295もの人権団体が登録されていたが、そのほぼ半数は1970年代以降に創設された。今日、世界全体で推定35,000の組織が人権の行使に関心を寄せている。

（6）人権と冷戦初期に関しては、次を参照。Forsythe, *Human Rights in International Relations,* 41, 43; Devereux, *Australia and the Birth*; Sellars, *The Rise and Rise*; Olzak, *The Global Dynamics*; Donnelly, "Genocide and Human Rights," 7; Soohoo, "Human Rights and the Transformation,"; Eckel, "The International League."

（7）冷戦と人権に関しては、次を参照。MacLennan, *Toward the Charter*, 75. クリスティン・セラーズは、1970年代以降に人権をめぐる国家横断的な活動に対する主要な助成源となったフォード財団は、冷戦が弱まってはじめて人権事業に目を向けたと指摘する。Sellars, *The Rise and Rise*, 139; Donnelly,

(67) Schabas, "Canada and the Adoption," 427.

(68) Nossal, "Cabin'd, Cribb'd, Confin'd," 50.

(69) Nolan, "Reluctant Liberal," 287-88.

(70)「しかし、外交政策の大部分は、国家主権に関与し、異なった価値や伝統や多様な国家の行動を――敬意を払うまでではないが――進んで受け入れることだった。さらに、いかなる理由であれ、干渉は国際秩序の侵害であり、容認できないという見解を支持していた」。Gecelovsky and Keating, "Liberal Internationalism for Conservatives," 1-2.

(71) Nolan, "Reluctant Liberal," 294.

(72) 解説者のなかには、「市民的権利」と「市民的自由」を交互に使う者もいた。メディア報道、議会の議論、市民的自由のための組織の貢献を含む、グーゼンコ事件に関しては次を参照。Clément, "The Royal Commission"; "Spies, Lies and a Commission."

(73) "Topics of the Day," *Dalhousie Review* 26 (1946-47): 96-98.

(74) 対照的に、カナダ労働防衛連盟（共産党関連のカナダにおける市民的自由のためのグループ）の規則は、労働や公平賃金に対する権利を含む、社会・経済的諸権利を取りこんでいた。同様に、トロントの市民的自由協会は、1950年代まで、差別禁止法制を求める運動を起こさなかった。初期の運動に深くかかわり、市民的自由のための組織のいくつかの創設を支援したフランク・スコットは、1933年に、同僚に対して、「私が思うに、市民的自由のための組織は、言論や結社の自由に対する権利の保持にもっぱら関心をもつべきだ」と語っていた。Petryshyn, "A. E. Smith," 42; Lambertson,"The Dresden Story," 29.

(75) Lambertson, *Repression and Resistance,* 34.

(76) Moyn, *The Last Utopia*; Quataert, *Advocating Dignity*; Korey, *NGOs*.

(77) Motavcsik, "The Paradox."

(78) Maul, "The International Labour Organization," 305.

(79) Moyn, *The Last Utopia*, 225. 国際法については、次も参照。Pendas,"Toward World Law?"

(80) 1949年のギャラップ調査は、言論に対する完全な自由を確信しているか、いついかなるときも、政府や国家について意見を言うことが許されるべきかを問うていた。2019人の回答者のうち、36.2パーセントが否、15パーセントが、わからない、あるいは、条件つきだと回答した。4年後に改めて調査が行なわれ、62パーセントが共産主義者の発言を制限することに賛成した一方、言論の自由を基本的な民主主義的権利だと思うと答えたのは、26パーセントにすぎなかった。当時の世論調査は未熟であり、意見全般を粗っぽく測定したにすぎなかった。だが、少なくとも、これらのごくわずかな例は、

(55) "Discrimination and the Law," *Toronto Star*, 3 August 1961.

(56) Clément, "'I Believe in Human Rights'"; Tarnopolsky, *Discrimination and the Law in Canada,* Chapter 2.

(57) Frager and Patrias, "This Is Our Country," 4.

(58) Frager and Patrias, *Discounted Labour*, 82-83. フィル・ジラードは、女性、結婚、出身国を規定する法律に対する全国女性評議会の立場について、同様の議論をしている。Girard, "If Two Ride a Horse," 44.

(59) Knopff and Morton, *The Charter Revolution*, 14.

(60) Gwyn, *Smallwood*, 239; Gillespie, "A History of the Newfoundland Federation of Labour," 27-29.

(61) 人権の歴史に関するいくつかの研究は、1970年代まで冷戦が人権の進展にマイナスの影響を及ぼしていたと結論づけている。Sellars, *The Rise and Rise of Human Rights*, 139; Mazower, "The Strange Triumph of Human Rights," 395; Gordon and Wood, "Canada and the Reshaping of the United Nations," 499; Lambertson, *Repression and Resistance*; Clément, *Canada's Rights Revolution*; Watson, *Brian Fitzpatrick*; Clément, "'It Is Not the Beliefs'"; Clarke, "Debilitating Divisions," 182.

(62) Walker, "The 'Jewish Phase.'"

(63) Schabas, "Canada and the Adoption," 424からの引用。シャバスはまた、「国際連合総会に向けて対外関係省官僚が準備した『国際連合の案件に関するカナダの見解』と題する112ページからなる文書では、この世界人権宣言にすら言及していない」と述べている。

(64) Canada, *Special Committee on Human Rights and Fundamental Freedoms [1950]*; Hobbins, "Eleanor Roosevelt."

(65) Mazower, "The Strange Triumph of Human Rights," 394-95. オーストラリアが国内情勢への干渉に反対したことについては、次を参照。Devereux, *Australia and the Birth*, 204-15.

(66)「人権は、サンフランシスコ会議の奇禍（カジュアルティ）というよりも、単なる見せかけ（ノン・イベント）だった。国際連合は、特定の限定された目的のために協議・協力する主権国家の連合体であった。抽象的な世界組織が国内情勢に干渉することを誰も歓迎しなかったし、カナダも例外ではなかった。国際連合の仕事は、戦争を阻止することであり、加盟国の情勢に干渉することではないと、マッケンジー・キング〔カナダ首相〕はカナダ代表団に言明していた。カナダにおける人権、移民、教育といった問題は、外国には関係のないことだった。代表団のメンバー全員がキング首相に賛成していたわけではないが、反対する以上の術を心得ていた」。Bothwell, *Alliance and Illusion*, 21.

いた。国内で彼らが反応したものとしては、1930年代末の反ユダヤ主義の増大、デュプレシによる1937年の反共産主義的なパドロック法、第2次世界大戦勃発時の共産主義者の拘束やウクライナ系労働農民聖堂連合の集会所での逮捕、1942年の日系カナダ人の西海岸からの追放と、その多くを戦争末期に退去させたこと、1945年のソビエト連邦大使館秘書官イーゴリ・グーゼンコの亡命後の、共産主義容疑者の逮捕と裁判なしの拘束があった」。Patrias,"Socialists, Jews, and the 1947 Saskatchewan Bill of Rights", 268, 71.

(38) Bangarth, "We Are Not Asking you."

(39) カナダで初めての市民的自由を求めるグループに関する歴史については、次を参照。Lambertson, *Repression and Resistance*.

(40) Walker, *"Race," Rights and tbe Law*, Chapter 3.

(41) Ibid., 177-78.

(42) Scott, *Essays on the Constitution*, 353.

(43) これらの訴訟の背景については、次を参照。Kaplan, *Canadian Maverick*, Chapter 4; Berger, *Fragile Freedams*, Chapter 6.

(44) Kaplan, *Canadian Maverick*, 135からの引用。

(45) Ibid., 136.

(46) *Boucher v The King* (1949) 95 CCC 119; *Saumur v City of Quebec* (1953) SCR 265; *Switzman v Elbling and Attorney-General of Quebec* (1957) SCR 285; *Roncarelli v Duplessis* (1959) SCR 121.

(47) アダムズは、ロンカレリ訴訟に関する分析のなかで、「判事ランドが法律の物差しとした前提には、行政の合理性を法的に執行することがあったのであり、人権ではなかった」と結論づけている。Adams, "Building a Law of Human Rights," 449.

(48) *Noble et al. v Alley* [1951] SCR 64.

(49) Walker, "The 'Jewish Phase'" からの引用。

(50) University of British Columbia Rare Books and Special Collections (UBC RBSC), Vancouver Labour Committee for Human Rights, Report on Activities, box 1, 1959.

(51) Norman, "Saskatchewan's One Bright Shinning Moment."

(52) *The Fair Employment Practices Act*, S.O. 1951, c.24; *The Fair Accommodation Practice Act*, S.O. 1954, c.28; *The Female Employees Fair Remuneration Act*, S.O. 1951, c.26.

(53) Ernest Manning to Michel Gouault (United Council for Human Rights), 8 June 1964, LAC, Jewish Labour Committee (JLC), MG28V75, vol. 36, file 14. Maureen Riddell, *The Evolution of Human Rights Legislation in Alberta*, 6.

(54) *Fair Employment Practices Act*, S.B.C. 1956, c.16.

(22) Ibid., 70-71.

(23) Ibid., 82.

(24) Eric Adams, "Building a Law of Human Rights," 44-5.

(25) Bangarth, *Voices Raised in Protest.*

(26) グーゼンコ事件については、次を参照。Clément, "Spies, Lies and a Commission"; "The Royal Commission on Espionage." 次も参照。Lambertson, *Repression and Resistance;* Knight, *How the Cold War Began.*

(27) Adams, "The Idea of Constitutional Rights," 79.

(28) 1934 年、マニトバ州は、文書誹毀法を改正して、カナダ初の反ヘイト法を可決した。同法は、「人種や信条に対する名誉棄損で、ある人種に属していることを暴いたり、信条に対する憎悪、軽蔑、嘲笑を公言したり、人びとの間に不安や混乱を引き起こしたりする可能性のある出版物」を禁止した。*An Act to Amend the "Libel Act"*, S.M. 1934, c.23. *The Racial Discrimination Act,* S.O. 1944, c.51.

(29) Tulchinsky, *Canada's Jews,* 172; Lambertson, "Suppression and subversion," 33.

(30) この法律は、信条や肌の色についても言及していた。*An Act to Protect Certain Civil Rights*, S. S. 1947, c. 35.

(31) 後に連邦政府の法務大臣となるF・P・ヴァーコーによれば、「権利が含意するのは、権利をもっている者に対して、それに見合う義務がほかの者や政府にあるということである。たとえば、ある者が教育に対する権利をもっているとすれば、教育を提供する義務が政府にある。他方で、自由というのは、法的義務を課されないことで生ずる、恩恵あるいは利点なのである」。Canada, *Special Joint committee [...] on Human Rights and Fundamental Freedoms,* 132.

(32) Canada, *Special Committee on Human Rights and Fundamental Freedoms*, 89.

(33) Ibid., 174.

(34) Palmer, *Working Class Experience*, 266.

(35) Mathieu, *North of the Color Line*, 62, 133. 黒人の会員が相当数を占めていたにもかかわらず、労働組合の人種化された組織構造は、1960 年代中葉まで残っていた。

(36) 1946 年から 1961 年までの間に、200 万人以上の移民がカナダに到来した。この新カナダ人の多くは、数々の労働組合に加入した。Lambertson, "The Dresden Story," 48-49.

(37)「協同連邦党が差別に反対したのは、非宗教的な人道主義、社会福音、経済・社会的平等に党員が献身していたことなど、さまざまな要因があった。……1930 年代後半から 1940 年代にかけて、協同連邦党の党員たちは、カナダ内外の情勢に対応して、市民的自由や人権の擁護に対する懸念を深めて妨害したり、武官が逮捕するのを援助しなかったり、不忠な言葉が話される集会に参加したりすることを違法とした。同法可決の1か月後、『怪しいたくらみをしている』人物を処分する権限が法務大臣に認められた。処分とは、その人物が誰であろうと、軟禁したり、裁判にかけたり、収容所に送ることだった。文字通り読めば、どんなに著名な政治家であろうが新聞であろうが、徴兵に反対した者は、扇動罪に問われる危険があった」。Ibid., 441.

(12) 大臣には、すべての伝達手段を管理するために、いかなる電話・電信会社をも差し押さえる権限が与えられた。そして政府は、出版検閲局長と郵便検閲局長を任命できる権限を握った。ちょっとした小冊子を含む、あらゆる出版物には、筆者名を入れなければならなくなった。規定は、広範にわたっており、敵の諜報員との通信や、軍部や内閣に関する情報伝達も含まれた。戦時下の検閲については、次を参照。Keshen, *Propoganda and Censorship;* Steinhart, *Civil Censorship in Canada*.

(13) さらに、枢密院令は、宗教儀式を除いて、ロシア、フィンランド、ウクライナを含む、敵と結びつきのある言語での集会(および文書の出版)をカナダ全土で禁止した。これは、集会と出版の自由に対するきびしい制限であった。政府は、カナダでの急進的な外国語出版物を全面的に弾圧した。戦争が長びくにつれ、出版検閲局長が権限を行使する頻度が増した。1914年には発禁処分となった出版物は2点だったが、1915年には16点、1916年には52点、1917年には58点、1918年には59点になった。Whitaker, Kealey, and Parnaby, *Secret Service*, 63-68. Kealey, "State Repression of Labour," 288.

(14) たとえば、1918年4月、連邦政府は、ケベック市の兵役登録事務所で起きた騒擾に対して、戒厳令を発し、人身保護権を停止するとともに、騒擾者たちに徴兵するぞと威嚇した。Cook, *Warlords*, 129. より日常的な権限には、復員軍人たちを定住させるために土地を没収し、旧所有者には、政府が妥当とみなす価格で賠償することが含まれていた。第1次世界大戦中の戦時措置法下で出された命令についての具体的な議論は、次を参照。Smith, "Emergency Government in Canada."

(15) Greenwood, "The Drafting and Passage," 292.

(16) 戦時措置法の権限に基づいて発せられた枢密院令については、次を参照。B. Chamberlin, *Act of the Parliament of the Dominion of Canada, 1873-1951*, http://eco.canadiana.ca.

(17) Kealey, "State Repression of Labour," 293 からの引用。

(18) Whitaker and Marcuse, *Cold War Canada,* 7-8.

(19) Whitaker, Kealey, and Parnaby, *Secret Service*, 147, 57.

(20) Lambertson, *Repression and, Resistance*, 82.

(21) Ibid., 85.

レシは、反カトリック労働組合を解体させることができるようになった。Lambertson, *Repression and Resistance*, 50.

(4) No author. “Le premier minisrer parle de sabotage et l’Opposition lui pose deux questions.” *Le Devoir,* 1 February 1951.

(5) F・マレー・グリーンウッドが主張するように、歴史的にみて、カナダの法律制定者たちは、「危機——実際の危機であれ、恐れであれ——になると、市民的自由にほとんど配慮することなく、つねに変化する言葉づかいを十分に検討しないで、徹底した治安法制をほしいままにしてきた」。Greenwood, “The Drafting and Passage,” 292.

(6) Whitaker, Kealey, and Parnaby, *Secret Service*, 29-30.

(7) 「結局のところ、人身保護権の停止は、公然たる抗議も、恐怖心も、民衆の反フィニアン主義の主張も、いっさい引き起こすことはなかった。それどころか、議会の月並みな業務として片づけられた」。Wilson, “The D’Arcy McGee Affair,” 87, 89.

(8) 反乱を引き起こすことになる 1885 年のリエルによる暫定政府の創設以前の 1884 年、フランス系とイギリス系の代表による委員会が、連邦政府に対して権利の請願を提出していた。しばしばこの文書は、リエルあるいはメイティの権利の章典と誤っていわれることがある。この請願書は、市民的自由を扱っていない。むしろ、財産や、その地域の統治に関する一連の不満を列挙している（もっとも、マニトバへの責任政府を要求してはいるが）。この請願書と簡単な背景については、次を参照。Lewis H. Thomas, “Documents of Western History.”

(9) あまり知られていないが、公的秩序の擁護という名の下に正当化された過剰な法律の例は、ほかにもある。カナダではイギリス以上に扇動の定義が漠然としており、そうした法律は 1951 年まで存続した。イギリス議会が多くの犯罪に対して死刑を廃止したのは 1848 年だったが、カナダがイギリスにならったのは 1868 年になってのことだった。イギリスではまた、戦争をしかけられたことに対する正当防衛として威嚇を認めたが、カナダの政策決定者は、1906 年にこの正当防衛をはずしていた。Greenwood, “The Drafting and Passage,” 296-97.

(10) 当初の法案には次の条項が含まれていたが、法案可決の前に、内閣によって削除された。「閣僚の誰かが命じ、あるいは発した命令や令状は、……そこに含まれる声明や事がらすべての決定的な証拠となり、裁判所も判事もそれについて調査したり命令を下すことはできない」。Smith,“Emergency Government in Canada,” 431 からの引用。

(11) 兵役法（Military Service Act）は、「口頭であれ、文書であれ、徴兵に対する抵抗や妨害を犯罪としていた。これに続いて出される規則では、演説をした。同法は、共産主義者や労働組合員の言論封じの意図隠しとしてはお粗末だった。Lambertson, *Repression and Resistance*, 34.

(95) Whitaker, Kealey, and Parnaby, *Secret Service*, 122-26.

(96) Petryshyn, "Class Conflict and Civil Liberties," 43 からの引用。

(97) Ibid., 53.

(98) Vipond, "Censorship in a Liberal State," 81-94. スペイン内戦のさい、国内での共産主義者支持をおさえるため、1937年、連邦政府は外国人徴募法（Foreign Enlistment Act）を改正し、戦争に参加することを禁止した。同法に違反した者には、罰金 2000 ドルと懲役 2 年が科せられた。後に政府は、スペインへの渡航いっさいを禁じるために、この法律を利用した。Whitaker, Kealey and Parnaby, *Secret Service,* 139.

(99) Mathieu, *North of the Color Line*, 122 からの引用。

(100) Anderson, *Canadian Liberalism*, 100.

(101) Clément, *Canada's Rights Revolution*, 37.

(102) Petryshyn, "Class Conflict and Civil Liberties," 50 からの引用。1927 年、1928 年、1929 年、1930 年と、下院は第 98 条を削除する法案を可決した。いずれの場合も、上院で否決された。Mackenzie,"Section 98," 482.

(103) *Alberta Press Bill*, Supreme Court Reports 100 (1938).

(104) Ibid.

(105) カナダの公安警察について研究する歴史家たちは、同様の傾向を見いだしている。大恐慌の間じゅう、きまって政府関係者の側は、イギリス的価値や伝統を守るために共産主義者に対する強圧的な措置を正当化した。これに対し、反政府活動家のほうは、同じ言説を使って不満を表現していた——「ストライキ参加者はユニオン・ジャックを掲げ、『浮浪者』は第 1 次世界大戦の勲章を身につけ、両者とも、労働組合の承認や、救済キャンプの廃止、それに失業保険は、大恐慌の悲劇、政府による刑法や移民法の厳格な適用、危険分子とおぼしき人物に対する連邦警察による執拗な監視と弾圧によって損なわれてしまったイギリス的価値や伝統をまさに復活させる手段だと主張していた」。Whitaker, Kealey, and Parnaby, *Secret Service*, 143.

第2章

(1) *Act Respecting Communistic Propaganda*, S.Q. 1937, c.11.

(2) Lambertson, "Suppression and Subversion," 33.

(3) 1937 年、デュプレシ政府は、労働者賃金に関する法（An Act Respecting Workmen's Wages）と公平賃金法（Fair Wage Act）を可決した。この法制化によって、政府は、労働組合の内部情勢——団体交渉過程や労働者が労働組合を選ぶ権利を含む——に介入できるようになった。これにより、デュプ

する研究で、似たようなテーマを扱っている。1864年の聖体祝日の祝典と1875年の聖年の騒乱では、プロテスタントとカトリックの緊張が暴力沙汰にまで発展した。ラドフォースによると、カトリックは、カナダにおいてカトリックが信仰を実践するのは、歴史的権利だと主張していた。宗派教育をめぐる論争でプロテスタントとカトリックがしたように、カトリックは、マイノリティあるいは集団的な権利として、権利を主張していた。「それゆえ、リンチ〔トロント大司教ジョン・ジョゼフ・リンチ〕は、自分が発言すれば猛反対を受け、大きな反響を引き起こしかねないというものものしい状況のなかで、カトリックの信仰実践の権利を訴えた」。Radforth, "Collective Rights," 534.

(85) House of Commons, *Hansard*, no.2 (1896), 2759.

(86) 権利をめぐるもう一つの論争として、移民政策に関する論争が、19世紀末から20世紀を通して続いた。議会内の自由主義的国際主義者たちは、門戸開放の移民政策に賛成し、「イギリスの憲政」の原理に訴えた。これに対して、自由主義的国民主義者（ナショナリスト）たちは、非白人を排除することで国家を守ろうとした。1926年、罪を問われた者に対する退去措置に反対したある議員は、次のように発言した。「マグナ・カルタや、それ以外にイギリス的自由を示す偉大なる保護憲章である人権保護法の下で、イギリス臣民として今日の私たちが権利や特権を享受できるのには限界があるでしょうか」と。1940年代になると、移民政策はますます制限的になり、非市民を差別する権利文化の範囲をめぐって議論が行なわれた。Anderson, *Canadian Liberalism*, 106.

(87) *Re Mable French [1905]* 27 NBR366.

(88) 本法律と性差別の歴史については、次を参照。Clément, *Equality Deferred*, Chapter 1.

(89) Kealey, "State Repression of Labour."

(90) Mackenzie, "Section 98," 474.

(91) 議会ではこの法制化への反対はほとんどなかった。「この小規模な改正は、ほぼ10年に及ぶ非市民に対する管理や権利をめぐる議論の焦点となり、イギリス的自由主義における法の適正手続権に注目が集まるとともに、カナダにおける権利に基づく新しい政治の端緒となった」。Anderson, *Canadian Liberalism*, 99-100, 96.

(92) Petryshyn, "Class Conflict and Civil Liberties,"47.

(93) Mackenzie, "Section 98," 478.

(94) 第2章でみるように、ケベック州政府は、特に集会、結社、言論の自由を侵害しがちだった。たとえば、1934年の集会広報法（Certain Meetings Advertising Act）は、ビラを配るのに、地域の警察署長の事前許可を必要と

Women and Government Policy," 93-94.

(72) Miller, "Human Rights for Some," 242.

(73)「文化・宗教的儀式への干渉以上に大きな人権の否定があるとすれば、それは、共同体の子供たちのアイデンティティや生活様式をつくりかえたことである。……寄宿学校で教育を受けた何万人もの子供たちは、ダメージを受け、混乱し、共同体から切り離され、ときには、それに対して苦痛を感じ、いらだった。Hay, "Civilians Tried in Military Courts," 243-44.

(74) Dicey, *Intoduction to the Study*.

(75) Sranley, *Contesting Whte Supremacy*, 41 からの引用。

(76) Pitsula, *Keeping Canada British*, 1.

(77) Ducharme, *Le concept de liberté au Canada*, 170. 同様に 1852 年、イギリス政府が、ローマ・カトリックの象徴を公共の場で展示することを禁止した。このような禁止は、カナダにはなかった。Radforth, "Collective Rights," 539.

(78) 1858 年に連合カナダ植民地が制定した法律である信仰の自由法では、宗教的自由に対する権利を再び認めていた。「あらゆる宗派の法的平等は、植民地法制で認められた原理であるがゆえに、……次のように宣言する。…宗教的教えや信仰を、差別や偏向を受けないで実践、享受するのは、それが、逸脱した行為の弁明や、本植民地の治安と安全にそぐわない行為の正当化でないかぎり、本植民地の憲政と法律によって、すべての国王臣民に認められている」。アッパーカナダ、ロワーカナダ両植民地を統合した 1841 年の法律にも、宗教的多様性の擁護が規定されていた。Kaplan, *Canadian Marverick*, 127-28.

(79) オンタリオ、ケベック、サスカチュワン、アルバータ、ニューファンドランドの各州は、カトリック（フランス系）とプロテスタント（イギリス系）の学校に助成していた。これに対して、ニューブランズウィック、ノヴァスコシア、マニトバ、ブリティッシュ・コロンビアの各州は、宗派学校への助成を行なっていなかった。マニトバ学校問題は、1896 年の連邦選挙の主要争点となり、与党保守党は失脚した。Miller, "D'Alton McCarthy."

(80) 枢密院司法委員会は、1892 年と 1895 年のそれぞれの訴訟において、公立学校法（Public Schools Act）の合法性を認めた。

(81) この規則は 1913 年に改正され、入学 2 年後に 1 時間までのフランス語教育を認めた。1944 年には、オンタリオ、ブリティッシュ・コロンビア両州で、公立学校での主の祈りの復唱を認めた。宗教ならびに人権については、次を参照。Berger, *Fragile Freedoms*.

(82) House of Commons, *Hansard*, no. 1 (1893), 1792.

(83) Pitsula, *Keeping Canada British*, 160.

(84) イアン・ラドフォースは、トロントの通りでのカトリックの行進に関

えも、カトリックとフランス系カナダ人を軽蔑するばかりだった。Kaplan, *Canadian Maverick*,111. KKK については、次を参照。Pitsula, *Keeping Canada British*, Chapter 6.

(65) 1947 年、土地売却禁止法に代わって、共同財産法（Communal Property Act）が制定されたが、フッター派への土地売却の禁止の意図は変わらなかった。後者の法律は、1972 年まで存続した。*Land Sales Prohibition Act*, S.A. 1942, c. 59; *Communal Property Act*, S.A. 1947, c.16.

(66) Lambertson, "Dominacion and Dissent," 15.

(67) Lambertson, "Suppression and Subversion," 33.

(68) Lambertson, *Repression and Resistance,* 72.

(69) 1920 年から 1922 年までと 1933 年から 1951 年までのこの法律のいくつかの版には、強制的な解放〔投票権付与などで、インディアンから自由民になること〕が含まれていた。1876 年のインディアン法は、1880 年に任意とされるまで、法律、医療、宗教の専門家の自由民化を求めていた。

(70)「1857 年に連合カナダ植民地〔オンタリオ州とケベック州の前身〕が漸進的文明化法（Gradual Civilization Act）を可決して以来、先住民成人男子が審査委員会に対して申請を行ない、読み書き能力があり、負債がなく、よきモラルの人物であると認められれば、市民社会にふさわしいことをさらに示すための 3 年間の猶予期間をへた後に、『インディアン』の地位を捨て、完全なイギリス系カナダ市民となり、投票権など、それに付随するさまざまな権利をもつことができた。……この法律が及ぶ範囲は大きかった。自由民になった男性の妻と子供、さらにその子孫まで永久に自由民となり、インディアンの地位を失った」。Miller, "Human Rights for Some," 235.

(71) 先住民の女性たちは、インディアンの地位を失うと、先住民の土地に住むこと、バンドの財産を所有すること、保留地の土地や家屋を相続すること、保留地に埋葬されることの権利を失った（だが、ある研究者が指摘するように、非先住民の人びとは、犬の死骸を保留地の家畜墓地に埋めることができた）。彼女たちは、結婚が解消されたり、離婚した場合であっても、インディアンの地位を取り戻せず、したがって、家に戻ることはできなかった。この規定は、1985 年まで存続した。これは、1980 年代中葉まで残った、インディアン法の下でのさまざまな性差別の一つだった。女性やその子供は、夫 / 父親が自由民になれば、強制的に自由民となったのである。結婚した女性がバンドの一員になれるかどうかは、夫のバンドが決定した。先住民男性あるいは非先住民女性の私生児は、インディアンの地位を否定された。母親が結婚前にインディアンの地位をもっていない場合、その子供は 21 歳に達すると、インディアンの地位を失った。次の文献は、地位を失った先住民女性が受けたあらゆる損失について、詳細に記している。Sally Weaver, "First Nations

ないし、あるいは、白人の女性および少女が居住、寄宿、就労し、もしくは、ひんぱんに出入りすることを許可してはならない。ただし、公共アパートの善良な顧客である場合は例外とする」〔この「白人女性労働法（White Women's Labour Law）」は、翌年に対象が中国人に限定された。――細川道久『「白人」支配のカナダ史――移民・先住民・優生学』彩流社、2012 年、133-134、149 頁を参照〕。同法は、1919 年に「下宿屋、寄宿舎、公設宿舎、カフェ」にまで拡大された。Pitsula, *Keeping Canada British*, 118-19.

（52）たとえば、次を参照。Stanley, *Contesting White Supremacy*, 126-30.

（53）Pitsula, *Keeping Canada British.*

（54）Backhouse, *Colour-Coded*, Chapter 6.

（55）Anderson, *Canadian Liberalism*, 47.

（56）当初の法案には、カナダに居住する読み書きできない中国人を退去させる規定が含まれていた。法案の最終版では、「カナダに住む『中国人種』すべてに対し、連邦政府への登録、特別居住許可証の取得を求め、怠った者は、罰金、投獄、または退去」となった。この措置は、1923 年のカナダ・デー〔7 月 1 日。1867 年の連邦結成を祝う日で、当時は、ドミニオン・デーと呼ばれていた〕に施行された。Sranley, *Contesting White Supremacy,* 43. カナダは、日本とインドからの移民を制限するため、二つの政策を実施した。1908 年、カナダ政府は、出身国から乗り継ぎなしの航路でのカナダ上陸を移民に求める枢密院令を発布した。事実上、インドからの移民を禁止したのである。政府はまた、1907 年に日本と「紳士協定」〔ルミュー協定。カナダへの日本人移民を年間 400 人に制限〕を結び、日本からの移民数を制限した。

（57）Mathieu, *North of the Color Line*, 42.

（58）Ibid., 57. 次も参照。Troper, "The Creek Negroes of Oklahoma."

（59）カナダにおけるユダヤ人排斥主義については、次を参照。Tulchinsky, *Branching Out,* Chapter 7; Davies, *Antisemitism in Canada*; Patrias, "Race, Employment Discrimination, and State Complicity," 54.

（60）Tulchinsky, *Branching Out*, 185.

（61）Ibid., 173.

（62）Pierre Berton, "No Jews Need Apply." *Maclean's Magazine*, 1 November 1948.

（63）Ibid.

（64）ケベック州以外では、反カトリック感情はめずらしくはなかった。多くのイギリス系プロテスタントにとって、カトリシズムはイギリス系のアイデンティティとは一致しなかった（カナダでは、クー・クラクス・クラン（KKK）は、猛烈な反カトリックであった）。各州政府は、フランス語やカトリック学校の拡大を制限した。カナダ最高裁判所で最も進歩的な判事の 1 人でカナダ「随一の市民的自由主義的な判事」と目されたアイヴァン・ランドでさ

(44) エイジェンスタットが指摘するように、「カナダ連邦を築いた法律制定者たちは、よき学校、高度な雇用、物質的繁栄を、権利としてではなく、望ましい政治目標としてとらえていた。カナダ連邦を築いた者たちは、独裁的支配者、専横的指導者、民衆扇動者による独断的で利己的な行為から個人を守ろうとしていた」。Ajzenstat, *The Canadian Founding,* 64.

(45)「人種的な排斥は多くの形をとる。それは物質的でありうる——特定の地域、場所、制度からの排除。社会的富、物的商品やサービスからの排除。生活そのものからの排除。それは、社会的でありうる——特定の社会的地位、ネットワーク、制度的役割からの排除。政治的権利へのアクセスの排除。それは、象徴的でありうる——特定の様式による表現からの排除。自己表現や熟考からの排除」。Stanley, *Contesting White Supremacy*, 10.

(46) ブリティッシュ・コロンビア州における国家建設と人種については、次を参照。Ibid., 10-12, 96-97, 230-31.

(47) 1959年にトロント地方人権委員会が行なった調査では、家主の60パーセントが､黒人にアパートを貸すことを快く思っていなかった。同様に､ウィニペグの黒人たちは、アパートを借りたり家を買おうとして嫌がらせを受けたと報告していた。Mathieu, *North of the Color Line*, 168-70, 210.

(48) 黒人たちが自分たちの学校をもつことを望んだ地域もいくつかあった。だが、黒人の親たちが子供を通常の学校に入れようとして政治的・法的争いが起きたところもあった。オンタリオ州やノヴァスコシア州では、黒人だけの学校がある場合でも、自分の子供の通学が禁じられている学校のために黒人市民は税金を支払っていた。オンタリオ〔旧アッパーカナダ植民地〕の分離学校法（Separate Schools Act、1850年）は、別個の学校をつくることを認めていた。同法の意図は、地域での偏見がおさまるまで統合を遅らせることにあったが、白人の親たちは、隔離を定着させるために同法を利用した。長年の間、ノヴァスコシア、オンタリオ両州の黒人だけの学校は、白人の学校よりもはるかに劣った教育しか提供できなかった。Winks, “Negro School Segregation.”

(49) カナダにおける人種差別の全般的な歴史については、次を参照。Walker, *“Race,” Rights, and the Law*; Lambertson, *Repression and Resistance*. 隔離と教育については、次を参照。Stanley, *Contesting White Supremacy*.

(50) André Picard, “Leprosy may be declining worldwide, but eradication is still elusive,” *Globe and Mail*, 4 September 2013.

(51) Lambertson, “Suppression and Subversion,” 33. サスカチュワン州の1912年の法律は、次のように記されていた。「何人も、日本人、中国人、そのほかの東洋人が所有または経営するレストラン、洗濯店、そのほかの商店や娯楽場に、いかなる資格であっても、白人の女性および少女を雇用してはならな伝統から引き出されるものであった。「(イングランドの人びとは) 王位の合法的な世襲継承を自分達の正義の中に数えこそすれ不正とは見做しません。また利点に数えこそすれ不満の種とはせず、自由の保証にこそすれ隷属の印とは見做しません。……統治は自然権のお蔭で作られるのではありません。後者は前者とはまったく独立に」。フランスの人権宣言の根底にある原理を否定した名著『フランス革命の省察』のなかで、バークは、次のように記していた。「(イギリス) 革命が行なわれたのは、我が国古来の疑うべからざる法と自由を維持するためであり、また我我にとっては唯一の保証である、あの古来の政府の基本構造を維持するためでした。もしも貴方が我が憲法の精神を知りたいとお望みならば、また、我が憲法を今日に到るまで保証してくれたあの偉大な時期の支配的政策を知りたいとお望みならば、どうか我が国の歴史、我が国の記録、我が議会の法令や議事録の中に、その精神や政策をお探し戴きたい。ゆめ旧ユダヤ人通りの説教や革命協会の食後の乾杯などの中にお探しになってはいけません」と。バークは、暴君が、自身の利益を追求するために、権利がもつ抽象的な性質を悪用することを恐れていた。Turner, *Reflections on the Revolution in France,* 23, 27, 51〔エドモンド・バーク『フランス革命の省察』(半澤孝麿 訳) みすず書房、1997 年 (新装版)、34、41、77 頁。一部改めた〕.

(38) 自然権をめぐる言説は、アメリカ合衆国では盛んだった。だが、19 世紀中葉まで、カナダやイギリスでは、周辺的でしかなかった。権利に関する保守的な言説はまた、植民地のカトリック教会にも広がっていた。宗教組織の多くにとって、抽象的で普遍的な権利という自由主義的概念は、特権的な立場や、イギリス王室によるしっかりした保護を危うくするものだった。Heaman, "Rights Talk and the Liberal Order Framework," 156.

(39) Ibid., 159.

(40) 愛国派の言説は、共和主義的であって、民族主義的 (ナショナリスト) ではなかったことに注目するのは興味深い。彼らは、立法議会を支配して女性への選挙権を与えなかったが、彼らのレトリックは、文化的には包摂的であり、人種的にもエスニック的にも排他的ではなかった。Ducharme, *Le concept de liberté au Canada*,157.

(41) Ajzenstat, *The Canadian Founding*, Chapter 3.

(42) Ibid., 58.

(43) 英領北アメリカ法には、市民的自由や人権への言及はないが、第 92 条は、財産や市民的権利に言及している (第 92 条は、州の管轄権を規定している)。だが、裁判所は、「市民的権利」を狭く解釈し、この条項での契約や財産法に関する州の責任を限定していた。それゆえ、カナダでは、「市民的権利」という言葉は、アメリカ合衆国とは異なる意味をもっている。

(30)「たしかに自由は、18世紀末から19世紀初頭の大西洋世界で最も重要な価値の一つだった。それは、何らかの権利の行使に言及するばかりか、国家の正当性の基礎とみなされていた」。改革派にとっても、君主制主義者にとっても、自由はスローガンであったが、抽象的概念であって、しばしば分裂や対立を生んだ。「第1に、あらゆる者たちが、特定の社会集団というよりも、『個人』の専有である自由を要求していた。……実際には、この自由をごくわずかな『個人』が主張するのは妨げられなかった。事実上、多数の人びとは、この自由を享受することから排除されていた。奴隷、女性、貧困者、外国人は、それを享受できるのを長いこと待たねばならなかった。……第2に、自由の主張者たちが、自由と法律を同列においていたことである。……あらゆる思想家たちが自由に対する合法的概念を共有していたことがたしかだとすれば、彼らは合法的法律の一つとして理解していたのではないし、ましてや、合法的立法制度としてでもなかった。つまり、自由の主張者たちが皆、自由を法律と同列においていたとしても、どんな形態の自由も守ろうとはしなかったのである」。Ducharme, *Le concept de liberté au Canada*, 25-26. あるいは、ヒーマンが示唆しているように、「自由主義の言説では、所有が自由にすぐるのに対し、共和主義の言説では、民主主義が自由にすぐる――空っぽの殻の自由が残る」。Heaman, "Rights Talk and the Liberal Order Framework," 154.

(31) これは、18世紀後半の著名なイギリスの法学者ウィリアム・ブラックストーンの叙述で一貫していた。彼は、個人の安全、個人の自由、財産という3つの基本的自由を見いだしていた。

(32) この宣言は、殺人の場合を除く死刑の廃止のほか、負債による投獄の廃止も求めていた。興味深いことに、先住民の平等な権利も要求していた。これは、当時の要求としては珍しかった。

(33) William Lyon Mackenzie, "Draft Constitution." *The Constitution*, 15 November 1837.

(34) Papineau, *Journal d'un Fis de la liberté.*

(35) ケベック法(1774年)は、自由の概念をめぐる論争の焦点となった。君主制主義者たちは、同法は、イギリスの憲政原理の肯定とみた。共和主義者たちは、同法によって4つの権利――立法議会に参加する権利。立法議会に請願し、不正義に対する補償を要求する権利。言論や出版によって、公的にも私的も法律を批判する権利。立法議会の代表を決定する投票の権利――を獲得したと主張した。ケベック法はまた、イギリス下院において、人間の諸権利の原理をめぐる激しい論争を引き起こした。Ducharme, *Le concept de liberté au Canada*, 17.

(36) Hunt, *Inventing Human Rights*, 75-76〔ハント『人権を創造する』、72-74頁〕.

(37) バークや多くの植民地人にとって、権利とは歴史の産物であって、自然

づく申し立ての約90パーセントが採択された。被告の権利はしばしば、大胆に無視された。この軍事法廷にかけられた囚人で、証人や陪審（つまり、裁判官）の名簿が渡された者は誰一人いなかった。告発されてから裁判まで、(10日どころか）4、5日以上あった者もいなかった。弁護人は、大勢の被告に助言書を事前に渡す準備はできたが、軍事法廷での抗弁では、証人に対して尋問や反対尋問をすることは許可されなかった。しかも、被告は、十分な助言なしに答弁せざるをえないことが多く、うまく立ち回れなかった――読み書きができない、1か国語（フランス語）しか話せない者は、特にそうだった。……弁護人は、抗弁のための陳述書を準備し、それを法廷で読ませることはできたが、口頭で読み上げることはできなかった」。Greenwood, "The General Court Martial at Montreal, 1838-9: Operation and the Irish Comparison," 290.

(24) ほとんどの流刑者はオーストラリアに送られた。だが、愛国派の指導者数名は、ロワーカナダ植民地に帰還すれば死刑に処すという条件つきで、バミューダに移送された。Greenwood and Wright, "Introduction: Rebellion," 10.

(25) グリーンウッドは、カナダとイギリスの法律を比較し、前者には、市民的自由を制限するかなり残虐な政策が含まれていたと指摘する。Greenwood, "The Drafting and Passage," 295-92.

(26) Ajzenstat, *The Canadian Founding*, 125.

(27)「思想家たちが旧体制（アンシャン・レジーム）に対して危惧を表明したのは、彼らが何らかの改革を求めたというより、伝統的な正当性を拒否し、既存の秩序の合法性を疑ったからだった。……自由は、国家や社会秩序の合法性のための新たな土台となるべきだった」。Ducharme, *Le concept de liberté au Canada*, 17.

(28) 近代主義者たちは、個人の自律を信じていたという理由で、真の自由主義者だった。もっとも、エルズベス・ヒーマンが述べているように、19世紀に権利を口にすることは、自由主義者にも保守主義者にも共通していた。19世紀カナダにおける、自由主義と権利に関するより深い議論は、次を参照。Dickinson and Dolmage, "Educacion, Religion, and the Courts in Ontario"; Heaman, "Rights Talk and the Liberal Order Framework."

(29) 人権に関する全般的な歴史については、次を参照。Hunt, *Inventing Human Rights*; Lauren, *The Evolution of International Human Rights*; Ishay, *The History of Human Rights*. デュシャルムは、この当時の憲政をめぐる議論を描くなかで、同様の諸権利を見いだしている。また、「自然権」のレトリックが、「生得権」あるいは「絶対的権利」への言及におきかえられることもあったが、原理自体は一貫していたと指摘する。Ducharme, *Le concept de liberté au Canada*, 169-78, 94-95.

的文書誹毀、あるいは、議会に対する侮辱とされた。訴追の数は、植民地によってばらつきがあった。ノヴァスコシア植民地では、1794年から1835年までの間に扇動的文書誹毀はわずか2件だったようである。他方、アッパーカナダ植民地では、1794年から1829年までの間に、扇動法（Sedition Act）に基づく即時退去と議会特権への侮辱に加え、コモン・ローの扇動罪による訴追が30件以上あった。Greenwood,"The Montreal Court Martial," 523.

（18）Moogk, "The Crime of Lèse-Majesté," 238. からの引用。大陪審はベダールやほかの編集者たちを告発するのを拒否した。

（19）Pitsula, *Keeping Canada British.*

（20）大逆罪の場合、国王への忠誠が必要だったが、この法律は、イギリスと和平を結んでいる諸外国からの侵入者への罪にも拡大され（戦争捕虜として扱うのではなく）、（陪審では有罪判決を下すことがあてにできなかったため、陪審なしでの）軍事法廷にかけられた。不法侵略法はまた、反逆罪の場合の通例の法的保護――少なくとも二人の証人が必要なことや、弁護人が、十分な弁護ができ、告発状や証人と公判前の陪審団の名簿を入手できることを含む――も免除していた。同法は1838年に撤廃されたが、1840年、より円滑な訴追ができる形で再制定された。外国人の侵入者は、もはやイギリス臣民とつながりをもっている必要はなくなった。武器を所持しているだけで犯罪であり、外国人は、いかなる敵対行為をしても重罪となった。1866年にさらに改正され、ロワーカナダにも適用された。カナダが戦争状態にないのに、人びとを軍事法廷で裁く規定は、特に論議を呼んだ。Brown,"Stars and Shamrocks Will Be Shown," 40-43. Greenwood and Wright, "Introduction: Rebellion, Invasion, and the Crisis of the Colonial State in the Canada, 1837-9," 39-40.

（21）別の法律では、寛大さを期待して赦免を求める請願を人びとに奨励していた。もっとも、公平な扱いの保証はいっさいなく、少なくとも3人が、彼らの請願が法廷で逆に使われてしまったため、後に投獄された。Baehre, "Trying the Rebels," 44-48.

（22）裁判所は、布告の多くは違憲であるとの裁定を下した。Warr, "State Trial by Legislature."

（23）バリー・ライトが述べているように、軍事法廷の使用は深刻な影響を及ぼした。「実際、国王の保護下にあった諸権利は、正当な戦争開始から無法な侵略へと罪名を変更するだけで、停止された。さらに、一般的にいって、通常の法廷が機能している平時に、軍事法廷がイギリス臣民である民間人を裁くことは、当時のイギリスの憲政の規範に抵触した」。Barry Wright, "The Kingston and London Courts Martial," 132. さらに、F・マレー・グリーンウッドによれば、「（ロワーカナダ植民地における）訴追では、手続きや証拠に基誹毀法のこと〕の原則を明らかに容認し、人身保護権の停止は行なわず、罰金は最高2000ドル、懲役は最高2年と制限していた――よりも、はるかに専制的だった。Moogk, "The Crime of Lèse-Majesté," 116-17.

(13) 1812年戦争時、アッパーカナダ植民地政府は、不忠な住民に強制退去を命じたほか、彼らの財産を没収した。さらに、大逆罪に問われた者や訴追をまぬかれた者の財産を没収し、人身保護権を停止した。1804年の扇動法は、アメリカ系やアイルランド系の住民がアメリカ合衆国からの侵入を支持するのではないかという恐れから可決された。同法は、「手続き開始前に6か月以上植民地の『住民』ではなかった者や忠誠宣誓をしていない者は誰であれ、もし、その者が、『言葉、行動、そのほかの行為によって』、『当植民地の国王臣民の心を国王や政府から引き離そうとしたり、植民地の平穏を乱そうとする扇動的意図があると疑われる正当な理由があれば』、退去させることができた」。政府の首長、王座裁判所の判事、行政評議会、あるいは立法評議会のメンバーは、そうした人物の逮捕を命じ、嫌疑に対する潔白を証明するよう求めることができた。潔白が証明できなければ、逮捕を命じた者が植民地からの退去命令を下せた。この命令に従わなければ不品行と判断され、違反者は拘束されたが、判決までの間、保釈は許されなかった。2度違反すると、極刑となった」。議会はさらに、民兵法規定と合体させ、民兵に忠誠宣誓を求め（しないと、敵性外国人とみなされた）、脱走、反抗、扇動は重罪とし、それより軽い罪は軍法会議にかけた。この規定には、反逆行為の容疑者に対する（保釈なしの）予防的拘束も含まれていた。「16歳から60歳までのすべての男性住民に兵役義務があったため、成人男性住民の大多数は、軍法や敵性外国人を直接対象とした行政措置の潜在的対象であった」。Watt,"State Trial by Legislature," 380-81.

(14) *An Act for the Better Preservation of His Majesty's Government, Lower Canada*, Provincial Sratutes of Lower Canada, 1797, c.1; Greenwood and Wright, *Canadian State Trials*, 215; Geenwood and Wright, "Introduction: Rebellion."

(15) Wright, "Trying the Rebels," 264. ロワーカナダ植民地では、司法の独立はほとんどなかった。判事の就任は、国王の意のままだった。イングランドとは異なり、同植民地の判事は、立法府のメンバーでもあった。

(16) Ajzenstat, *The Canadian Founding*, 128.

(17)「最も典型的な事例は、政府に対してきわめて批判的な匿名の記事や編集者への書簡を印刷した編集者や出版社に関してであった。その者は、植民地エリートの「盟約（コンパクト）」集団――責任政府が導入されるまで、英領北アメリカの諸植民地の大半を牛耳っていた――の一人かメンバー全員の代表として、植民地の法務総裁または法務次長が起こす文書誹毀行為法廷に召喚された。その行為は、扇動的文書誹毀、刑法的文書誹毀、ときには民事

第1章

(1) Miller, "Human Rights for Some," 256-57.

(2) Donnelly, *Universal Human Rights*, 57-61.

(3) ある歴史家がいみじくも描いているように、「当時のイギリス、あるいは、革命以前のアメリカの基準に照らしても、英領北アメリカの諸政府は、法律をきわめて抑圧的なものとして解釈し、適用していた」。Greenwood and Wright, "Introduction: State Trials," 38.

(4) Baehre, "Trying the Rebels," 55.

(5) Ibid., 56-57.

(6) ニューフランス植民地でのある訴訟では、亡くなった夫の財産が没収されたため、未亡人は困窮した。後に判決はくつがえされ、財産は未亡人に戻された。Ibid., 58.

(7)「アメリカ革命の時期には、ケベック植民地での市民的自由は、ほとんど停止されていた。少なくとも法廷ではそうだった」。Wright, "The Kingston and London Courts Martial," 148.

(8) アッパーカナダ植民地では、1793年に奴隷制が廃止された。植民地における記録に残る最後の奴隷売却は、1820年にハリファクスで行なわれた。イギリス帝国全域で奴隷制が廃止されたのは、1834年である。

(9) この時代に関して、ある歴史家は次のように描写している。「総督という制度には、人身保護という概念そのものや政治的異論への敵対、議会を含めた統治の秘密主義のほか、当時の改革派が要求していた選挙制議会に対する断固とした拒絶が含まれていた」。Moogk, "The Crime of Lèse-Majesté," 9.

(10) Ibid., 25.

(11) デュシャルムによれば、植民地にもう1紙だけあった新聞は、政府支持だった。『ガゼット』紙の停止は、植民地での公共議論を弱体化させた。Ducharme, *Le concept de liberté au Canada*, 48. カールトンはまた、1786年、すべての請願を禁止したニューブランズウィック植民地の騒乱法案（Tumults Bill）に同意した。これによって、20人以上の署名を集めた嘆願書はすべて、3人の治安判事あるいは大陪審の同意を得ることができず、違反者は罰金を科せられ投獄された。Wright, "Trying the Rebels," 232.

(12) 1794年のイギリスの文書誹毀法は、根拠なしに扇動を告発し市民を投獄するのを防ぐことが意図されていた。同法では、文書誹毀が扇動的かどうか判断する権限は、裁判官よりも陪審に委ねられていた。扇動で告発された者を保釈する権利をきびしく制限しており、その定義はゆるかった。この法律は、「当時のイギリスでの個人の自由の制限を逸脱していた。それはまた、アメリカ合衆国で1798年に制定された扇動法――犯意があったことの証拠を必要とし、立証としての弁明を認め、フォックスの法律〔イギリスの文書

Human Rights," 599.

(32) 旧ソビエト連邦の1977年憲法は、健康、教育、住宅、余暇休暇といった数多くの社会的権利を認めていた。さらに、働く権利や、週当たりの最大労働時間も保証していた。カナダとは異なり、ソビエト連邦の「義務」には、すべての市民の権利が等しく考慮されていた。現在の中国の憲法では､職業、財産状況、居住期間による差別を禁止している。さらに、働く権利と義務に加えて、休む権利も認めている。だが、中国の憲法には、国家を守り敬うことを市民に要求するいくつかの権利も含まれている。

(33) 南アフリカの権利の章典には、「生殖に関する決定を下す」権利や、「身体の安全や管理」の権利が含まれている。

(34) 情報アクセスに関する法律については、次をみよ。Larsen and Walby, *Brokering Access.*

(35) 労働組合とストライキ権については、次をみよ。*Reference Re. Public Service Employee Relations Act [1987] 1 SCR 313.*

(36) Bouchard and Taylor, *Building for the Future*.

(37) Stammers, *Haman Rights and Social Movements*, 1-3, 12-13. 人権理論の下地となる歴史の重要な役割を哲学者たちが考慮していないことに対するアレン・ブキャナンの批判もみよ。Buchanan, "The Egalitarianism of Human Rights," 688.

(38) Ishay, *The History of Human Rights*; Lauren, *The Evolution of International Human Rights*.

(39) 宗教、および人権の歴史に関する議論については、次をみよ。Joas, *The Sacredness of the Person*, Chapter 2.

(40) ニール・スタマーズが指摘するように、「『歴史を逆に読む』――つまり、結果を過程と混同し、『過ぎ去った』歴史を『いまある』歴史だと思いこむ――傾向が強くみられる。……人権の分野で歴史家が担う重要な役割は、他分野の研究者にそうした問題の重要性を気づかせることにある」。Stammers, *Human Rights and Social Movements*, 14.

(41) Ignatieff, *Human Rights as Politics and ldolatry*, 80〔マイケル・イグナティエフ『人権の政治学』(添谷育志、金田耕一訳) 風行社、2006年、137頁。一部改めた〕.

(42) Mckay, "The Liberal Order Framework," 624.

(43) Stammers, *Human Rights and Social Movements*, 72-76.

(44) 国家建設とそれが自然権に与えた影響については、次をみよ。Vincent, *The Politics of Human Rights*, Chapter 3.

(45) Moyn, *The Last Utopia*; Hunt, *Inventing Human Rights*.

(46) Eckel, "The Rebirth of Politics," 13.

（21）Habermas, *Religion and Rationality,* 153-54.
（22）Minow, *Making All the Difference*, 307 .
（23）Kallen, *Ethnicity and Human Rights in Canada,* 1.
（24）サラ・ジェイン＝マチューは、カナダ人とアメリカ人の間にある同種の違いを指摘している。「アメリカ合衆国では、アフリカ系アメリカ人たちは市民的権利の言語をまとめあげようとした。これに対して、カナダでは、同国の指導的な労働組合や政治家たちとともに――あるいは彼らの要求に対抗して――アフリカ系カナダ人たちが先頭に立った闘いは、人権運動としてとらえられていた」。Mathieu, *North of the Color Line*, 189.
（25）「市民的、政治的権利に関する国際規約」（第1条第1項）にある自決の権利が必要とするのは、「経済的、社会的、文化的権利に関する国際規約」にある経済・社会・文化的諸権利に対する何らかの承認である。家族に対する権利は、「市民的、政治的権利に関する国際規約」（第23条第2項）と「経済的、社会的、文化的権利に関する国際規約」（第23条第2項）に記されている。「市民的、政治的権利に関する国際規約」（第10条第1項）にある労働組合への加入の権利もまた、「経済的、社会的、文化的権利に関する国際規約」（第8条第1項）において守られている。それゆえ、権利を類型化するのは、せいぜいのところ、不自然な行為なのだ。私たちは、権利の境界が「曖昧になったりまったく恣意的になる可能性が明らかにあること」を認識すべきである。Williams, *Human Rights under the Australian Constitution*, 7.
（26）Cranston, *What Are Human Rights?*; Wellman, *The Proliferation of Rights.*
（27）消極的権利と積極的権利という誤った二分法についてのヘンリー・シューによる批判は、説得力に富む。彼は、いかに生存という基本的権利が市民的政治的権利にまさるとも劣らず実現可能であるかを考察している。Shue, *Basic Rights*, 35-51.
（28）Berlin, *Four Essays on Liberty,* 124.
（29）Ignatieff, *The Rights Revolution*, 89, 118.
（30）トッド・ランドマンとジョー・フォレイカーが述べているように、「権利の言説には、独自の行動能力はないし、それだけで『地上の社会に意味を与える』ことはできない。……この言説は、社会にかかわる者や組織が手にしてはじめて効力が発揮されるのだ。社会運動の側は、諸権利を象徴として認識あるいは受容するだけでなく、それを発見し、形づくり、普及させるのに積極的である」。Foweraker and Landman, *Citizenship Rights and Social Movements*, 313-14.
（31）Walker, *"Race," Rights, and the Law*, 320-21.「人権をモラルの観点から正当化できたとしても、人権の対象がすべての人類であったとしても、人権というのは法的性格をもつものなのである」。次もみよ。Jean L. Cohen, "Rethinking

づく行動主義は、「アメリカ合衆国やそのほかの海外では、産業や雇用の構造に、事実上、何ら影響を及ぼさなかった。職場の民主化を権利に基づくアプローチで進めても、法的に保護されているとは定義できない要求を資本家に突きつけることはできないのだ」。McCartin, "Democratizing the Demand for Workers' Rights"; Lichtenstein, "The Rights Revolution." 次もみよ。McCartin, *Labor's Great War.*

(10)「たいていの場合、ガンディーは、『権利の語り』は現代のわがままを連想させるとして、あらゆる類いの『権利の語り』を嫌っていた。……ガンディーは、『義務』という言葉で語るのを好み、1940年代以降、人権運動から距離をおいていた。……すでに1910年のインド自治運動(スワラージ)において、ガンディーは、権利の語りに対する不信を口にしていた。……1940年代には、彼は、H・G・ウェルズに対しても、世界人権宣言の提案へのコメントを求めたユネスコに対しても、人権構想への懐疑を表明していた。いずれの場合も、ガンディーが人びとに求めたのは、『権利』ではなく、『義務』について考えることだった」。Cmiel, "The Recent History of Human Rights," 119n8. 次もみよ。Clément, "'I Believe in Human Rights.'"

(11) これは、「最もモラルのある権利である。それは、政治の根本的構造や行為を規定し、通常の状況においてほかの道徳的、法的、政治的要求よりも上位にある」。Donnelly, *Universal Human Rights*, 1.

(12) Hobsbawm, "Labour and Human Rights," 297.

(13) Kallen, *Ethnicity and Human Rights in Canada*. ヘンリー・シューは、ほかのすべての権利の源泉や根拠である「基本的諸権利」の事例について述べている。そうした権利には、身の安全や生存が含まれる。Shue, *Basic Rights*.

(14) Madsen and Verschraegen, "Making Human Rights Intelligible," 2.

(15) Ibid., 8.

(16) マドセンの説明を言い換えたものである。彼の記述では、人権は「社会的に制度化されるべきであり、人びとの思考様式に加え、裁判制度、学校制度、医療や家庭といった社会的制度の日々の営みにも植えつけられなければならない」とある。Ibid.

(17) Arendt, *The Origins of Totalitarianism*, 376〔ハナ・アーレント『全体主義の起源2　帝国主義』(大島道義、大島かおり訳) 新装版、みすず書房、1981年、284頁〕.

(18) この考えを見事に発展させたのが、Goodhart,"Human Rights and the Politics of Contention" である。

(19) 権利に関するベンサム、バーク、マルクスの論争についての議論は、次をみよ。Jeremy Waldron, *"Nonsense Upon Stilts."*

(20) Hobsbawm, "Labour and Human Rights," 309.

原註

序論

(1) グロリア・テイラーは、連邦政府側の控訴に対するブリティッシュ・コロンビア州控訴裁判所の判決を待ちつつ、2012 年 10 月 4 日に死去した。医師の助けを借りないまま死亡したのである。*Carter v Canada (Attorney General)* [2015] SCC 5.

(2) Hunt, *Inventing Human Rights*, 29〔リン・ハント『人権を創造する』(松浦義弘 訳) 岩波書店、2011 年、18 頁。一部改めた〕.

(3) Frager and Patrias, "This Is Our Country," 1.

(4) 決議は次の通り。「適切な設備提供。人種、肌の色、宗教、出身国を理由に、集団または個人への設備提供をしない家主がいることへの懸念があるために。民主主義国家は、差別の痕跡をいっさい取り除くための協調的な努力を行なうのが望ましいために。法律には差別に立ち向かう役割があるのがますます明らかになっているために。次のように決議する。――ヴァンクーヴァー女性評議会は、ブリティッシュ・コロンビア州女性評議会に対して、一般の人びとに設備やサービスを提供する場所での差別を禁止するための適切な法律を導入することをブリティッシュ・コロンビア州議会に請願することを求める」。British Columbia Archives, Provincial Council of Women, box 4, f. 3, Submission to Cabinet, 1959.

(5) Moyn, *The Last Utopia*.

(6) Stanley, *Contesting White Supremacy*, 167.

(7) Mathieu, *North of the Color Line*, 100.

(8) Lance Compa, "Framing Labor's New Human Rights Movement."

(9) ジョゼフ・マカーティンが論ずるように、産業民主主義は「労働条件を決める雇用主の責任を問われない権限に対して正面から挑戦した。民主主義は、労働条件に対する『発言権』を意味していた」。労働史家のなかには、労働運動は、人権の主張に賛同し、産業民主主義の原理を捨て去っていると嘆く者もいる。ネルソン・リキテンスタインによれば、産業民主主義は、「労働組合主義は、これまで裁判所、議会、投票所で長い間尊重されてきた手続きや基準を店やオフィスにもちこむものだ」という考えを前提としていた。だが、権利の言説は、相互利益の集団的向上というよりは、個人主義的である。人権は、「普遍的で個人的であり、雇用主も管理側の個々人も、労働者と同じように享受するものなのだ。……まさにこの見方や労働組合の団結を集団として表現することを、権利の言説は葬り去ったのである」。人権に基

In *Canadian State Trials: Political Trials and Security Measures, 1840-1914*, edited by Barry Wright and Susan Binnie. 85-122. Toronto: University of Toronto Press, 2009.

Winks, Robin W. "Negro School Segregation in Ontario and Nova Scotia." *Canadian Historical Review* 50, no. 2 (1969): 164-92.

Women Unite! *An Anthology of the Canadian Women's Movement.* Toronto: Canadian Women's Educational Press, 1972.

Wood, Lesley J. *Direct Action, Deliberation, and Diffusion: Collective Action after the WTO Protests in Seattle*. Cambridge: Cambridge University Press, 2012.

Wright, Andrea. "Formulaic Comparisons: Stopping the Charter at the Statutory Human Rights Gate." In *Making Equality Rights Real: Securing Substantive Equality Under the Charter,* edited by Fay Faraday, Margaret Denike, and M. Kate Stephenson. 409-41. Toronto: Irwin Law, 2006.

Wright, Barry. "The Kingston and London Courts Martial." In *Canadian State Trials: Rebellion and Invasion in the Canadas, 1837-1839,* edited by F. Murray Greenwood and Barry Wright. 130-59. Toronto: University of Toronto Press, 2002.

Yalden, Maxwell. *Transforming Rights: Reflections from the Front Lines.* Toronto: University of Toronto Press, 2009.

Waldron, Mary Anne. *Free to Believe: Rethinking Freedom of Conscience and Religion in Canada*. Toronto: University of Toronto Press, 2013.

Walker, James St. G. "The 'Jewish Phase' in the Movement for Racial Equality in Canada." *Canadian Ethnic Studies* 34, no. 1 (2002): 1-29.

——. *"Race," Rights, and the Law in the Supreme Court of Canada: Historical Case Studies*. Waterloo: Wilfrid Laurier University Press, 1997.

Warner, Tom. *Never Going Back: A History of Queer Activism in Canada*. Toronto: University of Toronto Press, 2002.

Watson, Don. *Brian Fitzpatrick: A Radical Life*. Sydney: Hale & Iremonger, 1979.

Watt, Steven. "State Trial by Legislature: The Special Council of Lower Canada, 1838-41." In *Canadian State Trials: Rebellion and Invasion in the Canadas, 1837-1839*, F. Murray Greenwood and Barry Wright. 248-78. Toronto: University of Toronto Press, 2002.

Weaver, Sally. "First Nations Women and Government Policy, 1970-92: Discrimination and Conflict." In *Changing Patterns: Women in Canada*, edited by Sandra Burt, Lorraine Code, and Lindsay Dorney. 92-147. Toronto: McClelland and Stewart, 1988.

Webster, David. "Canada and Bilateral Human Rights Dialogues." *Canadian Foreign Policy Journal* 16 no. 3 (2010): 43-63.

——. *Fire and the Full Moon: Canada and Indonesia in the Decolonizing World*. Vancouver: UBC Press, 2009.

Wellman, Carl. *The Proliferation of Rights: Moral Progress or Empty Rhetoric?* Boulder: Westview Press, 1999.

Whitaker, Reg, Gregory S. Kealey, and Andrew Parnaby. *Secret Service: Political Policing in Canada from the Fenians to Fortress America*. Toronto: University of Toronto Press, 2012.

Whitaker, Reg, and Gary Marcuse. *Cold War Canada: The Making of a National Insecurity State, 1945-1957*. Toronto : University of Toronto Press, 1994.

Whiteside, Don. "Historical Development of Aboriginal Political Associations in Canada." Ottawa: National Indian Brotherhood, 1973.

Wiegers, Wanda. "Gender, Biology, and Third Part Custody Disputes." *Alberta Law Review* 47, no. 1 (2009): 1-37.

Williams, George. *Human Rights Under the Australian Constitution*. Melbourne: Oxford University Press, 1999.

Williams, Shannon. "Human Rights in Theory and Practice: A Sociological Study of Aboriginal Peoples and the New Brunswick Human Rights Commission, 1967-1997." MA thesis, University of New Brunswick, 1998.

Wilson, David A. "The D'Arcy McGee Affair and the Suspension of Habeas Corpus."

Liberties' Lawyer." In *Bringing Rights Home: A History of Human Rights in the United States*, edited by Cynthia Soohoo, Catherine Albisa, and Martha F. Davis. 71-104. Westport: Praeger, 2008.

Soohoo, Cynthia, Catherine Albisa, and Martha F. Davis, ed. *Bringing Rights Home: A History of Human Rights in the United States*. Westport: Praeger, 2008.

Stammers, Neil. *Human Rights and Social Movements*. London: Pluto Press, 2009.

Stanley, Timothy J. *Contesting White Supremacy: School Segregation, Anti-Racism, and the Making of Chinese Canadians*. Vancouver: UBC Press, 2011.

Steinhart, Allan L. *Civil Censorship in Canada during World War I*. Toronto: Unitrade Press, 1986.

Struthers, James. *The Limits of Affluence: Welfare in Ontario, 1920-1970*. Toronto: University of Toronto Press, 1994.

Tarnopolsky, Walter Surma. *Discrimination and the Law in Canada*. Toronto: De Boo, 1982.

Thomas, Lewis H. "Documents of Western History: Louis Riel's Petition of Rights, 1884." *Saskatchewan History* 23, no. 3 (1970): 16-26.

Troper, Harold. "The Creek Negroes of Oklahoma and Canadian Immigration, 1909-11." *Canadian Historical Review* 53, no. 3 (1972): 272-99.

Tucker, Erik. "The Constitutional Right to Bargain Collectively: The Ironies of Labour History in the Supreme Court of Canada." *Labour/Le Travail* 61, no. 1 (2008): 151-82.

Tulchinsky, Gerald. *Branching Out: The Transformation of the Canadian Jewish Community*. Toronto: Stoddart, 1998.

——. *Canada's Jews: A People's Journey*. Toronto: University of Toronto Press, 2008.

Tunnicliffe, Jennifer. "'Life Together': Public Debates over Human Rights Legislation in Ontario, 1975-1981." *Histoire Sociale/Social History* 46, no. 92 (2013): 443-70.

Turner, Frank M., ed. *Reflections on the Revolution in France*. New Haven: Yale University Press, 2003.

Vanhala, Lisa. *Making Rights a Reality?: Disability Rights Activists and Legal Mobilization*. Cambridge: Cambridge University Press, 2010.

Vincent, Andrew. *The Politics of Human Rights*. Oxford: Oxford University Press, 2010.

Vipond, Mary. "Censorship in a Liberal State: Regulating Talk on Canadian Radio in the Early 1990s ." *Historical Journal of Film, Radio, and Television* 30, no. 1 (2010): 75-94.

Waldron, Jeremy, ed. *'Nonsense upon Stilts': Bentham, Burke, and Marx on the Rights of Man*. London and New York: Methuen, 1987.

UBC Press, 2003.

Schabas, William A. "Canada and the Adoption of the Universal Declaration of Human Rights." *McGill Law Journal* 43, no. 2 (1998): 403-44.

Scharfe, Sharon. "Blood on Their Hands: Human Rights in Canadian Foreign Policy? A Case Study of the Canada Indonesia Relationship." MA thesis, Carleton University, 1994.

Schmitz, Gerald J. "Human Rights, Democratization, and International Conflict." In *Canada Among Nations, 1992-1993: A New World Order?*, edited by Fen Osler Hampson and Christopher J. Maule. 235-55. Ottawa: Carleton University Press, 1992.

Scott, Frank. *Essays on the Constitution: Aspects of Canadian Law and Politics.* Toronto: University of Toronto Press, 1977.

Sellars, Kirsten. *The Rise and Rise of Human Rights.* Phoenix Mill: Sutton Publishing, 2002.

Sharpe, Robert J., and Kent Roach. *Brian Dickson: A Judge's Journey*. Toronto: University of Toronto Press, 2003.

Shelton, Dinah. "The Environmental Jurisprudence of International Human Rights Tribunals.", In *Linking Human Rights and the Environment,* edited by Romina Picolotti and Jorge Daniel Taillant. 1-30. Tucson: University of Arizona Press, 2003.

Sheppard, Colleen. "The Promise and Practice of Protecting Human Rights: Reflections on the *Quebec Charter of Human Rights and Freedoms.*" In *Mélanges*, edited by Paul-André Crépeau. 641-78. Cowanville: Les Éditions Yvon Blais, 1997.

Shue, Henry. *Basic Rights: Subsistence, Affluence, and U. S. Foreign Policy.* Princeton: Princeton University Press, 1996.

Smith, David Edward. "Emergency Government in Canada." *Canadian Historical Review* 50, no. 4 (1969): 429-49.

Smith, Miriam. *A Civil Society? Collective Actors in Canadian Political Life*. Peterborough: Broadview Press, 2005.

——. "Identity and Opportunity: The Lesbian and Gay Rights Movement." In *Group Politics and. Social Movements in Canada,* edited by Miriam Smith. 159-80. Peterborough: Broadview Press, 2007.

Snyder, Sarah. *Human Rights Activism and the End of the Cold War: A Transnational History of the Helsinki Network.* Cambridge: Cambridge University Press, 2011.

Songer, Donald R, Susan W. Johnson, and Jennifer Barnes Bowie. "Do Bills of Rights Matter? An Examination of Court Change, Judicial Ideology, and the Support Structure For Rights in Canada." *Osgoode Hall Law Journal* 51, no. 1 (2013): 297-329.

Soohoo, Cynthia. "Human Rights and the Transformation of the 'Civil Rights' and 'Civil

Pries, Kari Mariska. "Repression, Freedom, and Minimal Geography: Human Rights, Humanitarian Law, and Canadian Involvement in El Salvador, 1977-1984." MA thesis, Queen's University, 2007.

Quataert, Jean H. *Advocating Dignity*. Philadelphia: University of Pennsylvania Press, 2009.

Quebec. *Quebec-Canada: A New Deal.* Quebec City: 1979

Quebec. Commission of Inquiry into the Administration of Justice on Criminal and Penal Matters in Quebec. *Crime, Justice, and Society*, Quebec City:1969.

Rabinovitch, Shelley Tsivia. "Teaching the Personal Is Political." In *Feminist Journeys,* edited by Marguerite Andersen. 283-86. Ottawa: Feminist History Society, 2010.

Radforth, Ian. "Collective Rights, Liberal Discourse, and Public Order: The Clash over Catholic Processions in Mid-Victorian Toronto." *Canadian Historical Review* 95, no. 4 (2014): 511-45.

Ramos, Howard. "Aboriginal Protest." In *Social Movements,* edited by Suzanne Staggenborg. 55-70. Toronto: Oxford University Press, 2007.

——. "Divergent Paths: Aboriginal Mobilization in Canada, 1951-2000." PhD diss., McGill University, 2004.

——. "What Causes Canadian Aboriginal Protest? Examining Resources, Opportunities, and Identity, 1951-2000" *Canadian Journal of Sociology,* 31, no. 2 (2006): 211-35.

Réaume, Denise G. "Of Pigeonholes and Principles: A Reconsideration of Discrimination Law." *Osgoode Hall Law Journal* 40, no. 1 (2002): 113-44.

Rebick, Judy. *Ten Thousand Roses: The Making of a Feminist Revolution.* Toronto: Penguin Canada, 2005.

Reif, Linda. "Building Democratic Institutions: The Role of National Human Rights Institutions in Good Governance and Human Rights Protection." *Harvard Human Rights Journal* 13 (2000): 1-69.

Riddell, Maureen. *The Evolution of Human Rights Legislation in Alberta, 1945-1979.* Edmonton: Government of Alberta, 1978-79.

Risse, Thomas, Stephen C. Ropp, and Kathryn Sikkink, eds. *The Power of Human Rights: International Norms and Domestic Change*. Cambridge: Cambridge University Press, 1999.

Rosen, Philip. "Hate Propaganda." Edited by Parliamentary Research Branch. Ottawa: Library of Parliament, 2000.

Russell, Peter. "Colonization of Indigenous Peoples: The Movement Toward New Relationships." In *Parties Long Estranged: Canada and, Australia in the Twentieth Century*, edited by Margaret MacMillan and Francie McKenzie. 62-95. Vancouver:

and Politics in Canada. Toronto: Pearson Canada, 2011.

Olzak, Susan. *The Global Dynamics of Racial and Ethnic Mobilization.* Stanford: Stanford University Press, 2006.

Ontario. *Report of the Royal Commission Inquiry into Civil Rights.* Toronto: Queen's Printer, 1968.

Ontario Human Rights Commission. *Life Together: A Report on Human Rights in Ontario.* Toronto: 1977.

Pal, Leslie. *Interests of State: The Politics of Language, Multiculturalism, and Feminism in Canada.* Montreal and Kingston: McGill-Queen's University Press, 1993.

Palmer, Bryan. *Working Class Experience: Rethinking the History of Canadian Labour, 1800-1991.* Toronto: McClelland & Stewart, 1992.

Paltiel, Jeremy T. "Negotiating Human Rights with China." In *Canada Among Nations 1995: Democracy and Foreign Policy,* edited by Maxwell A. Cameron and Mauree Appel Molot. 165-86. Ottawa: Carleton University Press, 1995.

Papineau, Louis-Joseph. *Journal d'un fils de la liberté, réfugié aux États-Unis, par suite de l'insurrection canadienne, en 1837.* Montreal: Réédition-Québec, 1972.

Patrias, Carmela. "Race, Employment Discrimination, and Stare Complicity in Wartime Canada, 1939-1945." *Labour/Le Travail* 59 (2007): 9-42.

——. "Socialists, Jews, and the 1947 Saskatchewan Bill of Rights." *Canadian Historical Review* 87, no. 2 (2005): 265-92.

Pegram, Thomas. "Diffusion Across Political Systems: The Global Spread of National Human Rights Institutions." *Human Rights Quarterly* 32, no. 3 (2010): 729-60.

Pendas, Devin O. "Toward World Law? Human Rights and the Failure of the Legalist Paradigm of War." In *Human Rights in the Twentieth Century,* edited by Stefan-Ludwig Hoffman. 215-36. Cambridge: Cambridge University Press, 2011.

Petryshyn, J. "A. E. Smith and the Canadian Labour Defence League." PhD diss., University of Western Ontario,1977.

——. "Class Conflict and Civil Liberties: The Origins and Activities of the Canadian Labour Defense League, 1925-1940." *Labor/Le Travail* 100 (1982): 39-63.

Pitsula, James M. *Keeping Canada British: The Ku Klux Klan in 1920s Saskatchewan.* Vancouver: UBC Press, 2013.

Porter, Bruce. "Twenty Years of Equality Rights: Reclaiming Expectations." *Windsor Y. B. Access Justice* 23, no. 1 (2005): 145-92.

Pothier, Diane. "Connecting Grounds of Discrimination to Real People's Real Experiences." *Canadian Journal of Women and the Law* 13, no. 1 (2001): 37-73.

Prentice, Allison, Paula Bourne, Gail Cuthbert Brandt, Beth Light, Wendy Mitchenson, and Naomi Black. *Canadian Women: A History*. Toronto: Harcourt Brace, 1996.

——. "Human Rights for Some: First Nations Rights in Twentieth-Century Canada." In *Taking Liberties: A History of Human Rights in Canada*, edited by Stephen Heathorn and David Goutor. 233-60. Toronto: Oxford University Press, 2013.

Minow, Martha. *Making All the Difference: Inclusion, Exclusion, and American Law.* Ithaca: Cornell University Press, 1990.

——. *Not Only for Myself: Identity, Politics, and the Law*. New York: New Press, 1997.

Moogk, Peter N. "The Crime of Lèse-Majesté in New France: Defence of the Secular and Religious Order." In *Canadian State Trials: Law, Politics, and Security Measures, 1608-1837*, edited by F. Murray Greenwood and Barry Wright. 55-71. Toronto: University of Toronto Press, 1996.

Moravcsik, Andrew. "The Paradox of U.S. Human Rights Policy." In *American Exceptionalism and Human Rights*, edited by Michael Ignatieff. 147-96. Princeton: Princeton University Press, 2005.

Morel, André. "Le Charte Québécoise: Un Document unique dans l'histoire législative canadienne." *Revue juridique themis* 21, no. 1 (1987): 1-23.

Moyn, Samual. *The Last Utopia: Human Rights in History*. Boston: Belknap Press of Harvard University Press, 2010.

Neufeldt, Aldred H. "Growth and Evolution of Disability Advocacy in Canada." In *Making Equality: History of Advocacy and Persons with Disabilities in Canada,* edited by Deborah Stienstra and Ailee Wight-Felske. 11-32. Concord: Captus Press, 2003.

Nolan, Cathal J. "Human Rights in Canadian Foreign Policy." In *Human Rights in Canadian Foreign Policy,* edited by Robert O. Matthews and Cranford Pratt. 101-14. Montreal and Kingston: McGill-Queen's University Press, 1988.

——. "The Influence of Parliament on Human Rights in Canadian Foreign Policy." *Human Rights Quarterly* 7, no. 3 (1985): 373-90.

——. "Reluctant Liberal: Canada, Human Rights, and the United Nations." *Diplomacy and Statecraft* 2, no. 3 (1990): 281-305.

Norman, Ken. "Saskatchewan's One Bright Shining Moment, at Least It Seemed So at the Time." In *14 Arguments in Favour of Human Rights Institutions*, edited by Shelagh Day, Lucie Lamarche, and Ken Norman. 87- 110. Toronto: Irwin Law, 2014.

Nossal, Kim Richard. "Cabin'd, Cribb'd, Confin'd: Canada's Interests in Human Rights." In *Human Rights in Canadian Foreign Policy*, edited by Robert O. Matthews and Cranford Pratt. 23-45. Montreal and Kingston: McGill-Queen's University Press, 1988.

Nossal, Kim Richard, Stéphane Roussel, and Stéphane Paquin. *International Policy*

Mandel, Michael. *The Charter of Rights and the Legislation of Politics in Canada.* Toronto: Thompson Educational Publishing, 1994.

Manfredi, Christopher. *Feminist Activism in Supreme Court: Legal Mobilization and the Women's Legal Education and Action Fund.* Vancouver: UBC Press, 2004.

Marshal, Dominique. "The Cold War, Canada, and the United Nations Declaration of the Rights of the Child." In *Canada and the Early Cold War, 1943-1957,* edited by Greg Donaghy. 183-214. Ottawa: Department of Foreign Affairs and International Trade, 1998.

——. "The Language of Children's Rights, the Formation of the Welfare State, and the Democratic Experience of Poor Families in Quebec, 1940-55." *Canadian Historical Review* 78, no. 3 (1997): 409-43.

Marx, Herbert. "Notes and Comments: The Montreal Anti-Demonstration Bylaw—'Bed Everywhere'" *Manitoba Law Journal* 4, no. 1 (1970-1): 347-56.

Mathieu, Sarah-Jane, *North of the Color Line: Migration and Black Resistance in Canada, 1870-1955.* Chapel Hill: University of North Carolina Press, 2010.

Maul, Daniel Roger. "The International Labour Organization and the Globalization of Rights, 1944-1970." In *Human Rights in the Twentieth Century,* edited by Stefan-Ludwig Hoffman. 301-20. Cambridge: Cambridge University Press, 2011.

Mazower, Mark."The Strange Triumph of Human Rights, 1933-1950." *Historical Journal* 47, no. 2 (2004): 379-98.

McCartin, Joseph A. "Democratizing the Demand for Workers' Rights." *Dissent* 1 (2005): 61-8.

——. *Labor's Great War: The Struggle for Industrial Democracy and the Origins of Modern American Labor Relations, 1912-1921.* Chapel Hill: University of North Carolina Press. 1997.

McChesney, Allan. "Aboriginal Communities, Aboriginal Rights, and the Human Rights System." In *Human Rights in Cross-Cultural Perspectives: A Quest for Consensus,* edited by Abdullahi Ahmed An-Na'im. 221-52. Philadelphia: University of Pennsylvania Press, 1992.

McKay, Ian. "The Liberal Order Framework: A Prospectus for a Renaissance of Canadian History." *Canadian Historical Review* 81, no. 4 (2000): 617-51.

McLachlin, Beverley. "The Charter 25 Years Later: The Good, the Bad, and the Challenges." *Osgoode Hall Law Journa*l 45, no. 2 (2007): 365-77.

Mertus, Julie A. *Human Rights Matters: Local Politics and National Human Rights Institutions.* Stanford: Stanford University Press, 2008.

Miller, J. R. "D'Alton McCarthy, Equal Rights, and the Origins of the Manitoba Schools Question." *Canadian Historical Review* 54, no. 4 (1973): 369-92.

(2003): 516-51.

Kulchinsky, Peter. *Aboriginal Rights Are Not Human Rights.* Winnipeg: ARP Books, 2013.

Lambertson, Ross. “Domination and Dissent.” In *A History of Human Rights in Canada,* edited by Janet Miron. 1-26. Toronto: Canadian Scholars’ Press, 2009.

——. “The Dresden Story: Racism, Human Rights, and the Jewish Labour Committee of Canada.” *Labour/ Le Travail* 47 (2001): 43-82.

——. *Repression and Resistance: Canadian Human Rights Activists, 1930-1960.* Toronto: University of Toronto Press, 2005.

——. “Suppression and Subversion.” In *A History of Human Rights in Canada*, edited by Janet Miron. 27-42. Toronto: Canadian Scholars’ Press, 2009.

Larsen, Mike, and Kevin Walby, eds. *Brokering Access: Power, Politics, and Freedom of Information Process in Canada.* Vancouver: UBC Press, 2012.

Lauren, Paul Gordon. *The Evolution of International Human Rights: Visions Seen.* Philadelphia: University of Pennsylvania Press, 2011.

Lessard, Hester. “Mothers, Fathers, and Naming: Reflections on the Law Equality Framework and *Trociuk v. British Columbia (Attorney General).*” *Canadian Journal of Women and the Law* 16, no. 1 (2004): 165-211.

Lichtenstein, Nelson. “The Rights Revolution.” *New Labor Forum* 12, no. 1 (2003): 61-73.

Little, Margaret Hillyard. “Claiming a Unique Place: The Introduction of Mothers’ Pensions in British Columbia.” *BC Studies* 105-6 (Spring-Summer 1995): 80-102.

Long, David. “Culture, Ideology, and Militancy: The Movement of Native Indians in Canada, 1969-91.” In *Organizing Dissent: Contemporary Social Movements in Theory and in Practice*, edited by William K. Carroll. 151-70. Toronto: Garamond Press, 1997.

Lui, Andrew. *Why Canada Cares: Human Rights and Foreign Policy in Theory and Practice.* Montreal and Kingston: McGill-Queen’s University Press, 2012.

Mackenzie, J. B. “Section 98, Criminal Code, and Freedom of Expression in Canada.” *Queen’s Quarterly* 1, no. 1 (1971-2): 469-85.

MacLennan, Christopher. *Toward the Charter: Canadians and the Demand for a National Bill of Rights, 1929-1960.* Montreal and Kingston: McGill-Queen’s University Press, 2003.

Madsen, Mikael Rask, and Gert Verschraegen. “Making Human Rights Intelligible: An Introduction to a Sociology of Human Rights.” In *Making Human Rights Intelligible,* edited by Mikael Rask Madsen and Gert Verschraegen. 1-24. Portland: Hart Publishing, 2013.

Iyer, Nitya. "Categorical Denials: Equality Rights and the Shaping of Social Identity." *Queen's Law Journal* 19, no. 1 (1993): 179-207.

James, Matt. *Misrecognized Materialists: Social Movements in Canadian Constitutional Politics*. Vancouver: UBC Press, 2006.

Joas, Hans. *The Sacredness of the Person: A New Genealogy of Human Rights.* Washington: Georgetown University Press, 2013.

Kallen, Evelyn. *Ethnicity and Human Rights in Canada.* Don Mills: Oxford University Press, 2010.

——. *Ethnicity and Human Rights Canada: A Human Rights Perspective on Ethnicity, Racism, and Systemic Inequality.* Toronto: Oxford University Press, 2003.

Kaplan, William. *Canadian Maverick: The Life and Times of Ivan C. Rand.* Toronto: University of Toronto Press, 2009.

Kealey, Gregory S. "State Repression of Labour and the Left in Canada, 1914-1920: The Impact of the First World War." *Canadian Historical Review* 73, no. 3 (1992): 281-315.

Keck, Margaret E., and Kathryn Sikkink. *Activists Beyond Borders: Advocacy Networks in International Politics.* Ithaca: Cornell University Press, 1998.

Keenleyside, T. A., and Patricia Taylor. *The Impact of Human Rights Violations on the Conduct of Canadian Bilateral Relations: A Contemporary Dilemma.* Toronto: Canadian Institute of International Affairs, 1984.

Kelly, James B. *Governing with the Charter: Legislative and Judicial Activism and Framers' Intent.* Vancouver: UBC Press, 2005.

Keshen, Jeffrey A. *Propaganda and Censorship during Canada's Great War.* Edmonton: University of Alberta Press, 1996.

Knight, Amy. *How the Cold War Began: The Gouzenko Affair and, the Hunt for Soviet Spies.* Toronto: McClelland and Stewart, 2005.

Knopff, Rainer. *Human Rights and Social Technology: The New War on Discrimination.* Ottawa: Carleton University Press, 1989.

Knopff, Rainer, and F. L. Morton. *The Charter Revolution and the Court Party.* Peterborough: Broadview Press, 2000.

——. "Canada's Court Party." In *Perspectives on Canadian Constitutional Reform, Interpretation, and Theory,* edited by Anthony A. Peacock. 63-87. Toronto: Oxford University Press, 1996.

Korey, William. *NGOs and the Universal Declaration of Human Rights: "A Curious Grapevine."* New York: Palgrave, 1998.

Korinek, Valerie. "'The Most Openly Gay Person for at Least a Thousand Miles': Doug Wilson and the Politicization of a Province." *Canadian Historical Review* 84, no. 4

Hay, Douglas. "Civilians Tried in Military Courts: Quebec, 1759-1764." In *Canadian State Trials: Law, Politics, and Security Measures, 1608-1837,* edited by F. Murray Greenwood and Barry Wright. 114-75. Toronto: University of Toronto Press, 1996.

Heaman, E. A. "Rights Talk and the Liberal Order Framework." In *Liberalism and Hegemony: Debating the Canadian Revolution,* edited by Jean-François Constant and Michel Ducharme. 147-75. Toronto: University of Toronto Press, 2009.

Herman, Didi. *Rights of Passage: Struggles for Lesbian and Gay Legal Equality.* Toronto: University of Toronto Press, 1994.

Hillebrecht, Courtney. "The Domestic Mechanisms of Compliance with International Human Rights Law: Case Studies from the Inter-American Human Rights System." *Human Rights Quarterly* 34, no. 2 (2012): 959-85.

Hobbins, A. J. "Eleanor Roosevelt, John Humphrey, and Canadian Opposition to the Universal Declaration of Human Rights: Looking Back on the 50th Anniversary of the UDHR." *International Journal* 53, no. 2 (1998): 325-42.

Hobsbawm, E. J. "Labour and Human Rights." In *Worlds of Labour: Further Studies in the History of Labour,* edited by E. J. Hobsbawm. 297-316. London: Weidenfeld and Nicolson, 1984.

Howe, R. Brian. "Incrementalism and Human Rights Reform." *Journal of Canadian Studies* 28, no. 3 (1993): 29-44.

Howe, R. Brian, and David Johnson. *Restraining Equality: Human Rights Commissions in Canada*. Toronto: University of Toronto Press, 2000.

Hunt, Lynn. *Inventing Human Rights: A History.* New York: W. W. Norton 2007〔リン・ハント『人権を創造する』（松浦義弘 訳）岩波書店、2011 年〕.

Hunter, Ian A. "Liberty and Equality: A Tale of Two Cities." *McGill Law Journal* 29, no. 1 (1983): 1-24.

Igartua, José. *The Other Quiet Revolution: National Identities in English Canada, 1945-1971*. Vancouver: UBC Press,2008.

Ignatieff, Michael. *Human Rights as Politics and ldolatry.* Princeton: Princeton University Press, 2001.〔マイケル・イグナティエフ（エイミー・ガットマン編）『人権の政治学』（添谷育志、金田耕一 訳）風行社、2006 年〕.

——. *The Rights Revolution.* Toronto: House of Anansi, 2000.〔マイケル・イグナティエフ『ライツ・レヴォリューション——権利社会をどう生きるか』（金田耕一 訳）風行社、2008 年〕.

International Council on Human Rights. "Performance and Legitimacy: National Human Rights Institutions." Geneva, Switzerland: 1999.

Ishay, Micheline R. *The History of Human Rights: From Ancient Times to the Globalization Era.* Berkeley: University of California Press, 2008.

tions. Montreal and Kingston: McGill-Queen's University Press, 1996.

Girard, Philip. "'If Two Ride a Horse, one Must Ride in Front': Married Women's Nationality and the Law in Canada 1880-1950." *Canadian Historical Review* 94, no. 1 (2013): 28-55.

Goldstein, Daniel M. "Whose Vernacular? Translating Human Rights in Local Contexts." In *Human Rights at the Crossroads*. edited by Mark Goodale. 111-21. New York: Oxford University Press, 2013.

Goodhart, Michael. "Human rights and the Politics of Contention." In *Human Rights at the Crossroads*, edited by Mark Goodale. 31-44. New York: Oxford University Press, 2013.

Gordon, Nancy, and Bernard Wood. "Canada and the Reshaping of the United Nations." *International Journal* 47, no. 3 (1991): 479-503.

Graydon, Shari. "I Was a Slow Learner." In *Feminist Journeys*, edited by Marguerite Andersen. 157-62. Ottawa: Feminist History Society, 2010.

Greenwood, F. Murray. "The Drafting and Passage of the War Measures Act in 1914 and 1927: Object Lessons in the Need for Vigilance." In *Canadian Perspectives on Law and Society: Issues in Legal History*, edited by W. Wesley Pue and Barry Wright. 291-327. Ottawa: Carleton University Press, 1988.

——. "The Montreal Court Martial, 1838-9: Legal and Constitutional Reflections." In *Canadian State Trials: Rebellion and Invasion in the Canadas,1837-1839*, edited by F. Murray Greenwood and Barry Wright. 325-52. Toronto: University of Toronto, 2002.

Greenwood, F. Murray, and Barry Wright eds. *Canadian State Trials: Law, Politics, and Security Measures, 1608-1837*. Vol. 1. Toronto: University of Toronto Press, 1996.

——. "Introduction: Rebellion,Invasion, and the Crisis of the Colonial State in the Canadas, 1837-1839." In *Canadian State Trials: Rebellion and Invasion in the Canadas, 1837-1839*, edited by F. Murray Greenwood and Barry Wright. 3-40. Toronto: University of Toronto Press, 2002.

——. "Introduction: State Trials, the Rule of law, and Executive Powers in Early Canada." In *Canadian State Trials: Law, Politics, and Security Measures, 1608-1837*, edited by F. Murray Greenwood and Barry Wright. 3-54. Toronto: University of Toronto Press, 1996.

Gwynn, Richard. *Smallwood: The Unlikely Revolutionary*. Toronto: McClelland and Stewart, 1999.

Habermas, Jurgen. *Religion and Rationality: Essays on Reason, God, and Modernity*. Cambridge, MA: MIT Press,2002.

Epp, Charles R. *The Rights Revolution: Lawyers, Activists, and Supreme Courts in Comparative Perspective.* Chicago: University of Chicago Press, 1998.

Fletcher, Joseph F., and Paul Howe. "Public Opinion and Canada's Courts." In *Judicial Power and Canadian Democracy,* edited by Paul Howe and Peter H. Russell. 255-96. Montreal and Kingston: McGill-Queen's University Press, 2001.

Forsythe, David. *Human Rights in International Relations.* Cambridge: Cambridge University Press, 2006.

Foster, John W. "UN Commission on Human Rights." In *Human Rights in Canadian Foreign Policy*, edited by Robert O. Matthews and Cranford Pratt. 77-100. Montreal and Kingston: McGill-Queen's University Press, 1988.

Foweraker, Joe, and Todd Landman. *Citizenship Rights and Social Movements: A Comparative and Statistical Analysis.* Oxford: Oxford University Press, 1997.

Frager, Ruth A., and Carmela Patrias. *Discounted Labour: Women Workers in Canada, 1870-1939.* Toronto: University of Toronto Press, 2005.

Frager, Ruth, and Carmela Patrias. "'This Is Our Country, These Are Our Rights': Minorities and the Origins of Ontario's Human Rights Campaigns." *Canadian Historical Review* 82, no. 1 (2001): 1-35.

Freeman, Michael. *Human Rights: An Interdisciplinary Approach*. Cambridge: Polity Press, 2011.

Fudge, Judy. "The Effect of Entrenching a Bill of Rights upon Political Discourse: Feminist Demands and Sexual Violence in Canada." *International Journal of the Sociology of Law* 17, no. 4 (1989): 445-63.

Fudge, Judy, and Hester Lessard. "Challenging Norms and Creating Precedents: The Tale of a Woman Firefighter in the Forests of British Columbia." In *Challenging Norms and Creating Precedents,* edited by Judy Fudge and Eric Tucker. 315-54. Toronto: University of Toronto Press, 2010.

Gardiner, Robert. "Building a Counter-Consensus in Canada." In *Canadian Churches and Foreign Policy,* edited by Bonnie Greene. Toronto: James Lorimer, 1990.

Gearty, Conor. *Can Human Rights Survive?* Cambridge: Cambridge University Press, 2006.

Gecelovsky, Paul, and Tom Keating. "Liberal Internationalism for Conservatives: The Good Governance Initiative." In *Diplomatic Departures: The Conservative Era in Canadian Foreign Policy, 1984-1993,* edited by Kim Richard Nossal and Nelson Michaud. 194-207. Vancouver: UBC Press, 2001.

Gillespie, William A. "A History of the Newfoundland Federation of Labour, 1936-1963." MA thesis, Memorial University of Newfoundland, 1980.

Gillies, David. *Between Principle and Practice: Human Rights in North South Rela-*

the Twenty-First Century: A Global Challenge, edited by Kathleen E. Mahoney and Paul Mahoney. London: Martinus Nijhoff Publishers, 1993.

Cranston, Maurice. *What Are Human Rights?* New York: Basic Books, 1973.

Davies, Alan, ed. *Antisemitism in Canada: History and Interpretation.* Waterloo: Wilfrid Laurier University Press, 1992.

Devall, W. B. "Support for Civil Liberties among English-Speaking Canadian University Students." *Canadian Journal of Political Science / Revue canadienne de science politique* 3, no. 3 (1970): 434-51.

Devereux, Annemarie. *Australia and the Birth of the International Bill of Human Rights, 1946-1966.* Sydney: Federation Press, 2005.

Dicey, A. V. *Introduction to the Study of the Law of the Constitution.* London: Sr. Martin's Press, 1962.

Dickinson, Greg M., and W. Rod Dolmage. "Education, Religion, and the Courts in Ontario." *Canadian Journal of Education* 21, no. 4 (1996): 363-83.

Dixon, Rosalind. "The Supreme Court of Canada and Constitutional (Equality) Baselines." *Osgoode Hall Law Journal* 50, no. 3 (2013): 637-69.

Donnelly, Jack. "Genocide and Humanitarian Intervention." *Journal of Human Rights* 1, no. 1 (2002): 93-109.

——. *International Human Rights.* Boulder: Westview Press, 1998.

——. *Universal Human Rights in Theory and Practice.* New York: Cornell University Press, 2003.

Ducharme, Michel. *Le Concept de liberté au Canada à l'époque des révolutions Atlantiques 1776-1838.* Montreal and Kingston: McGill-Queen's University Press, 2010.

Duclos, Nitya. "Disappearing Women: Racial Minority Women in Human Rights Cases." *Canadian Journal of Women and the Law* 6, no. 1 (1993): 25-51.

Eckel, Jan. "The International Human Rights Campaign Against Chile." In *Human Rights in the Twentieth Century,* edited by Stefan-Ludwig Hoffman. Cambridge: Cambridge University Press, 2011.

——. "The International League for the Rights of Man, Amnesty International, and the Changing Fate of Human Rights Activism from the 1940s through the 1970s." *Humanity* 4, no. 2 (2013): 183-214.

——. "The Rebirth of Politics from the Spirit of Morality: Explaining the Human Rights Revolution of the 1970s." In *The Breakthrough: Human Rights in the 1970s,* edited by Jan Eckel and Samuel Moyn. 226-59. Philadelphia: University of Pennsylvania Press, 2014.

Epp, Charles. *Making Rights Real: Activists, Bureaucrats, and the Creation of the Legalistic State.* Chicago: University of Chicago Press, 2009.

Histoire Sociale/Social History 42, no. 84 (2009): 361-88.
——. "Human Rights in Canadian Domestic and Foreign Politics: From 'Nigardly Acceptance' to Enthusiastic Embrace." *Human Rights Quarterly* 34, no. 3 (2012): 751-78.
——. "I Believe in Human Rights, Not Women's Rights': Women and the Human Rights State, 1969-1984." *Radical History Review* 101 (2008): 107-29.
——. "'It Is Not the Beliefs but the Crime That Matters:' Post-War Civil Liberties Debates in Canada and Australia.," *Labour History* (Australia) 86 (May 2004): 1-32.
——. "The October Crisis of 1970: Human Rights Abuses under the War Measures Act." *Journal of Canadian Studies* 42, no. 2 (2008): 160-86.
——. "The Rights Revolution in Canada and Australia: International Politics, Social Movements, and Domestic Law." In *Taking Liberties: A History of Human Rights in Canada,* edited by Stephen Heathorn and David Goutor. 88-113. Toronto: Oxford University Press, 2013.
——. "The Royal Commission on Espionage and the Spy Trials of 1946-9": A Case Study in Parliamentary Supremacy." *Journal of the Canadian Historical Association* 11, no. 1 (2000): 151-72.
——. "Spies, Lies and a Commission, 1946-8: A Case Study in the Mobilization of the Canadian Civil Liberties Movement." *Left History* 7, no. 2 (2001): 53-79.
Clément, Dominique, Will Silver, and Dan Trotter. "The Evolution of Human Rights in Canada." Ottawa: Canadian Human Rights Commission, 2012.
Cmiel, Kenneth. "The Recent History of Human Rights." *American Historical Review* 109, no. 1 (2004): 117-35.
Cohen, Jean L. "Rethinking Human Rights, Democracy, and Sovereignty in the Age of Globalization." *Political Theory* 36, no. 4 (2008): 578-606.
Cohen, Marjorie Griffin. "Paid Work." In *Canadian Women's Issues,* Vol. 2: *Bold Visions*. 33-116. Toronto: James Lorimer, 1995.
Comités d'Organisation des Jeux Olympiques. *Montréal 1976: Official Report,* edited by COJO. Vol. 1. Montreal: 1976.
Compa, Lance. "Framing Labor's New Human Rights Movement." In *The Diffusion of Social Movement: Actors, Mechanisms, and Political Effects*. New York: Cambridge University Press, 2010.
Cook, Tim. *Warlords: Borden, Mackenzie King and Canada's World Wars*. Toronto: Allen Lane, 2012.
Cornish, Mary, Fay Faraday, and Jo-Anne Pickel. *Enforcing Human Rights in Ontario.* Aurora: Canada Law Books, 2009.
Cotler, Irwin. "Human Rights as the Modern Tool of Revolution." In *Human Rights in*

——. *Special Committee on Human Rights and Fundamental Freedoms.* Ottawa: Queen's Printer, 1950.

——. *Special Joint Committee of the Senate and the House of Commons on the Constitution of Canada: Final Report.* Ottawa: Queen's Printer, 1972.

——. *Special Joint Committee of the Senate and House of Commons on the Constitution of Canada: Minutes of Proceedings and Evidence.* Ottawa: Queen's Printer, 1970.

——. *Special Joint Committee of the Senate and House of Commons on Human Rights and Fundamental Freedoms.* Ottawa: King's Printer, 1970.

——. *Statement of the Government of Canada on Indian Policy.* Ottawa: Queen's Printer, 1969.

Canada, Status of Women. *The Royal Commission on the Status of Women: An Overview 25 Years Later.* Ottawa: 1995.

Canada, Department of External Affairs. *Foreign Policy for Canadians.* Vol. 3. Ottawa: Queen's Printer, 1970.

Canadian Bar Association, Committee on the Constitution. *Towards a New Canada.* Ottawa: 1978.

Cardenas, Sonia. *Chains of Justice: The Global Rise of State Institutions for Human Rights.* Philadelphia: University of Pennsylvania Press,2014.

Cardinal Harold. *The Unjust Society.* Vancouver: Douglas & McIntyre, 1999.

Chambers, Lori. "'In the Name of the Father': Children, Naming Practices, and the Law in Canada." *UBC Law Review* 43, no. 1 (2010-11): 1-45.

——. "Newborn Adoption: Birth Mothers, Genetic Fathers, and Reproductive Autonomy." *Canadian Journal of Family Law* 26, no. 1 (2010) 339-93.

Chivers, Sally. "Barrier by Barrier: The Canadian Disability Movement and the Fight for Equal Rights." In *Group Politics and Social Movements in Canada,* edited by Miriam Smith. 159-80. Peterborough: Broadview Press, 2007.

Clarke, Frank K. "Debilitating Divisions: The Civil Liberties Movement in Early Cold War Canada, 1946-8." In *Whose National Security? Surveillance and the Creation of Enemies in Canada,* edited by Gary Kinsman. 171-87. Toronto: Between the Lines, 2000.

Clément, Dominique. *Canada's Rights Revolution: Social Movements and Social Change, 1937-1982.* Vancouver: UBC Press, 2008.

——. *Equality Deferred: Sex Discrimination and British Columbia's Human Rights State, 1953-1984.* Vancouver: UBC Press and the Osgoode Society for Canadian Legal History, 2014.

——. "Generations and the Transformation of Social Movements in Post-War Canada."

In *Rethinking Equality Projects in Law: Feminist Challenges,* edited by Rosemary Hunter. 59-79. Oxford: Hart Publishing, 2008.

British Columbia Human Rights Commission. *I'm Okay; We're Not So Sure about You: A Report of the BC Human Rights Commission on Extensions to the Code.* Victoria: 1983.

Brockman, Joan. *Gender in the Legal Profession: Fitting in or Breaking the Mould.* Vancouver: UBC Press, 2006.

Brodsky, Gwen. *Canadian Charter Equality Rights for Women: One Step Forward or Two Steps Back?* Ottawa: Canadian Advisory Council on the Status of Women, 1989.

Brouwer, Ruth Compton. "When Missions Became Development: Ironies of 'Ngoization' in Mainstream Canadian Churches in the 1960s." *Canadian Historical Review* 91, no. 4 (2010): 661-93.

Brown, R. Blake. "'Stars and Shamrocks Will Be Shown': The Fenian State Trials, 1866-7." In *Canadian State Trials: Political Trials and Security Measures,* edited by Barry Wright and Susan Binnie. 35-84. Toronto: University of Toronto Press, 2009.

Brown, Rosemary. Being Brown: *A Very Public Life.* Toronto: Random House, 1989.

Brysk, Alison. *Global Good Samaritans: Human Rights as Foreign Policy.* New York: Oxford University Press, 2009.

Buchanan, Allen. "The Egalitarianism of Human Rights." *Ethics* 120, no. 4 (2010): 679-710.

Burt, Sandra. "The Changing Patterns of Public Policy." In *Changing Patterns: Women in Canada,* edited by Sandra Burt, Lorraine Code, and Lindsay Dorney. 212-41. Toronto: McClelland and Stewart, 1993.

Cairns, Alan C. "The Past and Future of the Canadian Administrative State." *University of Toronto Law Journal* 40, no. 1 (1990): 319-63.

Canada. *Certain RCMP Activities and the Question of Governmental Knowledge.* Vol. 3. Ottawa: Queen's Printer, 1981.

——. *Freedom and Security under the Law: Commission of Inquiry Concerning Certain Activities of the Royal Canadian Mounted Police.* Vol. 2. Ottawa: Queen's Printer, 1981.

——. *Report of the Commission on Equality in Employment.* Ottawa: Queen's Printer, 1984.

——. *Report of the Committee on the Operation of the Abortion Law,* Ottawa: Minister of Supply and Services Canada, 1977.

——. *Security and Information.* Vol. 1. Ottawa: Queen's Printer, 1979.

——. *Special Committee on Human Rights and Fundamental Freedoms.* Ottawa: Queen's Printer, 1960.

Bangarth, Stephanie D. "'We Are Not Asking You to Open Wide the Gates for Chinese Immigration': The Committee for the Repeal of the Chinese Immigration Act and Early Human Rights Activism in Canada." *Canadian Historical Review* 84, no. 3 (2003): 395-422.

Behiels, Michael. "Canada and the Implementation of International Instruments of Human Rights: A Federalist Conundrum, 1919-1982." In *Framing Canadian Federalism: Historical Essays in Honour of John T. Saywell,* edited by Dimitry Anastakis and P. E. Bryden. 151-84. Toronto: University of Toronto Press, 2009.

Berger, Thomas. *Fragile Freedoms: Human Rights and Dissent in Canada.* Toronto: Clark Irwin, 1981.

Berlin, Isaiah. *Four Essays on Liberty.* London: Oxford University Press, 1969.

Berry, Victoria, and Allan McChesney. "Human Rights and Foreign Policy-Making." In *Human Rights in Canadian Foreign Policy,* edited by Robert O. Matthews and Cranford Pratt. 59-76. Montreal and Kingston: McGill-Queen's University Press, 1988.

Black, David. "The Long and Winding Road: International Norms and Domestic Political Change in South Africa." In *The Power of Human Rights: International Norms and Domestic Change,* edited by Thomas Risse, Stephen C. Ropp, and Kathryn Sikkink. 78-108. Cambridge: Cambridge University Press, 1999.

Blake, Raymond. *From Rights to Needs: A History of Family Allowances in Canada, 1929-92.* Vancouver: UBC Press.

Blanchette, Arthur E. *Canadian Foreign Policy, 1945-2000: Major Documents and Speeches.* Kemptville: Golden Dog Press, 2000.

——. *Canadian Foreign Policy, 1977-1992: Selected Speeches and Documents.* Ottawa: Carleton University Press, 1994.

Block, W. E., and M. A. Walker, eds. *Discrimination, Affirmative Action, and Equal Opportunity: An Economic and Social Perspective.* Vancouver: Fraser Institute, 1982.

Bonser, Michael J. "Human Rights in Canadian Foreign Policy: From Principle to Practice." MA thesis, Acadia University, 1999.

Bothwell, Robert. *Alliance and Illusion: Canada and the World, 1945-1984.* Vancouver: UBC Press, 2007.

Bouchard, Gérard, and Charles Taylor. *Building for the Future: A Time for Reconciliation.* Quebec: Government of Quebec, 2008〔ジェラール・ブシャール / チャールズ・テイラー『多文化社会ケベックの挑戦——文化的差異に関する調和の実践　ブシャール＝テイラー報告』（竹中豊、飯笹佐代子、矢頭典枝 訳）明石書店、2011 年〕.

Boyd, Susan. "Is Equality Enough? Fathers' Rights and Women's Rights Advocacy."

参考文献

Adams, Eric. "Building a Law of Human Rights: Roncarelli v Duplessis in Canadian Constitutional Culture." *McGill Law Journal* 55, no. 3 (2010): 437-60.

——. "The Idea of Constitutional Rights and the Transformation of Canadian Constitutional Law, 1930-1960." University of Toronto, 2009.

Ajzenstat, Janet. *The Canadian Founding: John Locke and Parliament*. Montreal: McGill-Queen's University Press, 2007.

Alberta Press Bill, Supreme Court Reports 100 (1938).

Anderson, Christopher G. *Canadian Liberalism and the Politics of Border Control, 1867-1967*. Vancouver: UBC Press, 2013.

Anderson, Donald. "The Development of Human Rights Protections in British Columbia." MA thesis, University of Victoria, 1986.

Anderson, Doris. *Rebel Daughter: An Autobiography*. Toronto: Key Porter Books, 1996.

Andiappan, P., M. Reavley, and S. Silver. "Discrimination against Pregnant Employees: An Analysis of Arbitration and Human Rights Tribunal Decisions in Canada." *Journal of Business Ethics* 9, no. 2 (1990): 143-51.

Arendt, Hannah. *The Origins of Totalitarianism*. New York: Schocken Books, 2004〔ハンナ・アーレント『全体主義の起源』（全 3 巻）（大久保和郎、大島道義、大島かおり訳）新装版、みすず書房、1981 年〕.

Axelrod, Paul. *Scholars and Dollars: Politics, Economics, and the Universities of Ontario, 1945-1980*. Toronto: University of Toronto Press, 1982.

Backhouse, Constance. *Colour-Coded: A Legal History of Racism in Canada, 1900-1950*. Toronto: University of Toronto Press, 1999.

Backhouse, Constance, and Leah Cohen. *The Secret Oppression: Sexual Harassment of Working Women*. Toronto : Macmillan, 1978.

Baehre, Rainer. "Trying the Rebels: Emergency Legislation and the Colonial Executive's Overall Legal, Strategy in the Upper Canadian Rebellion." In *Canadian State Trials: Rebellion and Invasion in the Canadas, 1837-1839*, edited by F. Murray Greenwood and Barry Wright. 41-61. Toronto: University of Toronto Press, 2002.

Bagnall, John C. "The Ontario Conservatives and the Development of Anti-Discrimination Policy." MA thesis, Queen's University, 1984.

Bangarth, Stephanie. *Voices Raised in Protest: Defending North American Citizens of Japanese Ancestry, 1942-49*. Vancouver: UBC Press, 2007.

補助資料サイトについて

カナダ人権史（Canada's Human Rights History）《www.HistoryOfRights.ca》は、カナダの権利革命のあらゆる側面を調べるためのサイトである。これは、社会運動、政府の政策、法律を理解するための調査・教育用のサイトになっている。人権をめぐるカナダ史上の重要な事件や論争に関する情報を提供しているほか、膨大な文書資料コレクションへのアクセスもできるようになっている。さらに、詳細な文献リスト、ほかの資料サイトへのリンク、会議、出版物、研究助成、最近のイベントに関する情報も載せている。歴史関係の大半のサイトとは違って、このサイトは更新が滞ることはない。むしろ、著者の研究の進展にともなって、新しいコンテンツを追加している。

リアン、クロード Ryan, Claude　101
リヴァイン、サミュエル Levine, Samuel　77
リエル、ルイ Riel, Louis　73, 234
リキテンスタイン、ネルソン Lichtenstein, Nelson　250
リス、ロップ Risse, Ropp　227
立憲法（カナダ法） Constitutional Act　47
リトル、マーガレット Little, Margaret　97, 228
理髪師法 Barber's Act　164
『ル・カナディエン』 *Le Canadien*　45
ルソー、ジャン=ジャック Rousseau, Jean-Jacques　23, 41
ループラ、ラジンダー・シン Roopra, Rajinder Singh　119
ルモンド、リュシ Lemonde, Lucie　152
冷戦 Cold War　23, 96, 97, 102, 189, 227, 230
レズビアンの母親を守る基金 Lesbian Mothers' Defence Fund　172
連邦結成 Confederation　33, 40, 58, 59, 185
　イギリス的自由の表現 as expression of British liberties　52
　権利の章典の欠如 lacks bill of right　51
　――の父祖たち Fathers of　51, 189
労働運動 labour movement　23, 81-82, 250
労働組合 trade unions　64
労働者の権利 workers' rights　183
　ストライキ権も参照
ロック、ジョン Locke, John　23, 41
ローヒード、ピーター Lougheed, Peter　134
ローランド、ダグラス Rowland, Douglas　225
ローリエ、ウィルフリッド Laurier, Wilfrid　61-62
ロンカレリ対デュプレシ訴訟 *Roncarelli v. Duplessis*　86, 231
ロンカレリ、フランク Roncarelli, Frank　72, 85

マックギガン、マーク MacGuigan, Mark 109
マッケイ、イアン McKay, Ian 32, 33
マッケンジー、ウィリアム・ライアン Mackenzie, William Lyon 45, 48
マッチ（MATCH）・インターナショナル（国際女性基金）MATCH International 131
マドセン、マイケル Madsen, Michael 20
マニトバ州 Manitoba
ウィニペグ・ゼネスト Winnipeg General Strike 64, 75
教育 education in 61
社会福祉 social welfare in 109, 225
マニング、アーネスト Manning, Ernest 89
麻薬取締法 Narcotics Control Act 166
マルクス、カール Marx, Karl 22
マルルーニ、ブライアン Mulroney, Brian 176-178
マンデル、マイケル Mandel, Michael 207
南アフリカ South Africa 110, 134, 177
憲法への権利の取りこみ incorporation of rights in constitution 28
権利の章典 Bill of Rights 29, 247
アパルトヘイトも参照
ミノウ、マーサ Minow, Martha 24, 212
ミラー、J・R Miller, J.R. 40
無償の法的支援 free legal aid 208
メイティの権利の章典 Métis Bill of Rights 234
メイティの蜂起（反乱） Métis rebellion 73, 234
メノー派 Mennonites 57
メプレ、フリューリ Mesplet, Fleury 44
モイン、サミュエル Moyn, Samuel 35, 188, 227
黙秘の権利 right to silence 166
モーゲンテイラー、ヘンリー Morgentaler, Henry 150, 208
モソップ訴訟 Mossop case 211
モンク、ジェームズ Monk, James 45
モントリオール Montreal
オリンピックでの治安措置 security measures at Olympics 149, 214
警察による威嚇 police intimidations in 77
集会の自由の制限 restriction of freedom of assembly 115, 148, 223
モントリオール市条例第3926条 Montreal bylaw 3926 115, 148, 223

【や行】

ユーコン準州人権法 Yukon Human Rights Act 131
ユダヤ人労働委員会 Jewish Labour Committee 17, 82, 88, 107
ヨーロッパ人権宣言 European Convention on Human Rights 102
世論調査 opinion polls 100, 114, 146, 149, 174, 229

【ら行】

ライアンズ、ノーマン Lyons, Norman 57
ライト、アンドリア Wright, Andrea 203
ライト、バリー Wright, Barry 243
ラドフォース、イアン Radforch, Ian 237
ラビノヴィッチ、シェリー Rabinovitch, Shelly 120
ラフ、キャスリーン Ruff, Kathleen 213
ラブレース、サンドラ Lovelace, Sandra 221
ラポルト、ピエール Laporte, Pierre 100
ラモス、ハワード Ramos, Howard 222
ランド、アイヴァン Rand, Ivan 87, 239
ランド、ダレン Lund, Darren 180
ランドマン、トッド Landman, Todd 248
ランバートソン、ロス Lambertson, Ross 234, 235, 238

公平雇用実施法をめぐる論争 debates on Fair Employment Practices Act 89
社会運動組織 social movement organizations 222
州人権局に対する攻撃 attacks on provincial Human Rights Branch in 152
人権プログラム human rights programs in 35
人権法典 Human Rights Code 122, 134, 136, 137, 155, 170, 187
妊娠女性の保護 protection to pregnant women 219, 220
法律改正 amendments of legislation in 164, 170
ブリティッシュ・コロンビア州人権委員会 British Columbia Human Rights Commission 126, 155
ブリティッシュ・コロンビア労働連合 British Columbia Federation of Labour 142, 217
プリンスエドワード島州 Prince Edward Island 172, 175, 205
ブレイク、レイモンド Blake, Raymond 212
フレイザー研究所 Fraser Institute 154
フレイジャー、ルース Frager, Ruth 90
プレスコット、ロバート Prescott, Robert 43, 44
フロスト、レスリー Frost, Leslie 96
フロンテナク、ビュアード・ドゥ Frontenac, Buade de 42
文書誹毀法 Libel Act 44, 246
兵役法 Military Services Act 234
ヘイズ、ハリー Hayes, Harry 142
ペイン、トマス Paine, Thomas 23, 41
ペグラム、トマス Pegram, Thomas 139
ヘルシンキ合意 Helsinki Accords 130
弁護士を付ける権利 right to a lawyer 166
弁護の権利 right to counsel 166
ベンサム、ジェレミー Bentham, Jeremy 22
法律 law
カナダ対イギリス Canadian vs. British 243
カナダの権利文化 Canada's rights culture and 84
社会的実践の反映 as reflected of social practices 21
保全改善法 Better Preservation Act 44, 45
ホッブズ、トマス Hobbes, Thomas 23
ポティエ、ダイアン Pothier, Diane 212
ホブズボーム、E・J Hobsbawn, E. J. 24
ホロウェイ、トルーディ・アン Holloway, Trudy Ann 135, 136
ボロヴォイ、アラン Borovoy, Alan 88

【ま行】

マカーティン、ジョゼフ McCartin, Joseph 250
マギー、トマス・ダーシー McGee, Thomas D'Arcy 73
マクドナルド、クレア McDonald, Clair 135-137
マグナ・カルタ（1215年） Magna Carta (1215) 43
マクラクラン、ベヴァリー McLachlin, Beverley 207
マクレーン、デイヴィド McLane, David 45
マーシャル、ドミニク Marshall, Dominique 97
マチェスニー、アラン McChesney, Allan 216
マチュー、サラ＝ジェーン Mathieu, Sarah-Jane 217, 248
マッキニス、グレース Macinnis, Grace 122

ノラン、キャサル Nolan, Cathal　93

【は行】

バーク、エドマンド Burke, Edmund　40, 49, 241
『白書』（1969年） *White Paper* (1969)　105, 106, 145, 184, 110, 178
バーサレット、リタ Berthelette , Rita　158
バック、ティム Buck, Tim　65
　カナダ共産党も参照
パトリアス、カーメラ Patrias, Carmela　90
パドロック法 Padlock Act　71, 85, 231
　――に対する市民的自由を求めるグループの形成 civil liberties groups form in response to　77, 78
　無効 struck down　86
バートン、ピエール Berton, Pierre　56
母親手当・年金 mothers' allowances and pensions　113, 228
ハーバマス、ユルゲン Habermas, Jürgen 24
パピノー、ルイ＝ジョゼフ Papineau, Louis-Joseph　46, 49
バーリン、アイザイア Berlin, Isaiah　27
ハルディマンド、フレデリック Haldimand, Frederick　43, 44
ハンター、イアン Hunter, Ian　153
ハント、リン Hunt, Lynn　15, 35
ハンフリー、ジョン Humphrey, John　92
反ユダヤ主義 anti-Semitism　56, 231
ピアソン、レスター・B Pearson, Lester B.　202
人の権利に関する米州宣言 American Declaration of the Rights of Man　101
ヒト免疫不全ウイルス（HIV） human immunodeficiency virus (HIV)　157, 158
ピノチェト、アウグスト Pinochet, Augusto　128
ヒーマン、エルズベス Heaman, Elsbeth　49, 243
ヒメル、アーヴィング Himel, Irving　81
美容師法 Hairdresser's Act　164
平等 equality　39, 210
平等を求めるゲイ連合（GATE） Gay Alliance Towards Equality (GATE)　172
ファインバーグ、アブラハム Feinberg, Abraham　96
ブルーイン、アンドルー Brewin, Andrew　225
フェアウェザー、ゴードン Fairweather, Gordon　155
フェルシュラーゲン、ゲルト Verschraegen, Gert　20
フォーセイ、ユージーン Forsey, Eugene　81
フォーリー、ジェフ Fowlie, Jeff　157, 158
フォレイカー、ジョー Foweraker, Joe　248
フォンテーヌ、ジル Fontaine, Gilles　157, 158
福祉 welfare　111, 113, 124, 143
ブシェ、エメ Boucher, Aimé　85
ブシェ対国王〔政府〕訴訟 *Boucher v the King*　86
フッター派 Hutterites　57, 238
普遍的人権 universal human rights
　――と先住民の権利 vs. Aboriginal rights　184
不法侵略法 Lawless Aggression Act　46, 73, 244
プライバシーの権利 right to pivacy　167, 208
ブラック、ウィリアム Black, William　137
ブラックストーン、ウィリアム Blackstone, William　242
ブラム、シド Blum, Sid　88
ブリティッシュ・コロンビア市民的自由協会 British Columbia Civil Liberties Association　107
ブリティッシュ・コロンビア州 British Columbia

中国系カナダ人 Chinese Canadians
隔離学校への反対運動 campaign against segregated schools 60
従軍の禁止 restrictions to serve in armed forces 77
人頭税の賦課 head tax imposed on 55
――に対する差別 discrimination of 53, 54, 239
中国人移民法 Chinese Immigration Act 55
中国人移民法撤廃委員会 Committee for the Repeal of the Chinese Immigration Act 82
チリ軍事政権 Chilean military regime 128
ディクソン、ブライアン Dickson, Brian 168
デイ、ストックウェル Day, Stockwell 180
ディーフェンベーカー、ジョン Diefenbaker, John 91, 110
テイラー、グロリア Taylor, Gloria 13, 250
テイラー、パトリシア Taylor, Patricia 176
デュクロ、ニーチャ Duclos, Nitya 162, 211
デュシャルム、ミシェル Ducharme, Michel 47, 242, 243
デュプレシ、モリス Duplessis, Maurice 71, 72, 89, 231, 235
ロンカレリ訴訟 Roncarelli case 84, 86
パドロック法も参照
伝統的権利 traditional rights 49
ドイツ系カナダ人 German Canadians
――に対する迫害 prosecution of 76
ドゥホボール派 Doukhobors 57
土着化 vernacularization 203
ドリュー、ジョージ Drew, George 87
トルーディ・アン・ホロウェイ訴訟 Trudy Ann Holloway case 135, 137
トルドー、ピエール Trudeau, Pierre 101, 176
トロチク判決 Trociuk decision 182
トンプソン、ジョン Thompson, John 61

【な行】
ニクソン、キンバリー Nixon, Kimberly 180, 181, 203
日系カナダ人 Japanese Canadians
―― の追放 displacement of 78, 80, 231, 239
従軍の禁止 restrictions to serve in armed forces 77
ニューファンドランド州 Newfoundland
人権法典 Human Rights Code 171
反労働組合法制 anti-union legislation 91
ニューファンドランド州人権委員会 Newfoundland Human Rights Commission 172
ニューファンドランド人権協会 Newfoundland Human Rights Association 108, 172
ニューフランス New France
イギリスによる征服 British conquest of 43
抑圧的慣行 repressive practices 42, 246
ニューブランズウィック州 New Brunswick 29, 62, 131, 144, 161
「先住民デスク」"Native Desk" 216
騒乱法案 Tumults Bill 246
ニューブランズウィック州妊娠中絶法 New Brunswick legislation on abortion 29
ネルー、ジャワハルラール Nehru, Jawaharlal 110
ネルソン、ロバート Nelson, Robert 46, 48
ノーマン、ケン Norman, Ken 155

性的マイノリティ　sexual minorities　143, 151
世界人権宣言（UDHR）Universal Declaration of Human Rights (UDHR)　23, 32, 35, 92-93, 101-102, 107, 129, 134, 188, 202, 230
『赤書』“Red Paper”　126, 226
セクシャル・ハラスメント sexual harrassment　118, 119, 124, 126, 134, 138, 170, 187, 206
　イサカでの抗議 Ithaca protest　118
　デュクロによる調査 Duclos survey　162
　特権とみなされた considered a perk　118, 119
全カナダ視覚障害者協会 Canadian National Institute for the Blind　143
全国インディアン連盟 National Indian Brotherhood　109, 126, 145
全国黒人連合 National Black Coalition　141
全国女性評議会　National Council of Women　90, 109, 230
全国貧困撲滅協会 National Anti-Poverty Organization　143
全国ユダヤ人女性評議会トロント支部 National Council of Jewish Women's Toronto　90
戦時措置法（1914年）War Measures Act (1914)　74, 76, 99, 233
先住民 Aboriginal peoples
　——からの申し立て complaints from　216
　寄宿学校 residential schools　59, 237
　自治の要求 demands of self-government　184
　人権政策への関与 engagement in human rights policy　143, 144-145
　人権要求 human rights claims　184
　——に対する差別 discrimination of　58, 59, 153, 213, 226
　——に対する政府の政策 government policy toward　105
　——の隔離 segregation of　54
　——の権利の伝統　right traditions of　40
　——の周辺化 marginalization of　58, 59, 238
　——の組織 association of　226
　民主主義的な権利へのアクセス access to democratic rights　226
先住民女性 Aboriginal women　238
先住民族の権利に関する宣言 Declaration on the Rights of Indigenous Peoples　183
先住民の権利 Aboriginal rights
　——と普遍的人権 vs. universal human rights　183
先住民の権利運動 Aboriginal rights movement　105, 106, 222
セント・ジーン、スティーヴン　St. Jean, Steven　83
ソミュール対ケベック・シティおよび法務総裁訴訟 *Saumur v. City of Quebec and Attorney-General*　86
ソミュール、ローリエ Saumur, Laurier　85

【た行】

大学生統計調査 university graduates statistics　120
ダイシー、A・V Dicey, A.V.　59
『助けあう暮らし』報告書　*Life Together* report　171
ダフ、ライマン Duff, Lyman　68
多文化主義 multiculturalism　146, 190, 191
父親側の権利運動 fathers' rights movement　182
チャイバーズ、サリー Chivers, Sally　215

「建国の民族たち」“founding races” 141
人種差別、人種的マイノリティも参照
人種差別 racial discrimination 52, 56, 141, 163, 205, 211, 212, 239, 240
隔離 segregation 54
1970年代の異議申し立てに占める割合の多さ as preponderance of 1970s complaint 159
排斥 exclusions 239, 240
アレクサンダー対ブリティッシュ・コロンビア州訴訟も参照
人種的マイノリティ racial minorities 82, 146
マニトバ州文書誹毀法の改正 Manitoba Libel Act amendment and 232
人身保護法 Habeas Corpus Act 43
迅速な公判を受ける権利 44, 166
身体障害者向上運動連盟 Action League for the Physically Handicapped Advancement (ALPHA) 109
身体的安全に対する権利 right to physical security 208
人道的介入 humanitarian interventions 14
新聞検閲 newspaper censorship 76
スウィツマン、ジョン Switzman, John 85, 86
スウィツマン対エルブリング判決 *Switzman v. Elbling* 86
スーウェル、ジョナサン Sewell, Jonathan 45
数百万人のためのマイル・ウォーカソン Miles for Millions walkathons 110
スコット、ウォルター Scott, Walter 62
スコット、フランク Scott, Frank 66, 78, 84, 101, 108, 229
スタマーズ、ニール Stammers, Neil 247
スタンレー、ティモシー・J Stanley, Timothy J. 53
スティーヴン、ボイソン Boissoin, Stephen 180
ストライキ権 right to strike 168, 169
ストラザーズ、ジェームズ Struthers, James 224
スミス、ジェニファー Smith, Jennifer 110, 111
スミス、ミリアム Smith, Miriam 24, 209
スモールウッド、ジョーイ Smallwood, Joey 92
制裁 sanctions 88, 133, 134, 175, 177, 187, 227
性差別 sex discrimination
議会公聴会 in Parliament hearings 215
教育制度 in educational system 120, 121
禁止法制 legislation prohibiting 90, 123, 144
職場での in workforce 121, 122
人権法への包摂 inclusion in human rights law 159
——の正当化 justification of 153
世論調査 public opinion polls on 114, 146
賃金の不平等 pay inequality and 121
妊娠 pregnancy and 137
制定法（女性の地位に関する）改正法 Statute Law (Status of Women) Amendment Act 106
性的指向 sexual orientation
州法の改正 provincial legislation amendments on 205
人権としての as human right 151, 171, 172
——による差別 discrimination on basis of 151, 172, 205
法制 in legislation 151, 188, 205
性的暴力 sexual assault 208

人権侵害 human rights violations 130, 158
人権宣言(フランス) Declaration of the Rights of Man and of the Citizen 31, 50
人権組織 human rights organizations
ケベック州 in Quebec 125
国際的 international 102, 228
——と市民的自由のグループ vs. civil liberties groups 124, 189, 222
——の台頭 emergence of 107, 124
人権と民主的発展のための国際センター International Centre for Human Rights and Democratic Development 177
人権の社会学 sociology of human rights 16
人権法(ユーコン準州) Human Rights Act (Yukon) 131
人権法(連邦)〔カナダ人権法〕Human Rights Act (federal) 138, 139, 144, 159, 170, 187
改正 amended 163, 210
人権法制 human rights legislation
「伝染効果」"contagion effect" 139
オーストラリア in Australia 189
カナダ in Canada 29, 131
——に対する批判 criticism of 153, 155, 160, 161
——の普及 diffusion of 139
——の目的 purpose of 104
議会での論議 debates in Parliament 140, 141, 218
障害者の包摂 inclusion of disability in 160
人種差別に関する法 Racial Discrimination Act 80, 149, 155
性差別の包摂 inclusion of sex discrimination in 17
性的指向の包摂 inclusion of sexual orientation in 175
法によって認められた権利との対比 vs. rights as recognized in law 202
連邦、州での変化 changes in federal and provincial 170
人権法制度 human rights legal systems
比較の視点 in comparative perspective 139
人権法典(オンタリオ州) Human Rights Code (Ontario)
オンタリオ州の項目も参照
人権法典(ニューファンドランド州) Human Rights Code (Newfoundland) 171
人権法典(ブリティッシュ・コロンビア州) Human Rights Code (British Columbia)
ブリティッシュ・コロンビア州の項目も参照
人権連盟(ケベック市民的自由連盟) Ligue des droits de l'homme (Quebec Civil Liberties Union) 107, 125, 214
人権を守る方策 human rights protection strategy 215
人工妊娠中絶 abortion 13, 63, 143, 208
カナダ連邦裁判所判決(1988年) Supreme Court decision (1988) 167
——と権利の自由の憲章 and Charter of Rights and Freedoms 29
部分的合法化(1969年) partly legalized (1969) 105
世論調査結果 polling resulrs 114
連邦政府の調査(1977年) federal inquiry (1977) 150
モーゲンテイラー、ヘンリーも参照
信仰の自由 freedom of religion 36
宗教も参照
信仰の自由法 Freedom of Worship Act 61, 237
人種 race 17, 23, 36, 56, 81, 90, 96, 104, 113, 123, 134, 150, 180, 211
あからさまな扱い disclosure of required 77

女性の地位に関する王立委員会 Royal Commission on the Status of Women 106
女性の地位に関する全国行動委員会 National Action Committee on the Status of Women 142
ジョフロワ、ピエール＝ポール Geoffroy, Pierre-Paul 99
ジョンソン、ロブ Johnson, Rob 135
シルム、フランソワ Schirm, François 99
人権 human rights
アメリカ合衆国の外交政策 in American foreign policy 175
カナダの外交政策 in Canadian foreign policy 92, 94, 129, 131, 132, 187, 205, 220
カナダの教会による普及活動 Canadian churches and promotion of 189
近代国家との関係 in relation to modern state 35
グローバルな現象 as global phenomenon 35
現代的概念 modern conception of 185
雇用の実際 employment practices and 160
国際条約 international treaties on 113, 129
国際政治 in international politics 102, 127, 130, 175, 227
国際連合の創設 foundation of United Nations 230
国内事情 as domestic affair 230
社会運動 social movements and 113, 124, 125
社会的実践 as social practice 20, 21
社会的実践の特別な様式 as type of social practice 159
宗教的価値 religious values and 18, 31
正当化 justification for 31, 32
戦後の公共の言説 in postwar public discource 94
――と権利文化 vs. rights cultures 25
――と市民的自由 vs. civil liberties 25, 26, 248
――と女性の権利 vs. women's rights 184
――に関する学術文献 scholarly literature on 16, 24, 31
――に関する歴史研究 historical studies on 31, 243, 247
――の概念の起源 origin of concept of 23
――の定義 definitions of 26
――の特徴 characteristics of 13, 19-21, 249
――の法的性格 juridical nature of 28, 248
――の法文化 codification of 101
――の理念の歴史的進展 historical evolution of idea of 15, 17, 18, 190, 193
法律的観点 legal point of view on 19, 20
モラルの問題 moral issues and 164, 209
冷戦の影響 impact of Cold War on 96, 97, 102
――をめぐる全国的論争 national debates on 143-145
――をめぐる論争でのフェミニストたち feminists in debates on 24
人権委員会（国際連合） Commission on Human Rights (United Nations) 130
人権運動 human rights movement 102, 103, 128, 129, 185, 187
人権機関 human rights institutions 218, 219

障害 disability
オンタリオ州人権法典に列挙された根拠 as enumerated ground in Ontario Human Rights Code 212
身体障害に基づく差別の禁止 ban of discrimination on basis of physical 212
定義に対する異議 disagreements on definition 218
障害者も参照
障害者 people with disability
——に対する差別 discrimination against 143
——に対する人権侵害 human rights violation of 160
——の権利の承認運動 movement for recoginition of rights of 109
上下両院合同委員会(1970年) Joint Committee of the Senate and House of Commons (1970) 108
消防士 firefighters 114, 121
植民地期のカナダ colonial Canada
愛国派の運動 Patriote movement in 48, 51, 241
外国人侵略者に対する法制 legislation on foreign invaders 244
学校への助成 funding for schools in 237
カトリックの象徴の展示の禁止 ban to display Catholic symbols 237
強制退去 deportations from 245
軍事法廷の利用 use of courts martial 244
軍事法廷令 Court Martial Ordinance in 57
市民的自由の制限 restriction of civil liberties 44, 45
宗教的自由 religious freedom in 237
自由の概念 concept of liberty in 47, 243
出版の自由の弾圧 suppression of freedom of press 245, 246
人身保護権の停止 suspension of habeas corpus 73
新聞人に対する訴追 prosecution of journalists in 44, 45
扇動法 Sedition Act 246
統治制度 government system in 42, 246
奴隷制 slavery in 50, 246
判事の地位 status of judges 245
被告の権利の侵害 violations of rights of accused 243
不法侵略法 Lawless Aggressions Act 47, 73, 244
抑圧的慣行 repressive practices 42, 49, 246
女性 women
人権訴訟に占める低い割合 under-representation in human rights cases 162, 211
生活保護受給者に対する監視 surveillance of welfare-recipient 112, 224
妊娠女性に対する雇用差別 employment discrimination against pregnant 219, 220
女性の権利 women's rights
——と人権 vs. human rights 184
女性の権利運動 women's rights movement 62, 63, 106, 107, 142, 210
女性の権利の要求 women right claims 144
女性のための学習機会を与える全国委員会 Canadian Committee for Learning Opportunities for Women 142
女性のための法律教育行動基金 Women's Legal Education and Action Fund 169

——をめぐる全国的論争 national debates on 78, 80, 99
——をめぐる論争 debates on 99
市民的自由協会 Association for Civil Liberties 95, 107, 229
市民的自由を求めるグループ civil liberties groups 77, 78, 80, 124, 189, 229
市民的、政治的権利に関する国際規約 International Covenant on Civil and Political Rights 102
社会運動 social movements 20, 28, 34, 72, 96, 113, 123, 124, 125, 146, 149, 227, 248
アルバータ州 in Alberta 172, 174, 180
エガル・カナダ Egale Canada on 180
国際現象としての as international phenomenon 147
訴訟の引き金としての as litigation trigger 169
——の影響 effect of 187
先住民権利運動、アルバータ人権協会、全国黒人連合、全国女性評議会、ニューファンドランド人権協会、ヴァンクーヴァー・ステータス・オブ・ウィメン、ウィメン・アゲンスト・ポルノグラフィーも参照
社会運動組織 social movement organizations (SMOs) 124, 132, 141, 169, 171, 187
——の台頭についてのパルの見解 Pal on emergence of 224
連合の創設 federation formed 26
自由 liberty
——の概念 concept of 47, 242
——のタイプ types of 242
自由 freedom
積極的自由と消極的自由の概念 notion of positive and negative 27
——と権利 vs. rights 81, 232
10月危機 October Crisis 34, 99, 100
宗教 religion 47, 48, 67, 68, 86, 90, 141, 142, 185, 237
協同連邦党 CCF and 67
権利の性格の変化 changing nature of rights 25, 26, 42, 43, 47, 60, 61, 68, 72
コンセンサスとしての信仰の自由 freedom of, as consensus 36
差別禁止法制の一部として as part of antidiscrimination legislation 17
人権 and human rights 21, 23, 31, 36, 48, 49, 52, 61, 72, 147, 190, 240
——と個人の権利 vs. individual rights 18, 30, 42, 43, 48, 49, 76, 154, 168, 174, 209
不寛容 intolerance and 13, 18, 31, 54, 57, 58, 76, 85
反ユダヤ主義、権利の章典、権利と自由の憲章、教会、宗教および信念に基づくあらゆる形態の不寛容および差別の撤廃に関する宣言、ドゥホボール派、公平施設提供法、信仰の自由法、フッター派、エホバの証人、メノー派も参照
宗教および信念に基づくあらゆる形態の不寛容および差別の撤廃に関する宣言 Declaration on the Elimination of All Forms of Intolerance and Discrimination Based on Religious Belief 130
自由主義秩序 liberal order 32, 33
集団的権利 collective rights
フランス系カナダ人の French Canadians' 152
集団比較アプローチ comparator group approach 182, 203
「自由の息子たち」協会 Sons of Liberty association 49
出版の自由の権利 right to free press 168
シュー、ヘンリー Shue, Henry 248

公用語法 Official Languages Act　105
国際障害者年 International Year for Disabled Persons　160
国際条約 international treaties　102, 103, 110, 113, 131, 188
国際人権運動 international human rights movement　128, 129
国際人権年 International Year for Human Rights　131
国際連合 United Nations　23, 93, 230
国際連盟 League of Nations　32, 92
国際労働機関（ILO） International Labour Organization　95
国務大臣 secretary of state　64, 124, 170
国連女性会議 United Nations for Women conference　131
子供の権利 children's rights　97, 147
コトラー、アーウィン Cotler, Irwin　202
雇用衡平法 Employment Equity Act　161
雇用主 employers　183, 250
コリンズ、ダグ Collins, Doug　152, 155, 214
ゴールドスタイン、ダニエル・M Goldstein, Daniel M.　203
コロンボ・プラン Colombo Plan　109

【さ行】

サスカチュワン州 Saskatchewan　55, 61, 145, 157, 161
　権利の章典 Bill of Rights　81, 134, 231
　人権委員会 Human Rights Commission　155
　性差別に関する王座裁判所裁定 Court of Queen's Bench ruling on sex discrimination　153
　労働連合 Federation of Labour　151
サスカチュワン・メイティおよび非認定インディアン協会 Association of Métis and Non-Status Indians of Saskatchewan　145
差別 discrimination　160, 162, 211-213, 247
　人種差別も参照
差別禁止 non-discrimination
　――の原理に対する合意 consensus on principle of　36
差別禁止法　antidiscrimination legislation　89
ジェニファー・スミス訴訟 Jennifer Smith's case　110, 113
シェパード、コリーン Sheppard, Colleen　211
ジェファーソン、トマス Jefferson, Thomas　23, 41
死刑 capital punishment
　――の廃止 abolition of　147
自殺幇助 assisted suicide　14, 169
自然権 natural rights　241
実質的平等アプローチ substantive equality approach　227
児童の権利に関する宣言 Delaration of the Rights of Children　97
市民的権利 civil rights　80, 81, 202
市民的権利に関する委員会（オンタリオ州） Royal Commission into Civil Rights (Ontario)　104
市民的自由 civil liberties
　国家による濫用 state abuse of　72, 94
　最初の法的判断 first legal decision on　67, 68
　女性解放主義者 women's liberationists on　126
　――と市民的権利 vs. civil rights　229
　――と人権 vs. human rights　25, 26, 36, 37
　――の制限 restrictions of　73-76, 233, 234
　――の定義 definitions of　26
　――を制限する法律の制定　enactment of legislation to limit　73

権利革命 rights revolution
外交 in foreign policy 109, 131
カナダの教会 Canadian churches in 124
憲法修正プロセスへの影響 impact on constitutional process 108
国際レベルでの on international level 35, 147
社会運動 social movements and 123
——の効果 effects of 206
——の初期段階 early stages of 114, 115
——の所産としての平等・言語権 equality and language rights as product of 167
——の所産としてのプライバシー privacy as product of 167
——の所産としての法の適正手続 due process as product of 167
権利章典（1689年） Bill of Rights (1689) 43
権利宣言（アメリカ合衆国） Bill of Rights (US) 50
権利という言語で語る不満 grievances in language of rights 18
権利と自由の憲章 Charter of Rights and Freedoms
カナダの法と価値への影響 impact on Canadian law and values 164, 165, 207, 208
教育 on education 209
人権 human rights and 187
特別な地位 special status 15
妊娠中絶 abortion and 29
——の下での権利要求 rights claims under 169
——の下で無効とされた法律 laws nullified under 166, 207
——の特徴 characteristics of 190
——の優先 priorities of 207
——の理念 idea of 207
平等条項の解釈 interpretations of equality section 181
不適用の宣言条項 override clause 209
プライバシーに対する権利 on rights to privacy 167
マイノリティに対する権利 on rights for minorities 165
をめぐる全国的論争 national debates on 141, 143, 146, 209
権利に関する組織 rights associations 189
権利の語り rights talk 18, 19, 42, 243
権利の章典（1960年） Bill of Rights (1960) 91, 108, 131, 186
権利の請願 Petition of Rights 43
権利文化 right cultures
——と人権 vs. human rights 25
ローカルな性格 local nature of 36
カナダの権利文化も参照
権利要求 rights claims 28, 30, 192
言論の自由 freedom of speech
共産主義者の権利 communists' right to 96, 224
——に対する世論調査 public opinion polls on 96, 229
——の原則 principle of 36
——の侵害 violations of 77, 207
範囲の拡大 expansion of scope of 167
——をめぐる議論 debates on 14
交差性 intersectionality 161-163
——の概念 notion of 211
公正な裁判を受ける権利 right to a fair trial 166
公平雇用実施法 Fair Employment Practices Act 88, 187
公平設備提供法 Fair Accommodation Practices Act 88

公共での抗議・集会の禁止　ban of public protests and gathering　14
市民的自由の悪用　abuse of civil liberties　72
集会の自由の制限　restriction of freedom of assembly　148, 236
集会広報法 Certain Meetings Advertising Act　236
主権 sovereignty　152
人権と自由に関する憲章 Charter of Human Rights and Freedoms　131, 135
人権法制 human rights legislation　135
性差別に関する法制 legislation on sexual discrimination　151
青少年保護法 Youth Protection Act　147
大暗黒時代 Le Grande Noirceur (The Great Darkness) period　71, 72
反カトリック感情 anti-Catholic sentiment in　239
反労働組合法制 anti-union legislation in　235
フランス語要件をめぐる論争 debates on French-language requirements　23
兵役登録事務所での騒擾　riot at Military Service Registry office　233
ケベック党 Parti Québécois
主権の提案 sovereignty proposal　152
性差別に対する立場　position on sexual discrimination　151
妊娠中絶に対する立場　position on abortion　151
ケベック法 Quebec Act　47, 242
ケリー、ジェームズ Kelly, James　206
言語権 language rights　142, 145, 146, 152, 167, 187, 207, 209
憲法上の保証 constitutional guarantee　51
法案第101条 Bill 101 and　165
憲政に関する特別合同委員会 Special Joint Committee on the Constitution　113, 141, 144
権利 rights
アメリカ合衆国とカナダの権利文化 in American vs. Canadian culture　26, 248
国家の伝統 national traditions and　241
社会との関係 in relation to society　20
自由主義 liberalism and　243
消極的権利と積極的権利の誤った二項対立 false dichotomy between negative and positive　248
政治的 political　49
政府の情報へのアクセス of access government information　29
ソビエト連邦憲法（1977年） in Soviet Union constitution (1977)　247
――と自由 vs. freedoms　81, 231
――に対するジェファーソンの見解 Jefferson on　23
――に対するバークの見解 Burke on　39
――に対するベンサムの見解 Bentham on　22
――に対するマルクスの見解 Marx on　22
――の言説 discourse of　248
――の妥当性をめぐる論議 debates on validity of　23, 24
――の歴史的進展 historical evolution of　185, 186
法の産物としての　as product of law　21
労働者や政治的急進主義者 of workers and political radicals　64

ガンディー、マハトマ Gandhi, Mahatma 18, 249
機会の平等を促進するプログラム equal opportunity programs 161
議会の優越 parliamentary sovereignty 108, 140, 164, 188, 189, 217
帰化法 Naturalization Act 65
基本的権利 basic rights 59, 60, 249
キャノン、ローレンス Cannon, Lawrence 67
教会 church 41, 61, 78, 125
　アングリカン（聖公会） Anglican 215
　カトリック教会 Catholics 31, 58, 241
　カナダ合同教会 United Church of Canada 124, 132, 143, 216
　社会運動組織 SMOs 132
　人道援助の窓口 as conduit for humanitarian aid 132
　1970 年代の変容 1970s transformation 188
　デュプレシ Duplessis and 72
　外交政策、エホバの証人、宗教も参照
協同連邦党（CCF） Co-operative Commonwealth Federation (CCF) 67, 82, 232
キング、ウィリアム・ライアン・マッケンジー King, William Lyon Mackenzie 66, 79
キング、エミール King, Emile 83
キング、テッド King, Ted 83
キング、マーティン・ルーサー King, Martin Luther 18
キンリーサイド、ヒュー Keenleyside, Hugh 176
クー・クラクス・クラン（KKK） Ku Klux Klan (KKK) 55, 60
グーゼンコ事件 Gouzenko Affair 78, 79, 94, 99, 232
クリスティ対ヨーク訴訟 *Christie v. York* 83
クリスティ・ピッツでの暴動 Christie Pits riot 56
クリスティ、フレッド Christie, Fred 83
グリーンウッド、F・マレー Greenwood, F. Murray 234, 243
グリーンピース Greenpeace 123
グールド訴訟 Gould case 182
グルー、リオネル Groulx, Lionel 56
クレイグ、ジェームズ Craig, James 43-45, 66
グレイドン、シャリ Graydon, Shari 121
クレチエン、ジャン Chrétien, Jean 179
クロス、ジェームズ Cross, James 99
グロティウス、フーゴ Grotius, Hugo 23
経済的、社会的、政治的権利に関する国際規約 International Covenant on Economic, Social and Political Rights 102
刑罰事案の正当な執行に関する調査委員会 Commission of Enquiry into the Administration of Justice on Criminal and Penal Matters 105
結社の自由 freedom of association 168, 169, 207
ゲネット、エドモン Guénette, Edmond 99
ケベック解放戦線（FLQ） Front de libération du Québec (FLQ) 99-100
ケベック市の騒擾 Quebec City riot (1918) 75
ケベック州 Quebec
　英語の制限 restrictions on English language in 152
　共産主義の宣伝活動に関する法律（パドロック法） An Act Respecting Communist Propaganda (Padlock Act) 71, 85, 231
　権利に対する考えの進展 evolution of ideas of rights in 214

86
バーナード・ウルフ訴訟判決 decision on Bernard Wolf case 87
弁護に対する権利 on right to counsel 166
暴行訴訟での子供の証言 on children's testimony in assault cases 208
麻薬取締法の規定 on provisions in Narcostics Control Act 166
未成年との性行為に関する法律改正 on revision of legislation on sex with minors 166
連邦政府に対する支持 support of federal government by 86
カナダ視覚障害者評議会 Canadian Council of the Blind 143
カナダ市民的自由協会 Canadian Civil Liberties Association 107, 112, 113, 170
カナダ市民的自由・人権協会連合 Canadian Federation of Civil Liberties and Human Rights Associations 26
カナダ社会発展評議会 Canadian Council on Social Development 143
カナダ人権委員会 Canadian Human Rights Commission 155, 158, 219
カナダ・スロヴァキア連盟 Canadian Slovak League 141
カナダ青少年評議会 Canadian Council on Children and the Youth 143
カナダ多文化主義諮問評議会 Canadian Consultative Council on Multiculturalism 217
カナダ鉄道被雇用者組合 Canadian Brotherhood of Railway Employees 82
カナダ特殊児童評議会 Canadian Council for Exceptional Children 143
カナダ妊娠中絶権行動連盟 Canadian Abortion Rights Action League 143
カナダの憲法 Constitution of Canada 108, 215
カナダの権利文化 Canada's rights culture
イギリスの遺産 British legacy and 32
現代の問題 problems of modern 29
差別禁止法制 antidiscrimination legislation 90
社会主義政党の役割 role of socialist political parties in 67
社会的実践 social practices and 21
——に対する挑戦 challenges of 192
——の出現 emergence of 41
——の進展 evolution of 25, 68, 84, 140, 185, 189, 191
——の性格 nature of 31, 36, 189, 191
——のルーツ roots of 89
法律 law and 84
カナダ・バルト系連合 Baltic Federation of Canada 141
カナダ・ビジネス・専門職女性クラブ連合 Canadian Federation of Business and Professional Women's Clubs 90
カナダ・ポーランド系会議 Canadian Polish Congress 141
カナダ・レズビアン・ゲイ協会 Canadian Association of Lesbians and Gay Men 143
カナダ労働会議 Canadian Congress of Labour 81, 92, 218
カナダ労働評議会 Trades and Labour Congress 82
カナダ労働防衛連盟 Canadian Labour Defence League 229
カプランスキー、カルメン Kaplansky, Kalmen 17, 37, 88
カルガリー公立学校委員会 Calgary Public School Board 174
カールトン、ガイ Carleton, Guy 43
カレン、エヴェリン Kallen, Evelyn 24
環境運動 environmental movement 123

ユダヤ人難民入国禁止 ban of Jewish refugees from entering　77
冷戦期の国内政治 domestic Cold War politics　227
連邦結成の父祖たちの権利の語り rights discourse and founders of Confederation　51, 52
カナダ外交政策 foreign policy of Canada
インドネシアとの対話 dialogue with Indonesia　178, 204
開発援助計画 developmental assistance programs　132, 177, 178
外国援助を求める議員提出法案 private members' bill on foreign aid　220
権利革命 rights revolution in　109, 110, 131
国家主権への関与　commitment to state sovereignty　229
国家の安全権益　national security interests　179
国際人権運動の影響 impact of international human rights movement on　129
国際的制裁への参加 participation in international sanctions　133, 177
人権 human rights and　92, 94, 129, 131, 132, 187, 205, 220
世界人権宣言への支持 support of Universal Declaration of Human Rights　93
中国との関係　relations with China　177
――に対する教会の影響　impact of Canadian churches on　132, 220
平和維持のミッション peacekeeping missions　178
ユーゴスラヴィアとハイチへの介入 intervention in Yugoslavia and Haiti　177
抑圧政権との関係 in relation to repressive regimes　133
カナダ・カトリック司教会議 Canadian Conference of Catholic Bishops　143
カナダ共産党 Communist Party of Canada　65, 66, 235
カナダ刑法典　Criminal Code of Canada　64, 66
カナダ合同教会 United Church of Canada　124, 132, 143, 216
カナダ国際開発庁 Canadian International Development Agency　132
カナダ最高裁判所 Supreme Court of Canada
アルバータ州人権法制 on Alberta's human rights legislation　175
アルバータ州での出版検閲 on press censorship in Alberta　67, 68
キンバリー・ニクソン訴訟 on Kimberly Nixon's case　203
結社の自由　on freedom of association　168, 169
権利に関する訴訟の統計 statistics of rights-related cases　169
子供に対する母親の命名権　on mothers' rights on naming children　182
児童教育のケベック州法案 on Quebec Bill on children education　165
女性の性的記録の廃止　on ban of women's sexual history　166, 167
証拠の提出　on submission of evidence　208
性的指向に関する裁定 ruling on sexual orientation　180
セクシャル・ハラスメントに対する保護 on protecting against sexual harassment　206
扇動の定義 on definition of sedition

123, 131, 152, 155, 212
分離学校法 Separate Schools Act 240
オンタリオ州人権委員会 Ontario Human Rights Commisson 145
『助けあう暮らし』報告書 *Life Together* report 171

【か行】
外国人徴募法 Foreign Enlistment Act 235
外国人法 Alien Act 44
カーター、ジミー Carter, Jimmy 175
ガーディナー、ジェームズ Gardiner, James 60
カトリック教育 Catholic education 61, 62, 217
カトリック教会 Catholic Church 31
カナダ Canada
イギリス的裁判制度 British court system in 42
移民政策 immigration policy 232, 236
隔離学校 segregated schools in 54
過剰な法律の例 examples of legislative excess 234
カトリックの権利 Catholics' rights 236
共産主義者に対する弾圧 repressions against communists 235
権利の語り rights talks in 18
公用語の地位 status of official language 217
国家形成 state formation 32, 40, 51
黒人借家人に対する差別 discrimination against black tenants 240
国連人権委員会のメンバーとして as member of UN Commission on Human Rights 178, 221
差別禁止法制 antidiscrimination legislation 17, 34
市民的自由のグループ civil liberties groups in 77
市民的自由の制限 restrictions of civil liberties 74, 75
社会福祉制度 social welfare system 212
宗教的迫害 religious prosecutions in 57, 58
宗教的分裂 religious division 61
人権制度 human rights system 19
人権の影響 impact of human rights on 189
人種差別 racial discrimination in 52, 56, 239, 240
人身保護権の停止 suspension of habeas corpus 234
性的マイノリティの地位 status of sexual minorities 190
政治的反対派の鎮圧 suppression of political dissent 64, 65
政治文化のルーツ roots of political culture 188
戦時政策への反対 opposition to wartime policies 77
戦時の国家による抑圧 state repressions during wartime 76
1837 年の反乱 uprising of 1837 46
治安法制 security legislation 235
妊娠中絶法制 abortion legislation 150
反ヘイト法制 anti-hate legislation 232
反ユダヤ主義 anti-Semitism in 56
フィニアンの活動 Fenian movements 73
武器販売行為 arms sale practices 179
ヘイト・スピーチの禁止 prohibition of hate speech 224
法解釈の実際 law interpretation practices 84
法改正 legal reforms 104

イェンセン、ハン Jensen, Hanne 137
遺棄女性部 Deserted Wives Unit 112
イグナティエフ、マイケル Ignatieff, Michael 31
移民 immigrants
——に対する差別 discrimination of 149, 150, 217
移民法 Immigration Act 64
イングランド大内乱（ピューリタン革命） English Civil War 43
インディアン法 Indian Act 58, 106, 144, 221, 238
適用を怠った政府への批判 government chastised for not applying 140
ヴァーコー、F・P Varcoe, F. P. 232
ヴァージ、リン Verge, Lynn 206
ヴァンクーヴァー女性推進会議 Vancouver Women's Caucus 222
ヴァンクーヴァー女性評議会 Vancouver Council of Women 17, 90, 250
ヴァンクーヴァー・ステータス・オブ・ウィメン Vancouver Status of Women 107, 124
ヴァンクーヴァー・レイプ・リリーフ Vancouver Rape Relief 181, 221
ウィニペグ・ゼネスト（1919年） Winnipeg General Strike (1919) 64, 75
ウィミンズ・コレクティヴ Womyn's Collective 172
ウィメン・アゲンスト・ポルノグラフィー Women Against Pornography 127
ウェブ、ジュリー Webb, Julie 119
ヴェルサイユ条約 Versailles, Treaty of 92
ウード、カミーユ Houde, Camille 76
ウーモンスペース Womonspace 172
ヴライエンド、デルウィン Vriend, Delwin 174
ウルストンクラフト、メアリ Wollstonecraft, Mary 41
ウルフ、バーナード Wolf, Bernard 87
エイジェンスタット、ジャネット Ajzenstat, Janet 51
英領北アメリカ法 British North America Act 51, 241
エガル・カナダ Egale Canada 180
エスニシティ ethnicity 104, 109, 113, 134, 138, 143, 145, 150, 187, 191, 212, 241
エッケル、ジャン Eckel, Jan 147, 188
エホバの証人 Jehovah's Witnesses 57, 71, 76, 85
M 対 H 訴訟 *M v H* 164
エルブリング、フレダ Elbling, Freda 85
オムニバス法案（一括法案）（1969 年） omnibus bill (1969) 105
オリンピック（1976年） Olympic Games (1976) 149
オンタリオ州 Ontario
新しい権利要求の主張 affirmation of new rights claims 88
結社の自由の侵害 violation of freedom of association 207
公平雇用実施法 Fair Employment Practices Act 88, 187
公平設備提供法 Fair Accomodation Practices Act 88, 89
公立学校でのフランス語教育 French language education in public schools 61, 237
児童福祉法 Child Welfare Act 147
女性被雇用者公平賃金法 Female Employees Fair Remuneration Act 88
人種隔離 racial segregation in 54
人種差別に関する法 Racial Discrimination Act 80, 149, 155
人権に対する攻撃 attacks on human rights in 153
人権法典 Human Rights Code 104,

索　引

【あ行】

アイアー、ニーチャ Iyer, Nitya　210, 211

愛国派の反乱 Patriotes Rebellion　48, 49

アジェンデ、サルバドール Allende, Salvador　128

アパルトヘイト apartheid　103, 129
　南アフリカも参照

アフリカ系アメリカ人 African Americans
　市民的権利活動 civil rights activism 248

アフリカ系カナダ人 African Canadians
　社会運動組織 social movement organizations　124
　──の強制移動 forced relocation of 114
　──の人権活動 human rights activism of　248

アフリクヴィル（ノヴァスコシア州）Africville (N.S.)　114

アベラ、ロザリー Abella, Rosalie　160, 212

アムネスティ・インターナショナル Amnesty International
　人権政策への関与 engagement in human rights politics　127-129, 147
　──の効果 effectiveness of　221
　──の創設 foundation of　102
　ピノチェト独裁への反対運動 campaign against Pinochet's dictator-ship 128

アメリカ建具師国際連合スト（1959年）International Woodworkers of America strike (1959)　91

アルゼンチン軍事政権 Argentine military regime　128

アルバータ州 Alberta
　権利の章典 Bill of Right　135
　コモン・ローによる結婚の禁止 restriction of common law marriages 173
　出版物の検閲 press censorship　67
　正確なニュース・情報の公表を確保するための法律 Act to Ensure the Publication of Accurate News and Information　67
　性的指向による差別 discrimination based on sexual orientation in　172, 175, 180
　性的マイノリティ sexual minorities in 172, 173
　土地売却禁止法 Land Sales Prohibition Act　57

アルバータ州人権委員会 Alberta Human Rights Commission　173

アルバータ人権協会 Alberta Human Rights Association　108

アルバータ・レズビアン・ゲイ権利協会 Alberta Lesbian and Gay Rights Association　173

アレクサンダー対ブリティッシュ・コロンビア州訴訟 *Alexander v British Columbia*　163

アーレント、ハナ Arendt, Hannah　21

アンダーソン、ドリス Anderson, Doris 117

アンディソン、アラン Andison, Alan　136, 219

アンドリューズ、バーサ・P Andrews, Bertha P.　18

安楽死（尊厳死）の権利 right to die with dignity　13

◉ **著者紹介**

ドミニク・クレマン（Dominique Clément）

1975年生まれ。カナダのクィーンズ大学、ブリティッシュ・コロンビア大学大学院をへて、メモリアル大学大学院にて博士号取得。アルバータ大学社会学部教授。歴史社会学（人権、社会運動、法と社会、女性、ジェンダー、労働）を専門とし、主著に *Canada's Rights Revolution: Social Movements and Social Change, 1937-82*, University of British Columbia Press, Vancouver, 2008（カナダ社会学協会ジョン・ポーター賞）、*Equality Deferred: Sex Discrimination and British Columbia's Human Rights State, 1953-84*, University of British Columbia Press, Vancouver, 2014（カナダ歴史協会クリオ賞）。

◉ **訳者紹介**

細川　道久（ほそかわ・みちひさ）

1959年岐阜県生まれ。東京大学文学部、同大学院人文科学研究科博士課程をへて、現在、鹿児島大学法文学部教授、博士（文学）。主要著書に、『ニューファンドランド』（彩流社、2017年）、『カナダの自立と北大西洋世界』（刀水書房、2014年）、『「白人」支配のカナダ史』（彩流社、2012年）、『カナダ・ナショナリズムとイギリス帝国』（刀水書房、2007年）、『カナダの歴史がわかる25話』（明石書店、2007年）、編著に『カナダの歴史を知るための50章』（明石書店、2017年）、訳書に『カナダ移民史――多民族社会の形成』（明石書店、2014年）など。

世界歴史叢書

カナダ人権史

――多文化共生社会はこうして築かれた

2018年9月30日　初版第1刷発行

著　者	ドミニク・クレマン
訳　者	細　川　道　久
発行者	大　江　道　雅
発行所	株式会社 明石書店

〒101-0021 東京都千代田区外神田6-9-5
電話 03（5818）1171
FAX 03（5818）1174
振替　00100-7-24505
http://www.akashi.co.jp/

装　丁	明石書店デザイン室
印　刷	株式会社文化カラー印刷
製　本	本間製本株式会社

（定価はカバーに表示してあります）　ISBN978-4-7503-4729-5

エリア・スタディーズ156

カナダの歴史を知るための50章

細川道久【編著】

■四六判／並製／384頁　◎2000円

多民族共存の平和国家といわれるカナダだが、その歴史は大国に翻弄され続けた苦難の道でもある。17世紀のフランス人の入植以降から現在にいたる政治史を中心に、先住民・移民をテーマに論じたトピックも盛り込んだ、コンパクトでありつつ充実した歴史案内。

内容構成

第Ⅰ部　〈**総論**〉**世界のなかのカナダ**　世界史におけるカナダ／カナダの地勢／多元社会カナダの特質

第Ⅱ部　〈**通史編**〉**先史時代からフランス植民地時代へ**　カナダの先住民社会／国際漁場ニューファンドランド／毛皮交易の時代／フランス植民地の建設　ほか

第Ⅲ部　〈**通史編**〉**イギリス植民地時代**　ケベック法とアメリカ独立戦争／1812年戦争と英領北アメリカ／二つの植民地反乱／『ダラム報告書』と責任政府／連邦結成　ほか

第Ⅳ部　〈**通史編**〉**国家的自立への模索**　ワシントン条約と英米加関係／ナショナル・ポリシー／先住民メイティによる二つの反乱／ローリエ外交／マニトバ学校問題／第一次世界大戦とカナダ／バルフォア報告書とウェストミンスター憲章／戦間期のカナダ社会／マッケンジー・キング外交　ほか

第Ⅴ部　〈**通史編**〉**第二次世界大戦後の発展**　カナダの市民権／ニューファンドランドの連邦加入／スエズ危機とピアソン外交／カナダ・カウンシル／1960～1980年代の対米外交／ケベック州分離独立運動　ほか

第Ⅵ部　〈**テーマ編**〉**カナダ社会と移民・先住民**　フランス系移民／イギリス系移民／ドイツ系移民／東欧・南欧系移民／中国系移民　ほか

第Ⅶ部　〈**テーマ編**〉**カナダと日本**　初期の日本人移民／ヴァンクーヴァー暴動とルミュー協定／日本の学校教育に寄与したカナダ人たち／日加外交の黎明　ほか

カナダを旅する37章
エリア・スタディーズ 109　飯野正子、竹中豊編著　◎2000円

現代カナダを知るための57章
エリア・スタディーズ 83　飯野正子、竹中豊編著　◎2000円

アメリカの歴史を知るための63章【第3版】
エリア・スタディーズ 10　富田虎男、鵜月裕典、佐藤円編著　◎2000円

新時代アメリカ社会を知るための60章
エリア・スタディーズ 119　明石紀雄監修　大類久恵、落合明子、赤尾千波編著　◎2000円

アメリカ先住民を知るための62章
エリア・スタディーズ 149　阿部珠理編著　◎2000円

アメリカのヒスパニック＝ラティーノ社会を知るための55章
エリア・スタディーズ 52　大泉光一、牛島万編著　◎2000円

パナマを知るための70章【第2版】
エリア・スタディーズ 42　国本伊代編著　◎2000円

イギリスの歴史を知るための50章
エリア・スタディーズ 150　川成洋編著　◎2000円

〈価格は本体価格です〉